サイトの改善と目標達成のための

Web分析の教科書

日本Web協会（JWA）［編著］
奥野 辰広・中川 雅史・小寺沢 裕子・石田 知志［監修］

■本書のサポートサイト

本書の補足情報、訂正情報などを掲載してあります。適宜ご参照ください。

http://book.mynavi.jp/supportsite/detail/9784839954925.html

●本書は2015年5月段階での情報に基づいて執筆されています。
　本書に登場するソフトウェアやサービスのバージョン、画面、機能、URL、製品のスペックなどの情報は、
　すべてその原稿執筆時点でのものです。
　執筆以降に変更されている可能性がありますので、ご了承ください。

●本書に記載された内容は、情報の提供のみを目的としております。
　したがって、本書を用いての運用はすべてお客様自身の責任と判断において行ってください。

●本書の制作にあたっては正確な記述につとめましたが、
　著者や出版社のいずれも、本書の内容に関してなんらかの保証をするものではなく、
　内容に関するいかなる運用結果についてもいっさいの責任を負いません。あらかじめご了承ください。

●本書中の会社名や商品名は、該当する各社の商標または登録商標です。
　本書中ではTMおよび®マークは省略させていただいております。

はじめに

　Webは様々なサービスや技術が日々進歩しています。Web制作も今までは「Webサイトを作ることが目的」でしたが、現在では継続的に運用し、サイトの目標を達成することが求められるようになりました。それによりWeb業界では制作技術だけでなくマーケティングや分析など多くのスキルが求められるようになっています。

　今後はWebが事業の目標達成に影響を与えることができるようにならなければなりません。Webの成果を測り、分析から改善提案ができる"Web制作のプロフェッショナル"の更なる高度化が重要になってきます。しかもWebは他のプロモーションに比べ最も成果を分析しやすく、改善もしやすいプロモーションメディアです。Webサイトはそれぞれ個別の目的が存在するものの、最終的な目標達成へと繋がらなければなりません。

　Web環境は常に激変しています。Webの成功は市場の変化を察知しながら「結果を分析して目標達成するまで試行錯誤しながら改善を行う」ことが成功への近道です。
　Web制作に関わる全員が、Webサイトの目標を理解し達成に向かって動くことが重要です。そのために、最初に始めるのが「分析」です。そして「改善」「実践」へと繋がります。

　本書にはWebの「目標達成」のためのノウハウがたくさん詰まっています。
　Web制作に関わるすべての方々が、本書により個々の成長へ繋がり、Webの成功への近道になれば幸いです。

2015年6月
日本Web協会会長
掛田 憲吾

Contents

Chapter 1 Web改善を始める前に　001

- 1-1　Webを「改善」するとはどういうことか　002
- 1-2　Web改善の全体像を把握する　005
- 1-3　データ分析の重要性　008
- 1-4　Web改善に使えるさまざまな分析手法　010
- 1-5　Web改善のための分析の流れ　014

Chapter 2 目標設定とKPI設計　017

- 2-1　サイトの目的・目標の確認　018
- 2-2　ビジネス全体を知る　021
- 2-3　ターゲットを知る　025
- 2-4　コミュニケーションの実態を知る　030
- 2-5　Web改善の肝！ KPIを設定しよう(1)　033
- 2-6　Web改善の肝！ KPIを設定しよう(2)　035

Chapter 3 分析ツールの導入　041

- 3-1　分析ツールの導入　042
- 3-2　分析ツールの種類と特徴　045
- 3-3　分析ツール導入後の注意点　048

Chapter 4 Web分析の流れ　051

- 4-1　分析の基本は「比較」　052
- 4-2　分析レポートの必要性　054
- 4-3　改善策は一人で考えない　061
- 4-4　やりっぱなしで終わらない！ PDCAの重要性　063
- 4-5　より問題を掘り下げることで、施策の精度を上げる　066

Chapter 5 Web解析　067

- 5-1　Web解析の基本　068
- 5-2　Web解析　流入編　分析と改善　079
- 5-3　Web解析　回遊編(1)　分析と改善　090
- 5-4　Web解析　回遊編(2)　分析と改善　098
- 5-5　Web解析　回遊編(3)　分析と改善　102

5-6	Web解析　コンバージョン編　分析と改善	106
5-7	Web解析　リテンション編　分析と改善	113
5-8	Web解析でのユーザー行動の捉え方とDMPの活用	117
5-9	Web解析　ケーススタディ	124

Chapter 6　広告効果測定　129

6-1	広告による集客と効果測定指標の基本	130
6-2	リスティング広告　基礎編	139
6-3	リスティング広告　準備計画編	142
6-4	リスティング広告　分析と改善の導き方	145
6-5	リスティング広告　ケーススタディ	152
6-6	ディスプレイ広告　基礎編	155
6-7	ディスプレイ広告　準備計画編	159
6-8	ディスプレイ広告　分析と改善の導き方	161
6-9	ディスプレイ広告　ケーススタディ	169
6-10	広告の分析とレポーティング	172
6-11	広告の直接効果と間接効果について	178
6-12	広告の間接効果測定と貢献度評価	180
6-13	広告の間接効果測定と貢献度評価　準備計画編	182
6-14	広告の間接効果測定と貢献度評価　実践編	185

Chapter 7　CRM分析　191

7-1	CRMとは	192
7-2	CRMとLTV　実施編(1)	195
7-3	CRMとLTV　実施編(2)	198
7-4	CRMとLTV　改善提案編	200
7-5	CRMとLTV　ケーススタディ編	202
7-6	Eメールマーケティング　基礎編	204
7-7	Eメールマーケティング　準備編	206
7-8	Eメールマーケティング　分析実施編	208
7-9	Eメールマーケティング　改善提案編	211
7-10	Eメールマーケティング　ケーススタディ編	213

Chapter 8　ソーシャルメディア分析　215

8-1	ソーシャルメディアとは	216
8-2	ソーシャルメディア　データ分析　Facebook編	221
8-3	ソーシャルメディア　データ分析　Twitter編	227

Chapter 9 ヒューリスティック評価 — 237

- 9-1 情報設計とは — 238
- 9-2 ヒューリスティック評価の基礎 — 240
- 9-3 ヒューリスティック評価の準備と実施 — 242
- 9-4 ヒューリスティック評価によるWebサイトの改善提案 — 245
- 9-5 ヒューリスティック評価　ケーススタディ — 247

Chapter 10 ユーザビリティ調査 — 249

- 10-1 ユーザビリティ調査とは — 250
- 10-2 ユーザビリティテストの準備と実施 — 252
- 10-3 ユーザビリティテストによるWebサイトの改善提案 — 255
- 10-4 ユーザビリティテスト　ケーススタディ — 257

Chapter 11 インタビュー調査 — 259

- 11-1 マーケティング・リサーチとは — 260
- 11-2 デプスインタビュー調査の基礎 — 263
- 11-3 デプスインタビューの準備と計画 — 265
- 11-4 デプスインタビューの実施 — 269
- 11-5 デプスインタビューの調査報告書作成 — 272
- 11-6 デプスインタビュー　ケーススタディ — 274

Chapter 12 Webアンケート調査 — 277

- 12-1 Webアンケート調査とは — 278
- 12-2 Webアンケートの準備と計画 — 280
- 12-3 Webアンケートの実施 — 284
- 12-4 Webアンケートの集計と分析、調査報告書作成 — 286
- 12-5 Webアンケート　ケーススタディ — 291

INDEX — 293

編著者、執筆者、監修者プロフィール — 297

Chapter 1
Web改善を始める前に

Web改善とはそもそも何でしょうか。視野が狭くなってしまわないように、まずは幹となる基本的な全体像を把握しましょう！

- 1-1 Webを「改善」するとはどういうことか
- 1-2 Web改善の全体像を把握する
- 1-3 データ分析の重要性
- 1-4 Web改善に使えるさまざまな分析手法
- 1-5 Web改善のための分析の流れ

1-1 Webを「改善」するとはどういうことか

「改善する」ということ

　筆者は今、スポーツジムに通っています。たかだか週一回ですが、通い始めて半年、少しずつ効果が表れてきました。効果を感じることができると、楽しくなってくるものです。

　日々デスクワークに追われ、なかなか運動する機会もない中、突然腰痛に襲われるようになりました。朝起きると腰が痛く、起き上がるのもつらい日々が続き、何とか解決しないことには、仕事にも支障をきたしてしまう。

　整体に通ってみたのですが、先生に「筋肉を付けないことには根本的な解決にならないよ」と言われたことがきっかけで、運動をしよう！と心に決めたわけです。

　運動をするといっても、趣味になるようなスポーツがあるわけでもなく、基本的に飽き性。ある程度自分を律する制約がないと続かないと考えた筆者は、ちょっと奮発して専属トレーナーを予約して、週一回、スポーツジムに通う道を選びました。

　冒頭で述べたとおり、少しずつ症状は改善し、今ではダイエット・筋肉作りなど、別の目標もできてジム通いを続けています。

　——Web改善と全く関係のない話に聞こえると思いますが、少々お付き合いください。

改善が必要な「問題」がある

　筆者は腰痛を改善するために、行動を起こしました。まとめると次のようになります。

問　題：腰痛、朝も起き上がることができない！
⬇
問題の原因：筋肉不足と整体の先生に言われる
⬇
課　題：運動をして筋肉を付ける！
⬇

> 問題改善の具体施策：スポーツ・トレーニングなど定期的な運動
> 　　　　　　　　　その中でトレーナー付きのスポーツジムを選択

普通ですよね？　その通り、普通の話です。
「問題があって、改善する必要があるから、行動を起こす」。
この普通のことが、本書では大切な基本軸になります。しっかりと覚えておいてください。

なぜ"問題"が発生するのか

筆者にとって、腰痛は問題でした。なぜ問題なのか。痛みで生活に支障があるからです。「健康な毎日を送る」という大きな目的があるから、腰が痛いことが問題となります。体中が痛くても構わない（そんな人はいないと思いますが）場合、問題ではなくなります。問題は、大きな目的があるからこそ発生するのです。

> 健康な毎日を送りたいという**大きな目的**があるから
>
> 腰が痛い！　朝起きることができない！　は、**問題**になる！

Webサイトに当てはめてみよう！

長々と個人的な話をしてしまいましたが、今まで話したことを、Webサイトに当てはめてみましょう。
例えばオンラインショップを運営していたとして……

> **大きな目的**：たくさん販売して、収益を上げる！
>
> **問　題**：お客さんのアクセスが少ない……
>
> **問題の原因**：お店（サイト）があることを誰も知らない……
>
> **課　題**：サイトをたくさんの人に知ってもらう！

問題改善の具体施策：様々なWeb広告で集客！
　　　　　　　　　　検索エンジン対策で集客！　etc.

　いかがでしょう。何となくイメージできるでしょうか。
　大きな目的から具体的な施策までの流れがはっきりしていれば、何のために改善施策を行っているかが明確になりますよね。

　ただ、この例が本当に正しいのかどうかは、そのサイトを分析してみるまで分かりません。本当にアクセスが少ないのでしょうか？　本当にたくさんの人に知ってもらう必要があるサイトなのでしょうか？　お客さんは来ているけれど、購入していない状況なのでは……？　などなど、実はこれだけの情報ではたくさん疑問が残ります。
　Webサイトは自分のカラダと違って、どこの調子が悪いのか、直接知ることができません。しっかりとサイトを「分析」してあげる必要があるのです。

Web改善には分析が必須！

　自分のカラダであれば、腰が痛かったり、熱が出たり、太ったりと、痛みや変化をある程度把握できますし、病院に行けば、もっと詳しい検査をして、自分の状態を理解することもできます。元気なときに風邪薬を飲む人はいませんし、骨折を放置する人はおそらくいないですよね。自分を知って、行動します。

　Webサイトも、自分がどのような状況であるのかをしっかりと把握していないと、その先にあるはずの「何をすべきなのか」は分からないはずです。「目的」や「問題点」があいまいなまま、なんとなく流行の施策を行い、良かった悪かったと一喜一憂している例が多く見受けられますが、これは、痛みもないのに頭痛薬を飲んで、効かなかった！　と言っているのと同じです。
　まずは自社のサイトを、自分の担当するサイトを知ること。しっかりと分析を行うことがWeb改善の肝です。
　「目的」「問題」そしてその原因が明確であること。その後、初めて何を行うかを検討できます。Web改善について、スタート地点から改善施策が決まるまで、具体的に大きな流れを理解していきましょう。

Web改善の全体像を把握する

改善の前に、サイト全体の目的・目標確認

　同じことの繰り返しになりますが、そもそもWebサイトが何のために存在しているのかが不明のままでは、何をしてよいのか分かるはずがありません。
　Web改善の前に「サイトの目的確認」をしっかり行いましょう。どんなサイトも存在するからには目的があります。ECサイトなら「利益を上げること」、BtoBサイトなら「見込み客リストを集めること」などの役割を担っているはずです。サイトの目的を明確にできているか、しっかりと確認しましょう。

　目的を見失っているサイト、運営することで精一杯で、目的が曖昧なままコストを使っているサイトも実はたくさん存在しています。今すぐ関係者を集め「目的を明確にすること」から始めなければなりません。
　目的を明確にしたら、続いて「目標の確認」です。

> 「売り上げ：100万円／月」「見込み客リスト獲得：200件／月」

　このような、具体的な数値が目標となります。これをKGI（Key Goal Indicator）と呼びます。
　全ての施策はサイト全体の目的・目標を達成するために実施されます。目的と目標を知らずして、改善施策を考えることは不可能です。事前に必ず確認をしておきましょう。

●改善施策の実施手順

　ここからいよいよ具体的なWeb改善についての話です。5つのStepからなる、全体の流れを図1-2-01にまとめています。

　詳細は後ほどとして、まずは各ステップの概要を理解して、全体像を把握しましょう！

Step1	目標の設定（KPI設計）
Step2	問題の抽出
Step3	課題の抽出
Step4	解決策の検討・実施
Step5	解決策実施後のレビュー

図1-2-01　Web改善のステップ

Step1： 目標の設定（KPI設計）

　各改善施策の「目標」はサイト全体の目標とは異なり、「改善施策ごとの目標」です。新規顧客獲得施策としてリスティング広告を行うのであれば「リスティングからの獲得件数100件」、商品理解施策として商品紹介ページを充実させるのであれば「閲覧10,000PVに増やす」「ページ離脱率を40％以下まで下げる」など、施策ごとの目標を設定します。

　目標を決めたら、その目標に対しうまくいっているかどうかを確認するための指標を決定しましょう。この指標はKPI（Key Performance Indicators）と言い、Web改善の軸となる重要な指標となります。

　KPIの設定方法については次のChapter 2で詳しく説明します。

Step2： 問題の抽出

　まずサイト上のユーザー行動の履歴である、アクセスログを分析して問題箇所を見つけましょう。

　分析の際は、「集客」➡「閲覧開始」➡「回遊」➡「コンバージョン」➡「ファン化」➡「拡散」と、インターネットユーザーの態度変容のプロセスに沿ってボトルネックになっている場所を探します。これをボトルネック分析と呼びます。

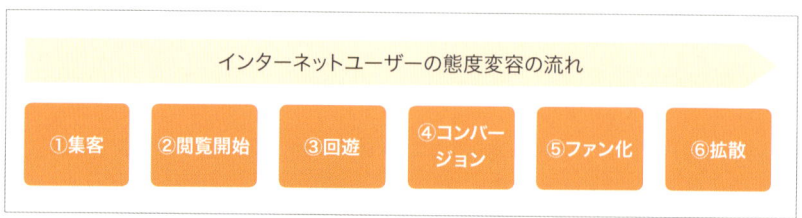

図1-2-02　インターネットユーザーの態度変容の流れ

各プロセスにどのような問題があるかどうかを確認する際に有効なのが「データの比較」です。施策を実施する前後で比較してみる、PC、モバイルなどのデバイス別に比較してみるなど、様々な切り口で比較してみることで問題箇所の発見ができます。

ボトルネック分析・問題の抽出は、次のStepである「課題の抽出」のために行います。問題箇所は1か所だけとは限りません。様々な問題点を発見しておき、実際に課題として対応が必要な問題点なのかを判断するために、次のStepに進みましょう。

Step3： 課題の抽出

Step3は「課題の抽出」です。ボトルネック分析で発見した問題箇所の詳細調査を行います。アクセスログデータだけでなく、広告効果測定データを分析する、Webサイトのページや構造を情報設計の視点で確認する、リサーチ結果を用いて原因を探るなど、手法を組み合わせて問題の原因分析を行います。

問題の解析を行い、対応が必要であると判断したものを「課題」としてまとめ、解決策を検討するStepに進みます。

Step4： 解決策の検討・実施

Step4は「解決策の検討・実施」を行います。問題を発見し、原因を究明することで「課題」が明確になりました。ようやくWeb改善施策の検討を行うことができます。検討時はチーム全体でアイデアを持ち寄って解決策を決め、実行に移します。

Step5： 解決策実施後のレビュー

Step5は「解決策実施後のレビュー」です。一定の期間をおいてから再度データを分析し、施策の効果はあったのか、施策は正しかったのか間違っていたのかを判断します。施策の効果が出なかった場合は、Step2に戻り、さらなる改善を行います。

「全ての施策でこれをやるの？」と思われた方もいるかもしれませんが、答えは「Yes」。ひとつひとつの改善施策に対し、「サイト全体の目標達成」に向かってサイトを最適化していくことがWeb改善そのものです。焦らずしっかり取り組みましょう。

Web改善はカンで行うものではありません。順序立て、理論的に進めましょう。丁寧に、辛抱強く分析を行うことでWebサイトは徐々に改善され、目標を達成することができるのです。

1-3 データ分析の重要性

成功に近づくために「分析」する

先ほど説明したWeb改善のStepを再度確認しましょう。

Step1	目標の設定（KPI設計）
Step2	問題の抽出
Step3	課題の抽出
Step4	解決策の検討・実施

図1-3-01　Web改善のステップ

では、そもそも「Step1 目標の設定（KPI設計）」が的外れだったら、どんなことが起こるでしょうか。

例えば、あるECサイトで、下記の施策を実施しました。

Step1 目標の設定（KPI設計）	アクセス数を1.5倍にする（KPI）
Step2 問題の抽出	検索エンジンでの表示順が上位になるワードが少ない
Step3 課題の抽出	SEOを意識したサイト・ページが必要
Step4 解決策の検討・実施	SEOを意識したサイトリニューアルを実施

図1-3-02　KPIが的外れなWeb改善ステップ

時間とコストをかけ、いよいよサイトリニューアル。しばらくすると、確かに検索エンジンでの順位は上がってきました。アクセス数も徐々に増えています。アク

セスする人が増えたのだから、売り上げも上がるはず。そう思っていましたが、全く売り上げは上がりません。しばらくSEO施策を追加で行いましたが、結果としてアクセス数が少し増えただけで、売り上げに変化は起こりませんでした。

　一体何が問題だったのでしょうか。
　その後、サイトをしっかり分析したところ、購入フォームに問題があり、ほとんどのユーザーがそこで離脱していました。明確で重大な問題があったのですが、分析をしっかり行わないままKPIを設定してしまったため、コストと時間に無駄が生まれ、遠回りとなってしまいました。

Step1 目標の設定（KPI設計）	購入フォームの離脱率を10％下げる（KPI）
Step2 問題の抽出	購入フォームが入力しづらい
Step3 課題の抽出	購入フォームの最適化が必要
Step4 解決策の検討・実施	購入フォーム最適化を実施

図1-3-03　KPIが適切なWeb改善ステップ

　上記改善を実施することで、一気に売り上げ目標を達成しました。しっかりとデータを分析し、問題を発見することで、成功に近づくことができます。

1-4 Web改善に使える さまざまな分析手法

さまざまな手法があることを知っておく

「Web改善のためにデータを分析する」と言われてどんなデータを思い浮かべますか？　おそらく、多くの人が「ああ、アクセスログでしょ」と思うかもしれません。確かに、アクセスログはもっとも重要なデータです。まずはアクセスログから分析していきます。しかし、分析を進めていくとアクセスログだけでは見えてこないことも多々あります。そんなときにWebサイトの状況に応じて別の手法を組み合わせて分析する必要が出てきます。ここではアクセスログ以外の分析手法を紹介していきましょう。

紹介する手法を全て行う必要はありません(これを全て実施するには予算がたっぷりあり、人もたくさん使えるサイトでなければ無理です！)。アクセス解析だけでは見えない部分を見るために、必要に応じて選んで使ってください。そのために、「どのような手法があってどのような目的のために使うのか」という基本情報を理解しておきましょう。

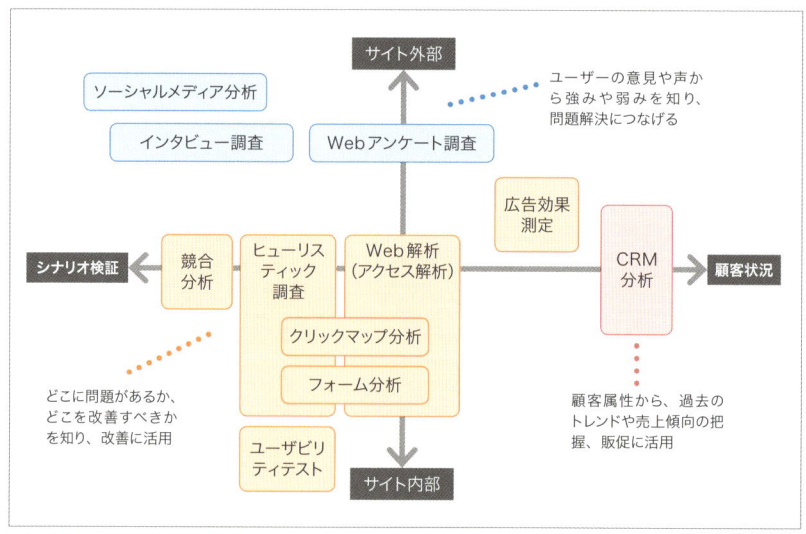

図1-4-01　さまざまな分析手法

●サイトに関するもの

　図1-4-01でオレンジ色で示されているものは、サイトに関連するものです。自分のサイト内のどこに問題があり、どこを改善するべきかを知るときに活用する手法です。

> ● Web解析（アクセス解析）
> 　Webサイトに訪れたユーザーのログを取得し、状況を把握する
>
> ● 広告効果測定
> 　リスティング広告やバナー広告などの広告の効果を測定する
>
> ● クリックマップ分析
> 　ページ上のどの部分がクリックされているかなどを色分けによって表示する
>
> ● フォーム分析
> 　フォームでのユーザーの行動履歴を記録し、問題点を発見する
>
> ● 競合分析
> 　競合他社のWebサイトのアクセス状況やSEOの状況を分析する
>
> ● ヒューリスティック評価
> 　サイトの使い勝手などを専門家が評価する調査手法
>
> ● ユーザビリティ調査
> 　実際のユーザーにサイトを操作してもらい、サイトの使い勝手を調査する手法

●ユーザーの声

　図1-4-01で青色で示されているものは、ユーザーの声に関連するものです。サイトの外側にあるユーザーの声も拾い上げて分析することで、弱みを知り、課題解決に繋げることができます。

> ● ソーシャルメディア分析
> 　ソーシャルメディア上で交わされているユーザーの声を分析する

- **インタビュー調査**
  モニターを利用したグループインタビューによる定性調査など

- **Webアンケート調査**
  Web上でアンケート調査を行う

● 顧客状況（CRM分析）

　図1-4-01で赤色で示されているものは、顧客状況を分析するものです。ECサイトや会員サイトなどでは購入金額や購入商品、購入した人の情報など、さまざまな顧客属性のデータを入手することができます。顧客属性やトレンドから、売上の傾向を把握し、販促に活用することができます。

本書で取り上げる手法

　Chapter2以降では、前述のさまざまな手法の中から、以下の手法をピックアップして、基礎的な情報から始まり、具体的に業務の中で実践するための方法を紹介していきます。

　この章を読み終えたら、自分のサイトに必要だと思う手法を選び、さらに深く学んでサイト改善に活かしましょう。

- **データ分析**
  - Web解析（アクセス解析）　➡ Chapter5
  - 広告効果測定　➡ Chapter6
  - CRM分析　➡ Chapter7
  - ソーシャルメディア分析　➡ Chapter8

- **情報設計**
  - ヒューリスティック評価　➡ Chapter9
  - ユーザビリティ調査　➡ Chapter10

- **マーケティング・リサーチ**
  - インタビュー調査　➡ Chapter11
  - Webアンケート調査　➡ Chapter12

あなたのWebサイトのイマが見えるチャート図

あなたが担当するサイトが、どのような状況なのかを簡単に理解することができるチャート図を用意しました（図1-4-02）。順に「はい」「いいえ」で進めば、どの手法を用いればいいか分かるはずです。

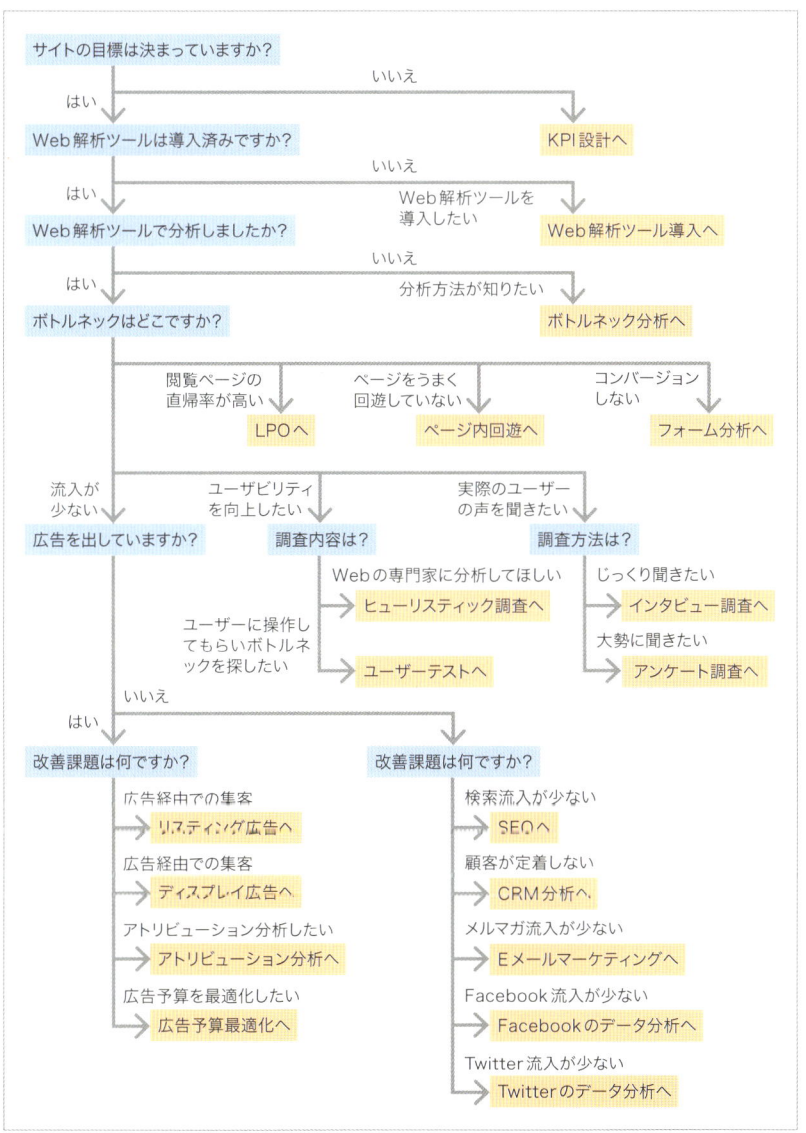

図1-4-02

1-5 Web改善のための分析の流れ

分析ステップの全体像

　Webサイトの目標達成への方向性を示すために、担当サイトを中心とした各種のデータを収集し、分析を行います。そのデータ分析作業は大きく4つのステップに分けることができます。「ヒアリングと要件定義」「ツールによる測定実施」「データの分析」「レポート作成と報告」です。

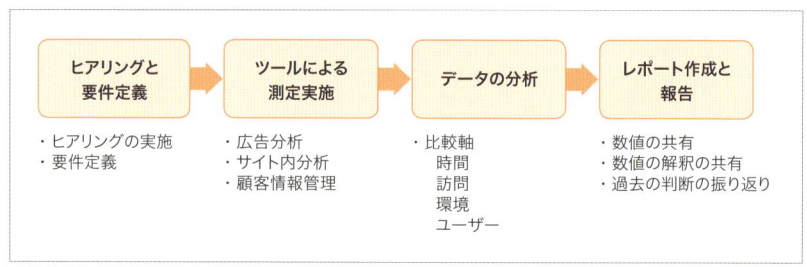

図1-5-01　分析ステップの全体像

　まずは上記4ステップの概要について紹介しましょう。

ヒアリングと要件定義

　データ分析ステップの最初は、ヒアリングと要件定義です。自社のWebサイトのデータ分析業務を行う場合でも、クライアントのWebサイトの分析業務を委託された場合でも、まずは依頼者からしっかりとヒアリングを行います。依頼の理由やゴールを的確に把握しましょう。
　その上で、分析する項目や利用するツール、スケジュールといった各種の要件を定義し、書面にまとめます。要件定義書を作成することで、依頼の目的や作業内容が明確化されます。依頼者と分析担当者の間で共通の認識を得ることにもなります。工数の予測も立てやすくなりますので、見積もりを作成する根拠としても利用することができます。

　いずれにしても、具体的な作業に入る前に分析仕様を決めておく必要があります。仕様を決めずに分析を進めてしまうと、目的の認識がずれ、ゴールが曖昧なまま工

数ばかりが増えていくことになってしまうからです。そのため、分析業務を行う前に、その基本的な方針を具体的に決めておくのです。

ツールによる測定実施

依頼の目的が明確になれば必然的にそのために用いるツールの種類も決まることになります。

本書では、広告分析、サイト内分析、顧客情報管理という3つの目的に大別してツールを整理していますが、依頼の目的に合わせてこれらを組み合わせて利用することとなります。

様々なツールを使い分けるときには、いくつかの切り口があります。

- 広告分析、サイト内分析、顧客情報管理という利用目的でツールを使い分ける

- ユーザー行動に即してツールを使い分ける
    ※広告を認知してからコンバージョン、そしてリピートにいたるまでのユーザー行動に沿ってツールの利用領域をあてはめる

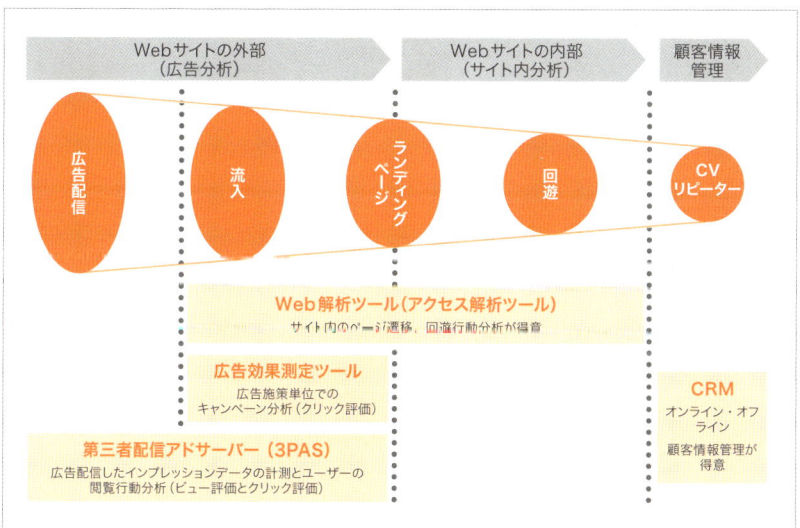

図1-5-02　ユーザー行動に応じた計測管理

データの分析

　各種のツールから上がってきたデータを目的に沿って分析します。分析における基本的な視点は、「比較」です。

　どのようなデータを取得してもその評価を行うには、何かと比較する必要があります。例えば、「リスティング広告のクリエイティブを変更する」という施策を行ったとしても、その施策の効果を評価するためには、前週や前月といった比較対象が必要です。

　また、比較する軸は時間だけではありません。訪問にいたった流入元によって違いがあるのかを比較したり、PCやスマートフォンといったデバイスによる違いを比較したりすることによって、さまざまな気づきを得て、解決すべき課題を把握することができます。

レポート作成と報告

　データの分析作業が終わったら、それをレポートにまとめます。レポートは要件定義時に策定した仕様に応じて作成し、提出を行います。週単位や月単位などの定期開催ミーティングに合わせて作成する、定点観測をベースにしたレポートもありますが、特定の目的に沿って状況を報告するためにカスタマイズした分析レポートもあります。

　以上、4つのステップを経てデータの分析作業を行います。

　データ分析を行う際に、もっとも気を付けなくてはならない点は、都合の良い解釈でデータを拾い、コメントをつけ、改善の提案をしない、ということです。

　主観的な目ではなく、客観的な目でデータを分析し、対策や方向性を決めていきましょう。

Chapter 2
目標設定とKPI設計

目的や目標があるから、問題点や改善点が見えてくる。目標・KPIを設定するポイントや方法を知り、実践することで、より効果的にWeb改善を行うことができます。

- **2-1** サイトの目的・目標の確認
- **2-2** ビジネス全体を知る
- **2-3** ターゲットを知る
- **2-4** コミュニケーションの実態を知る
- **2-5** Web改善の肝！ KPIを設定しよう(1)
- **2-6** Web改善の肝！ KPIを設定しよう(2)

サイトの目的・目標の確認

Webサイトの種類と役割

　どのようなWebサイトにも目的や目指すゴールが存在します。ただ、ひとくちにWebサイトといってもその種類は多様です。ECサイト、コーポレートサイト、ブランドサイト、プロモーションサイトなど、あらゆる企業、個人のWebサイトが存在します。そして、それぞれのWebサイトは個別の目的とゴールを持っています。

ECサイト	商品を売る
リード獲得サイト	見込み顧客リストの収集（問い合わせ、資料請求など）
ポータルサイト	広告収入（広告をクリックしてくれるユーザーにいかにサイトに来てもらうか）
サポートサイト	既存顧客のサポートコンテンツを提供。コールセンターなどの対応コスト削減が目的
コーポレート・ブランドサイト	ブランド価値向上。ロイヤルティーの醸成

表2-1-01　サイトの種類の例

　自分のサイトの目的と役割をきちんと把握しておくことは、とても大切です。すでにあるサイトを途中から担当するような場合は、しっかりと前任者から目的・役割を引き継ぎましょう。

少し難しいコーポレートサイトの目的

　さまざまなサイトのタイプの中でも少し難しいのがコーポレートサイトです。
　コーポレートサイトの場合、企業によっては目的がはっきりしていないことも少なくありません。
　では、コーポレートサイトの目的は何でしょうか。みなさんが今所属している組織において、どのような目的で誰に見てもらうためにWebサイトを運用しているか答えることができるでしょうか。
　単に目的意識や情報を共有できていないだけであればまだしも、Webサイトを保有する企業の中には、Webサイトを持つこと自体が目的化してしまい、本来成し遂げたい目的が何かということを見失っているケースも見られます。
　開設当初には関係者が共通に理解していた目的やコミュニケーションのターゲットがあっても、長年の運用や企業規模の拡大に伴って当事者意識が薄れ、Webサ

イトが形骸化してしまうことがあります。そして、当事者は単なる担当者として日常業務をこなすだけの存在になってしまうのです。

コーポレートサイトのように、目的が曖昧になりやすいWebサイトであればなおさら、目的を再認識する必要があります。それによってコミュニケーションするべきターゲットを定義できるからです。顧客獲得やIRなどWebサイトが担える役割は様々です。そのなかで、何を目的としてWebサイトを開設したのか、また現在その目的や役割に変化はないかを見つめなおします。そして、コミュニケーションするべきターゲットを明確に定義することによって、Webのコミュニケーション戦略立案のための第一歩を踏み出すことができるのです。

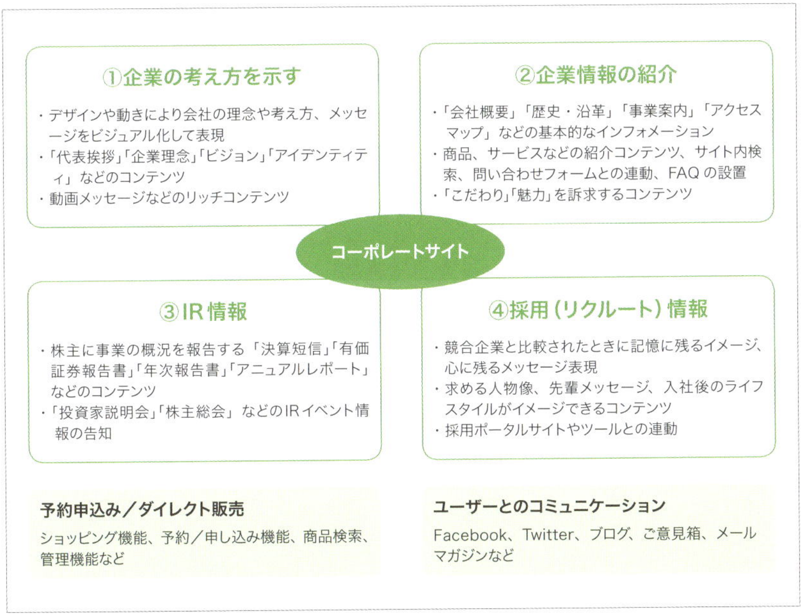

①企業の考え方を示す
- デザインや動きにより会社の理念や考え方、メッセージをビジュアル化して表現
- 「代表挨拶」「企業理念」「ビジョン」「アイデンティティ」などのコンテンツ
- 動画メッセージなどのリッチコンテンツ

②企業情報の紹介
- 「会社概要」「歴史・沿革」「事業案内」「アクセスマップ」などの基本的なインフォメーション
- 商品、サービスなどの紹介コンテンツ、サイト内検索、問い合わせフォームとの連動、FAQの設置
- 「こだわり」「魅力」を訴求するコンテンツ

コーポレートサイト

③IR情報
- 株主に事業の概況を報告する「決算短信」「有価証券報告書」「年次報告書」「アニュアルレポート」などのコンテンツ
- 「投資家説明会」「株主総会」などのIRイベント情報の告知

④採用（リクルート）情報
- 競合企業と比較されたときに記憶に残るイメージ、心に残るメッセージ表現
- 求める人物像、先輩メッセージ、入社後のライフスタイルがイメージできるコンテンツ
- 採用ポータルサイトやツールとの連動

予約申込み／ダイレクト販売
ショッピング機能、予約／申し込み機能、商品検索、管理機能など

ユーザーとのコミュニケーション
Facebook、Twitter、ブログ、ご意見箱、メールマガジンなど

図2-1-01　コーポレートサイトの役割と構成

目的と役割がどのように決まっていくか

目的が明確になることでターゲットを定義することができ、そして目標を設定することができるようになります。目標とは目的を達成するために設ける数値化された指標のことです。

身近な例でいうと、「健康的な体になる」は目的で、そのために「1ヶ月で3kgやせる」は目標となります。つまり「体重」をターゲットにして3kg減らすという目標を立てることができます。他にも「営業マンとして尊敬される存在になる」は目的であり、「契約を20件増やす」は目標です。以上のように目標とは目的を達成す

るための設ける数値化された指標のことです。

　目的と目標の関係は、フィールドがWebサイトに変わっても同様です。例えば、顧客満足度を上げるということを目的とした場合、その目的が達成されたかどうかを見極めるには何らかの指標を設定しないといけません。ですので、指標に対して具体的な数値を与えてそれを目標にします。ロイヤル顧客10,000人、EC売り上げ5億円、見込み客リストを1,000人獲得など、目的を実現するために設けた具体的な指標と数値による目標を定め、それを実現するために施策を考え、実施と検証を繰り返し行なうのです。

	身近な例	Webサイトだと
目的	健康的な体になる	顧客満足度を上げる
目標	1ヶ月で3kg痩せる	ロイヤル顧客10,000人獲得

表2-1-02　目的と目標の違い

　Webサイトの目的と目標が定まることで、コミュニケーション戦略を具体的に考えることができるようになります。「誰に」「何を」「どこで伝え」「どうなって欲しいのか」を明確にしていく段階です。

　「誰に」とはターゲットのことです。目標を達成するためにターゲットをどこに置くかを考えます。「何を」とはコンテンツのことで、「どこで伝え」とはメディアのことです。どのターゲットに向けてどのような内容をどのメディアを使って伝えるのかを明らかにします。そして、買って欲しい、会員登録をして欲しいといった「どうなって欲しいのか」を指標と紐付けて考えます。

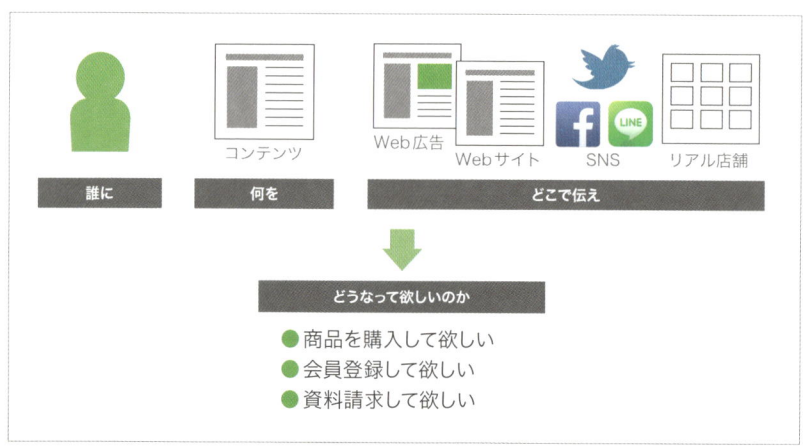

図2-1-02　Webサイトのコミュニケーション戦略を考える

2-2 ビジネス全体を知る

どうしてビジネス全体を知らなくてはならないのか？

企業のWebサイトはビジネス全体の中で、なんらかの役割を持っているはずです。サイトだけを見ても、本来期待されている役割を把握できません。また、ビジネスの状況によって役割変更が必要になった場合などに、軌道修正の対応が遅くなってしまうでしょう。Webサイトを良い方向に改善していくためには、ビジネス全体について知っておくことも大事です。

知っておきたい基本情報

ビジネス全体を把握するために知っておきたい基本情報は次になります。

- 企業としてのこれまでの歩み、歴史
- 企業理念や企業としての価値感や風土、従業員の気質
- 売上推移、業界シェア
- 現在のビジネス状況の把握（5W1H）
    - ・何を売るか、商材
    - ・誰に売るか、市場性・顧客・ターゲット
    - ・いつ／いつから、タイミングや期間
    - ・どこで売るか、チャネル、販売方法
    - ・なぜ売れるか、競合やインサイト
    - ・どのように売っているか、販売方法、広告
- 現状認識しているビジネス課題
- 今後の方針、課題解決に向けた現在の取り組み

これらは次のような方法で把握します。
すべてを行うことはできないかもしれませんが、可能な範囲で把握しておくと役に立ちます。

- 社長・取締役クラスか経営企画室へのインタビュー
- 現サイト内の情報（会社情報系のコンテンツ）
- IR情報、四季報
- 業界紙
- 業界専門家へのインタビュー

頭の整理にマーケティングフレームワークを活用しよう

「マーケティング戦略のフレームワーク」。「フレームワーク＝枠組み」というイメージで捉えてください。あらかじめ決まったルールの中で考えることで、整理することができ、新たな気付きが生まれ、施策を考えるためのベースになります。

3C分析、SWOT分析、4P分析、STPなどが、代表的なフレームワークです。Web改善を行なうには、状況を客観的に分析してから施策を考える必要がありますが、フレームワークを使うことで状況を把握することができるのです。

●3C分析

3C分析とは、顧客と競合と自社を分析することによって、自社が有利な状況に立つための戦略を導き出そうという手法です。3C分析の3Cとは、「顧客 (Customer)」「競合 (Competitor)」「自社 (Company)」の3つの頭文字のことです。

潜在顧客とはどのようなものか、強力な競合他社はいるのか、そして自分の強みと弱みは何かを整理し、分析します。その分析結果をもとに、どこに行けば自社が有利な状況を作り上げられるのかという戦略を立案します(図2-2-01)。

●SWOT分析

戦略を立案する際に、自分のサービスや商品の強み(Strengths)・弱み(Weaknesses)・機会(Opportunities)・脅威(Threats)を分析して、特徴や問題点を洗い出すための手法です。

SWOT分析は主にマーケティング戦略立案の初期段階で用いられます。まず、内部環境として、自社の商品やサービスについて、強みと弱みという切り口で整理します。外部環境については、どのような機会がありどのような要因が脅威となるかを整理します。つまり、内部環境(強み・弱み)と外部環境(機会・脅威)からなるマーケティング環境を把握することで、事業機会を認識するために役立てようという手法です(図2-2-02)。

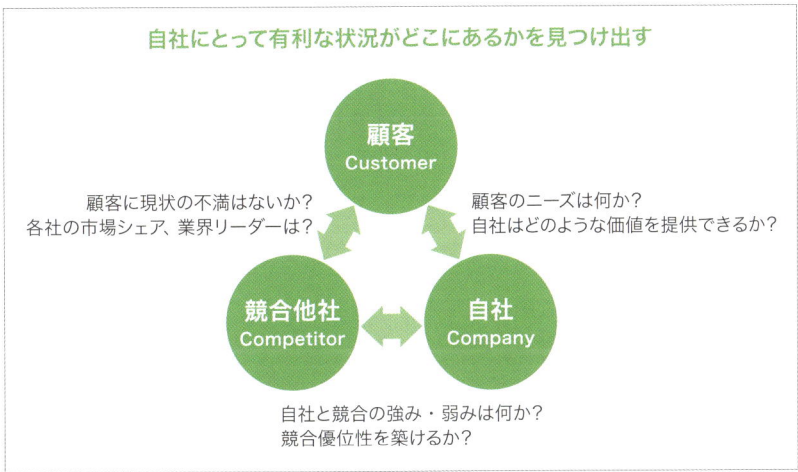

図2-2-01　3C分析

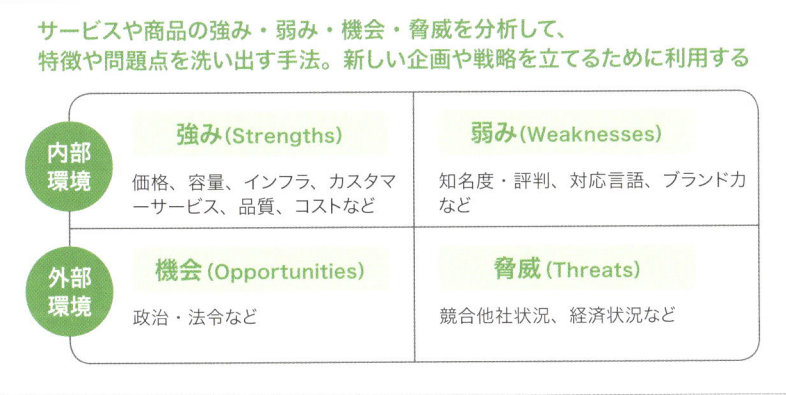

図2-2-02　SWOT分析

●4P分析

マーケティングミックスとも呼ばれる、有名な分類法です。

4Pとは、Product（製品）、Price（価格）、Promotion（プロモーション）、Place（流通）のことです。

- 製品（Product）が、顧客のニーズに対して提供する価値は何か
- 価格（Price）はその価値に見合っているか
- 顧客が欲しいときに手に入るよう、流通（Place）は最適化されているか

● 顧客に届くように適切な販促(Promotion)は行なわれているか

これらを一気通貫してとらえると、ブランドとしての一貫性が適切に保たれているかを分析することができます。

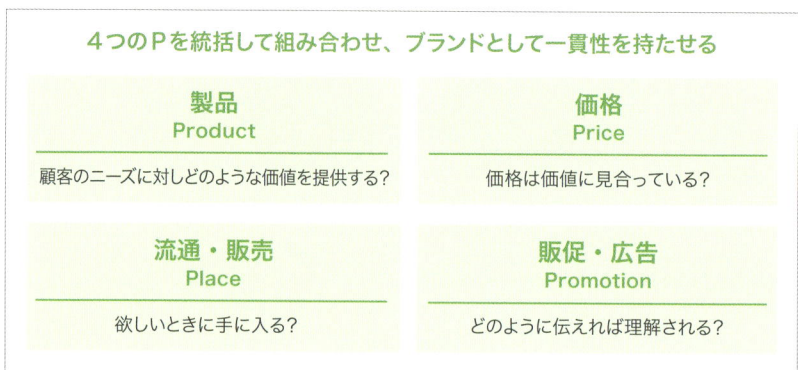

図2-2-03　4P分析

● STP

経営学者のフィリップ・コトラーの提唱した、マーケティングの代表的な手法の1つです。「セグメンテーション(Segmentation)」「ターゲティング(Targeting)」「ポジショニング(Positioning)」の3つの頭文字をとっています。

顧客に対してどのような価値を提供できるのか、またはどこにそのニーズを抱く顧客がいるのかという視点で戦略を検討する際に用います。

共通のニーズを持つ顧客をグループ化(セグメンテーション)し、各グループのボリュームや将来性、自社の提供できる価値との整合性によって具体的な対象(ターゲティング)を選び、同時に他社との違いや競争優位性を具体化(positioning)します。

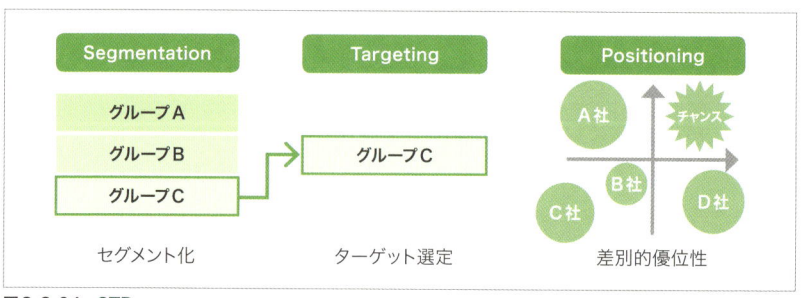

図2-2-04　STP

2-3 ターゲットを知る

ターゲットの整理

「誰に」「何を」「どこで伝え」「どうなって欲しいのか」という4つの視点でWebのコミュニケーション戦略を整理すると説明しました。

まずは、「誰に」というターゲットの設定を行いましょう。ターゲットを整理し、ターゲットごとの課題を明確化していくことが重要です。

Webサイトの目的によって、想定されるターゲットはまったく異なります。初期段階でターゲットの設定を誤ると、プロジェクトが失敗に終わる可能性が高まります。ターゲットの整理をしっかり行なってから、ターゲットごとに施策を検討していきましょう。Webサイトの目的に応じてターゲットを整理することは、コミュニケーション戦略の方向性を決定付ける大切な作業なのです。

最高の顧客体験を —— UXデザイン

ターゲットユーザーの満足度を高めるために、UXという考え方があります。

UXとはuser experience（ユーザーエクスペリエンス）の略語で、ユーザーが製品やサービスを利用したときに得られる体験や満足度、心理的な変容のことです。少し分かりづらい概念かもしれませんが、昨今のWebサイトやスマートフォンのアプリ開発ではこのUXの設計（デザイン）が、開発の初期段階でとても重要視されています。

これまではユーザビリティという言葉がキーワードになっていました。つまり、ユーザーの使い勝手を考えよう、ということです。もちろん、使いやすさが重要である点に変わりありません。しかしUXでは使いやすさだけではなく、使い始めてから満足にいたるまでの体験を提供するためにはどのような設計をすればいいのかということを、その顧客体験と心理変容にもとづいてデザインするという、さらに進化した考え方をしています。

ペルソナによるターゲットの明確化

　ターゲットを明確にするために使える手法が<mark>ペルソナ</mark>の設定です。ペルソナとはもともと心理学でよく用いられた考え方です。古典劇において役者がつけていた仮面のことをペルソナと呼ぶことから、心理学では自己の外的側面のことを指します。

　誰でも社会生活の中で、ある種の自分を演じながら生きていると思います。つまり、「これが自分です」という仮面をつけながら社会に接しています。このペルソナという概念はUXデザインを進める上でも重要な要素となります。

　ユーザーの体験は一様ではありません。ユーザーによって感じ方は様々で、その置かれている状況や嗜好、タイミングによって満足感は異なります。UXデザインを行なう際はまず、「誰が」というターゲットを極力明確にすることが求められます。「このWebサイトを利用する人はこういう人である」ということを、可能な限り具体的にした架空のユーザーを作り出すことによって、はじめてUXデザインが有効性を発揮するのです。また、具体的なユーザー像を共有することで、プロジェクトの進行や意思の統一にブレもなくなります。

　ペルソナの設定は可能な限り具体化することが重要です。30代、女性、事務職といった大雑把なものではなく、本当にその人がいるかのように具体的な部分まで落とし込みます。名前、年齢、家族構成、趣味、居住地、生活スタイルといったところまで設定することによって、ユーザー像にリアリティが生まれます。そして、「そのユーザーだったらどうするかな？」というユーザー目線の行動や思考をもとにコミュニケーションを考えていきます。

　しっかりとペルソナを設定するためには、アンケートによる定量調査やインタビューによる定性調査を活用します。名前、年齢、性別、居住地、職業、年収、家族講師、趣味といった基本的なプロファイル情報から、PCやインターネットの利用状況、ライフサイクルに関することまで細かく質問します。そして、そこで得られた情報を抽出・統合して、架空のユーザー像である「ペルソナ」を作り上げます（図2-3-01）。

知っておきたいユーザー行動の変化

　ターゲットを明確にするために知っておきたいのが「<mark>ユーザー行動の変化</mark>」についてです。ユーザーがどのように情報に接して、どのように行動するのかを知らなければ、ターゲットに対し何をしてよいのか分かりません。それを分かりやすくモデルにしたものがAIDMA（アイドマ）とAISAS（アイサス）です。

　これまではAIDMA（アイドマ）モデルが示すように、ユーザーの行動はとてもシンプルなものでした。テレビや雑誌、広告などで商品を知って、欲しいと思い、覚え、

Profile

名前	小川 真由美（おがわ まゆみ）	性別	女性
年齢	1976年生まれ　38歳	身長／体重	160cm／53kg
出身地	東京都荒川区　日暮里（実家暮らし）		
家族構成	5人家族　父、母、妹、弟		
勤務先	丸の内　大手食品メーカー		
よく遊びに行くエリア	・上野、秋葉原、（家族と家電…） ・丸ノ内（自分の洋服や雑貨な…）		
好きな芸能人	上川隆也、長谷川博己、三浦春馬	憧れの人	宮沢りえ

> アンケートやインタビューを元に基本的なプロフィールを作成します。

> 具体的な人物をイメージできるように人物写真を入れます。

■性格
明るく、気がきくタイプで楽観的。コミュニケーション能力は高く礼儀正しいと思われている。初対面の人に対しては用心深いところがあ（…）ん深く付き合う。

> 人物の性格やライフスタイルがイメージできるように具体的に設定します。

■趣味
観劇（特に好きな役者（…）
1度は行く・チケット（…）
きっかけはmixiで友人（…）ったので見に行ってはまった。今では一人でも行くようになった（誘うことも多い）
・友人との食べ歩き（行列とかには並ばない。予約して行く）
・ドラマや映画はよく観る（出演者で見るものを決める）
・情熱大陸など密着ドキュメンタリーも見る

■PC／携帯電話／インターネット
・PCは仕事で利用。書類作成など基本的な操作はできる。
・自宅にもPC所有しているが、インターネットの利用程度。
・スマートフォン（Android）を使用。写（…）がきれいなのでXperia。
・インターネットは主にスマートフォンで（…）特、休み時間などに利用。
・Facebook、LINEを使ってい（…）ニケーション。

> Web改善に利用する場合は、PC、携帯電話、インターネット利用状況については細かく設定しましょう。

■大きな目標
仕事での成功・金銭よりも趣味（…）かにしたい。

■具体的な目標
趣味をとおした体験により、共通の趣味を持つ友人と喜びを共有したい。よんさのコミュニティがずっと続き、自然と広がっていくことが理想。自分に喜びをもたらす新しい対象（趣味）を見つけることにも興味がある。

■ストーリー
東京都荒川区西日暮里で、3人兄弟の長女として生まれました。下町という土地（…）もあり、お祭りが身近にあり、子供の頃はハッピを着てお神輿を担（…）
小学生の（…）たが、中学受験もあ（…）りやめて（…）学校卒業後、中高一貫の女子（…）大手食品メーカーに入社し（…）
現在は、（…）内報の作成などをしています。
新商品発表などの時期は、遅くなることもありますが、通常は9〜18時の勤務です。会社から有給を取れと言われるので、比較的休みは取りやすい職場だと思います。
もう中堅なので、自分の裁量である程度仕事をコントロールができるようになってきたため、特にストレスなどは感じていません。仕事にやりがいがあり、満足はしています。仕事はずっと続けていきたいですが、出世したいとか、キャリアウーマンになりたいという気持ちはありません。
周りからは、しっかり者、社交的と思われているみたいです。
本当は人見知りで、初対面とか大勢の前で話すのはちょっと苦手ですが、仕事の時は気合を入れて頑張っています。まぁ、話し始めると結構平気だったりするんですけど。
同僚からは「まゆみさん」とか「姉さん」とか言われたりして、長女という（…）、姉御肌なところはあるかもしれません。

> 調査した事実に基づきストーリーを作ります。プロジェクトメンバーが共通の人物をイメージできるように具体的な内容を盛り込みましょう。

（…）例です。キッカケは友達に誘われて、ドラマに出ていた好きな（…）していたので見に行ったらハマってしまいました。今は、2〜（…）のペースで、平日に有給を取って行くこともあります。（…）演する俳優さんで決めています。チケットの手配はネットで（…）
観劇の魅力は、ライブ感かなと思います。俳優さんの息遣いが感じられて、会場全体が一体となった雰囲気が好きです。
あと、美味しいものを食べるのが好きで、お酒も飲むので、休日は、友達と雑誌やTwitterとかで話題のお店に行くことが多いです。観劇の後に食事に行くこともよくあって、あの時のあのシーンが！とか語り合うことも大きな楽しみの1つです。

図2-3-01　ペルソナの例

そして買う。
　しかし、インターネットの普及によってこの行動に変化が現れました。それをモデル化したものが AISAS（アイサス）です。口コミサイトで評判を検索したり、購入した商品をSNSにアップしたりと、インターネットの普及によってユーザーの行動に大きな変化が起こりました。

図2-3-02　AIDMAからAISASへ

● AIDMA（アイドマ）

　AIDMA（アイドマ）とは1920年代にアメリカのサミュエル・ローランド・ホールが示した、広告宣伝に対する消費者の心理のプロセスを示したものです。

　消費者が商品を認知し、購入にいたるアクションをおこすまでの心理のプロセスを5段階に分けて考えます。それぞれの頭文字をつなぎ合わせて、AIDMAの法則と呼ばれています。その5段階の心理のプロセスとは次のとおりです。

1. Attention（注意）	認知段階	テレビや雑誌、広告などで商品を知る
2. Interest（関心）	感情段階	商品に対して興味、関心を抱く
3. Desire（欲求）		商品を欲しいと思う
4. Memory（記憶）		商品名やブランドを記憶する
5. Action（行動）	行動段階	商品を購入する

図2-3-03　AIDMAの心理のプロセス

● 認知段階
　まず、テレビや雑誌、広告などでその商品の存在を知る。これがAttention（注意）のプロセスです。消費者の感情は認知段階にあります。

● 感情段階
　その商品が自分に関係があるものだと感じた場合は興味を抱き（Interest）、役立つものだと判断できると欲しくなります（Desire）。そして、商品名やブ

ランド名を記憶（記憶）します。これが感情段階です。

● **行動段階**
最後は、販売店へ行きその商品を購入（Action）します。
これが行動段階です。

このように、AIDMAの法則では、商品の認知から購入にいたるまでの消費者の心理状態の変容を、5つのステップでとらえ、認知、感情、行動の3つの段階によって説明しています。

● **AISAS（アイサス）**

インターネットが普及し、検索エンジンやソーシャルメディアが普及した現在においては、AIDMAの法則では、ユーザーの行動に説明がつかなくなってきました。

そのため、広告代理店の電通が1995年に提唱し、2005年に同社の商標として登録されたAISAS（アイサス）が消費者行動を説明する際のモデルとして用いられるようになりました。

1. Attention（注意）	認知段階	テレビや雑誌、広告などで商品を知る
2. Interest（関心）	感情段階	商品に対して興味、関心を抱く
3. Search（検索）	行動段階	検索を行い、ネット上で情報を収集する
4. Action（行動、購入）		商品を購入する
5. Share（共有）		ソーシャルメディアで感想を共有する

図2-3-04　AISASの心理のプロセス

検索エンジンの登場と普及によって、消費者が「検索」という行為をあたりまえに行うようになったこと。ソーシャルメディアやブログが一般化したことで、価値観を手軽に「共有」できるようになったことが理由で、行動段階に検索（Search）と共有（Share）という2つのプロセスが組み込まれることになりました。

消費者は自分が購入する前に、その商品は本当に価値があるかを知るために、検索を行なって比較検討を行います。そして、購入後は良くても悪くても印象が強いものについてはその感想をブログやSNSなどのソーシャルメディアに書き込みます。そこに書き込まれた情報が検索され、購買を判断する根拠となっていきます。

2-4 コミュニケーションの実態を知る

カスタマージャーニーマップを作ろう

　インターネットにつながるデバイスはますます多様化しています。以前なら一般ユーザーがインターネットに接続されたサービスを利用するためのデバイスとしてはPCだけを想定していれば良かったかもしれません。

　ですが今ではスマートフォン、タブレット、ゲーム、テレビ、デジタルカメラなど、ありとあらゆるデバイスがインターネットに接続される時代となりました。ユーザーが商品に触れたり、サービスを利用するための接点も多様化し、購買行動や意思決定プロセスも複雑化しています。

　それは一般にオムニチャネルと呼ばれるもので、顧客はオンラインとオフラインのチャネルの種別に関わらず、いつでも望むタイミングで商品の情報を手に入れて、注文や受け取りを行なうことができます。

　ユーザーの視点に立ち、どの接点（メディア）でどんな感情（心理変容）を抱きながら購入プロセスを体験していくかという、顧客の行動を文脈でとらえる試みが行なわれるようになりました。そのような顧客行動の一連のプロセスを「旅」に例えて図式化したものをカスタマージャーニーマップといいます。

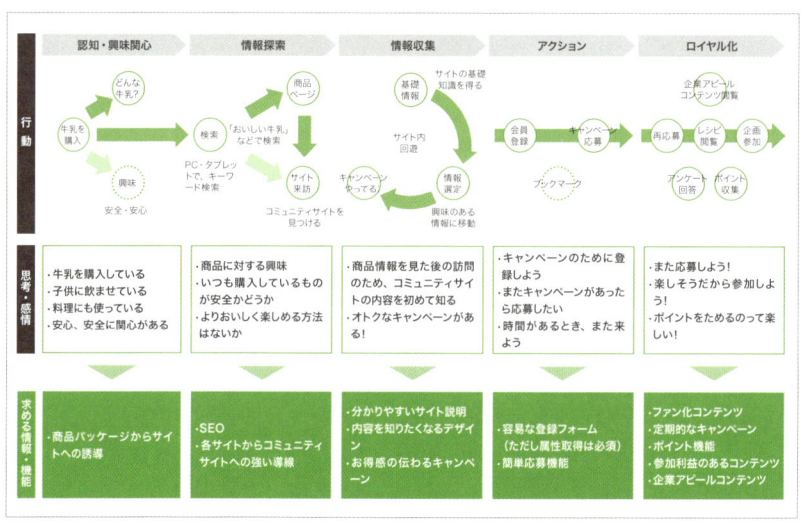

図2-4-01　カスタマージャーニーマップの例

Webの世界だけで考えると、次のようなカスタマージャーニーを想定できます。

- バナー広告やPPC広告からランディングページに流入
  ⬇
- ECサイト内で商品情報を回遊しながら閲覧して購入
  ⬇
- 会員登録によりメルマガを定期的に受け取り、顧客化

しかし、オムニチャネルの現在では、Web上でのソリューションがすべてではありません。商品を探すというフェーズでは、テレビや雑誌、友人からの口コミなどあらゆる接点が考えられます。

そして、商品を購入してから顧客化にいたるプロセスにおいても、商品の受け取り、発送期間、商品の状態、梱包の状態、サポートの質など様々な決定要因や心理変容が起こる重要な体験があります。今、企業はこれらの顧客接点におけるほぼすべてのプロセスをデジタル化して分析できるようになりつつあります。

カスタマージャーニーマップは単にWebだけを考えるのではなく、顧客が商品を探し始めるところから、顧客化にいたる全体のプロセスの中で、オンラインオフライン両方における接点を想定し、その体験で、どのような心理変容が生まれるかという、分析と仮説作りの作業なのです。

カスタマージャーニーマップに用いられる要素

カスタマージャーニーマップには、定型的なフォーマットはありません。ここでは作成時に必要とされる、4つの要素について紹介します。

●ペルソナによるターゲットの明確化

カスタマージャーニーマップは顧客の行動を旅に例えて図式化したものです。そのため、そもそも旅をするのが「誰か」ということを明確にする必要があります。旅をする人物によって性格や思考は異なり、その結果として判断や行動も多様化します。ですから、まずは「誰が」旅をするのかを決めておかないと、その先の工程に進むことができないのです。

そこでペルソナを設定します。最も代表的な顧客像としてターゲットを明確化することで、顧客行動の仮説を立て、タッチポイントや課題を整理することが可能になります。

●フェーズ

　顧客行動にはいくつかのフェーズがあります。例えば、ECサイトであれば、商品を探す、商品を決める、商品を購入する、商品を受け取る、商品を評価するといった具合です。そしてそれぞれのフェーズごとに顧客がどのような行動をとり、企業やサービスとはどこで接点を持つのかを整理するための、基本単位となります。

●タッチポイントと顧客行動

　タッチポイントは、コンタクトポイントあるいは顧客接点という表現をされることもあります。つまり、==顧客と企業が接するポイント==のことです。前記のECサイトの例であれば、商品を探すというフェーズだと検索サイトや広告などが挙げられます。広告はテレビCMである場合もWebのバナー広告である場合もあります。ゲーム内に登場することもあるでしょう。また、商品を受け取るというフェーズにおいては、自宅やコンビニというオフラインがタッチポイントとなります。そして、商品に同梱しておいたお礼の手紙も重要なタッチポイントです。このようにタッチポイントは決してWeb上に限られたものではありません。そしてタッチポイントにおいて、顧客はなんらかの行動をとります。商品を探すというフェーズであれば口コミの情報を探したり、検索サイトで検索を行なったり、友人と相談したりします。顧客化のフェーズであれば、ソーシャルメディアに投稿することなども考えられるでしょう。

●心理変容

　タッチポイントにおいて、どのような思考によって行動にいたるのか、そのときの心理変容はどのような様子であるのかを想定します。商品を認知し、興味関心を抱き、購入し、ファン化するにいたる心理変容や態度変容のプロセスをカスタマージャーニーマップ上に描き、可視化することができます。

　以上のような要素をもとに、カスタマージャーニーマップを作成します。
　ペルソナの設定と同じことが言えますが、都合の良い憶測によってカスタマージャーニーマップを作成してしまうと、プロジェクトが失敗してしまう恐れがあります。Webサイトのアクセス解析をはじめとし、行動観察やインタビュー、アンケート、現場に寄せられた情報といった多様データの収集を行ない、読み取った行動をパターン化し、顧客行動を設定する根拠としたり、インタビューの結果から心理変容を想定したりしましょう。
　カスタマージャーニーマップを作成するときには、事前準備としてアンケートなどの調査の設計に力点を置くことも大切です。

Web改善の肝！KPIを設定しよう（1）

目標を明確に定めるために

　Chapter1で述べたことの繰り返しになりますが、まずはWebサイトが、何のために存在しているのか、どのような役割を担うことができるのか、という大きな枠から考えてみましょう。

　ビジネスゴール、Webサイトのゴールを考える際に、キーワードとなる3つの用語があります。KGI、CSFそしてKPIです。

用語		解説
KGI	Key Goal Indicator 経営目標達成指標	達成すべき目標を定量的な指標で表したもの 例：3年後に売上高を5億円以上にする
CSF	Critical Success Factor 重要成功要因	目標達成のために重点的に何をすべきかという要素 KSF（Key Success Factors）とほぼ同義 例：客数を増やす、客単価を上げる
KPI	Key Performance Indicator 重要業績評価指標	目標達成プロセスの実施状況を計測するために、実行の度合いを定量的な指標で表したもの 例：新規顧客獲得数（プラス100人）、購入点数（プラス100個）

表2-5-01　覚えておきたい目標に関する用語

●KGI

　Key Goal Indicatorの略で、重要目標達成指標と訳されます。つまり、ゴールとするべき具体的な数値目標のことです。

●CSF

　目標を達成するために決定的に重要な要因となるもののことをCSFといいます。Critical Success Factorの略です。

●KPI

　Key Performance Indicatorの略で、重要業績評価指標と訳されます。Web改善を行う際には最も重要な指標で、CSFに応じた施策の効果を具体的な値として把握するために用いられます。

KPIを設定するにはいくつかの方法がありますが、基本的な手順は、

目標 ➡ KGI ➡ CSF ➡ KPI

と決めていきます。目標から順に進むことで、KPIを設定する目的がブレなくなり、目標を達成することが最終的なゴールとなります。

　仮に、KPIを入り口にゴールへの道筋を設定してしまうと、サイトの目的が曖昧になってしまいます。
　「たくさんのユーザーに見てもらいたいから、セッション数をKPIにしましょう」といきなり決めてしまうと、その先に見えるゴールはどうなるでしょうか。ブランドの認知を高めることなのか、問い合わせを増やすことなのか、売上を増やすことなのか等々、何のために多くのユーザーに見てもらいたいのか、ゴールが見えない状態になります。
　まずは、ゴール(目標)ありきです。目標があって、それを実現するために必要なことを洗い出し、そのための施策を考え、その効果が測定できる指標を定めるという順で考えます。そうすることでゴール(目標)がしっかりと定まった、ブレのないKPIを設定することができるのです。

Web改善の肝！
KPIを設定しよう（2）

具体的な例を挙げて、KPIをどのような手順で設定するかを考えてみましょう。

あるECサイトの例です。ECサイトですから、サイトの目的＝ビジネスととらえることとします。もちろん、ECサイトであってもサイトとビジネスの目的が必ず合致するわけではありませんが、理解しやすくするために両者の目的がほぼ同義であるととらえることを出発点としてはじめましょう。

サイトの目的を考える

なんらかの商品を消費者に対して販売することを目的とします。サイトの目的は「商品を販売して売上を最大化すること」とします。

これを目標 ➡ CSF ➡ 施策 ➡ KPIとブレークダウンしてサイトの目標達成の状況を具体的に把握できるKPIまで落とし込んでいきましょう（図2-6-01）。

> **ECサイトの目的**：商品を販売して売上を最大化すること

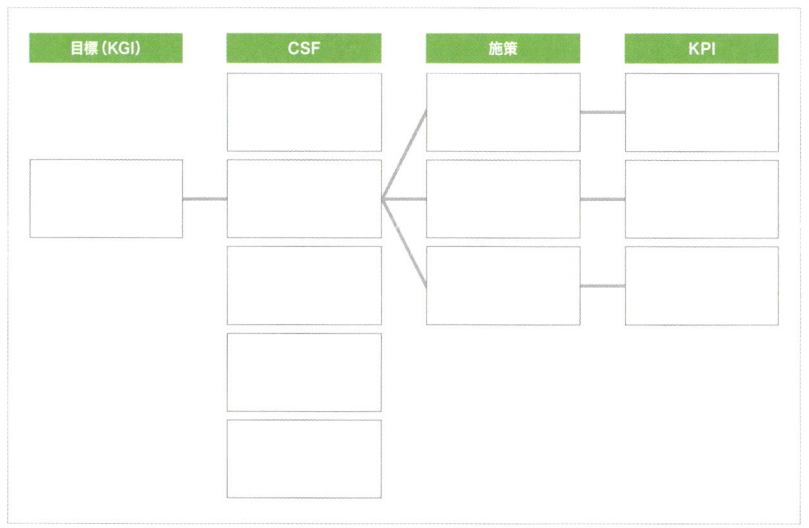

図2-6-01

KGIの設定

次は具体的な数値目標に落とし込みます。つまり、KGIの設定です。このECサイトの目的は「商品を販売して売上を最大化すること」ですが、漠然としすぎていて、具体的にどのような戦略を取っていいのかが分かりません。

そこで、具体的な数値目標を設定します。ただし、Web担当者がKGIを設定するということは考えづらく、基本的には経営側や事業責任者の判断領域となります。組織におけるすべての収支を踏まえたうえでの判断となるからです。

多くの場合経営側や事業責任者が定めた数値目標を聞き取り、KGIとして定めることになりますが、小規模事業者や細分化された単位のプロジェクトにおいては、KGIの設定作業に関わることもあるでしょう。ここでは、小規模事業者が運営するECサイトであると仮定。さらに、現状の売上は年間約6億円であったとします。そこで、さらに1億円の売上増を目標として、年間売上7億円をKGIに設定しました（図2-6-02）。

図2-6-02

CSFの設定

今よりも1億円の売上増を達成するにはどうしたらよいのでしょうか。
ECサイトの売上が上がる要因はいくつか考えられます。

- サイトへ来てくれるお客様が増えること
- 購入者あたりの単価が上がること
- リピート購入が増えること
  など

そこで、経営者や他のメンバーと検討を行い、次のような複数のCSFを設定しました（図2-6-03）。

CSF（目標を達成するために決定的に重要な要因となるもの）：
利用頻度を増やす　流入数を増やす　購入単価を上げる　購入点数を増やす　会員数を増やす

目標（KGI）	CSF	施策	KPI
年間売上7億円	利用頻度を増やす		
	流入数を増やす		
	購入単価を上げる		
	購入点数を増やす		
	会員数を増やす		

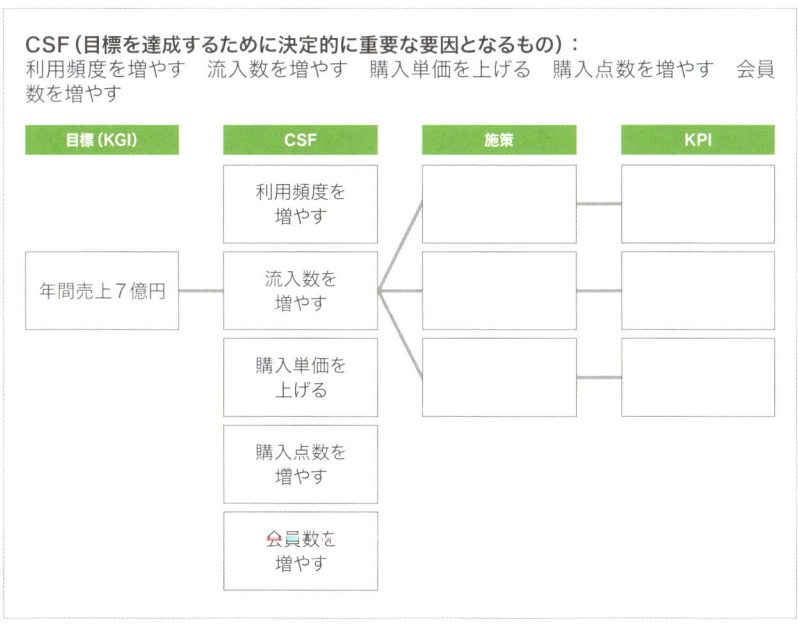

図2-6-03

施策の考案

CSFを決めました。次は、決めたCSFに従って、実現するためにはどのような施策を行えばよいかを考えます。

● **CSFごとに施策は異なる！**

利用頻度を増やす
➡ リピート数を増やすということ
➡ つまり、メールアドレスや名前などの情報を持っていることが前提

流入数を増やす
➡ 一度も利用していない人たちに存在を知ってもらう

このようにCSFによって考えられる施策は異なります。ここでは、「流入数を増やす」というCSFを例に考えましょう（図2-6-04）。

施策：
リスティング広告出稿　SEO対策のコラムページを追加　キャンペーン情報をTwitterで配信

目標（KGI）	CSF	施策	KPI
年間売上7億円	利用頻度を増やす	リスティング広告出稿	
	流入数を増やす	SEO対策のコラムページを追加	
	購入単価を上げる	キャンペーン情報をTwitterで配信	
	購入点数を増やす		
	会員数を増やす		

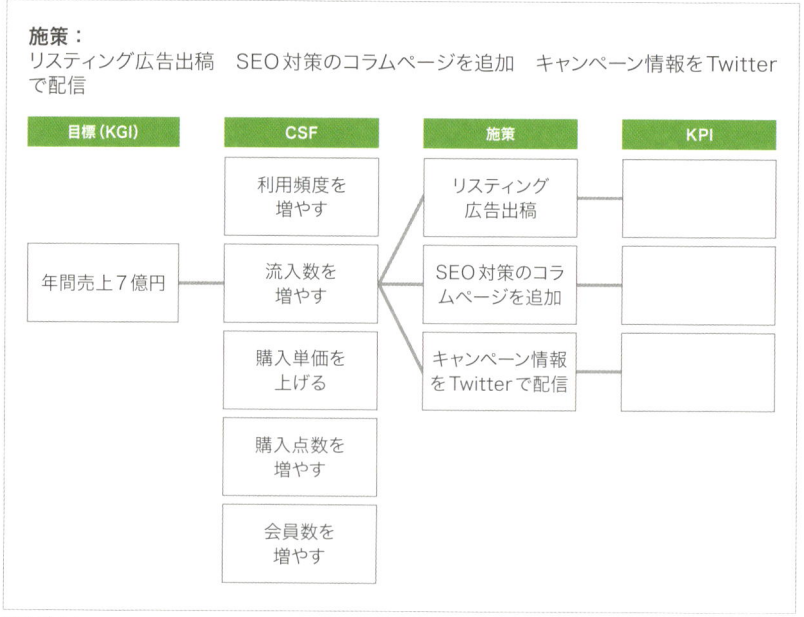

図2-6-04

● **施策を決める際の注意点**

施策を行ったことによる貢献度や実現性をしっかり検討しましょう。

<mark>貢献度＝インパクト</mark>。つまり、その施策を行ったことでどれくらい成果に対して影響があるのかを考えます。

また、<mark>実現性</mark>も重要な要因です。

「その施策を行えば確かにインパクトはあるよね」と言えるものでも、その施策自体を本当に行えないと意味がありません(例えば、費用の問題や人的リソースの問題、技術的な難易度などが原因で実現できない)。

例えば、Yahoo! Japanのトップページに広告を1年間出せば、間違いなく大変なインパクトがあります。ですが、年商7億を目指す小規模事業者にとってその広告コストは適切でしょうか。

インパクトの大きな施策であっても、現実味のないものでは意味がありません。実施可能で、かつ高いインパクトが見込まれるものを施策としましょう。

KPIの設定

いよいよ、KPIの設定です。
KGI ➡ CSF ➡ 施策と検討を進めました。

● **CSF**：「流入数を増やす」

● **施策**：「リスティング広告出稿」
　　　　　「SEO対策のコラムページを追加」
　　　　　「キャンペーン情報をTwitterで配信」

この3つの施策を行ったとして、実際に効果があったかどうかしっかりと判断するために、何を計測すれば良いかを考えます。

計測の対象となる指標がKPIとなります。ただ漠然と増えた・減ったを確認しても意味がないので、必ず目標値も設定しましょう(図2-6-05)。

```
KPI：
指標：リスティング広告経由の流入数    目標値： 10%アップ
指標：自然検索からの流入数           目標値：  5%アップ
指標：Twitterからの流入数           目標値： 15%アップ
```

目標 (KGI)	CSF	施策	KPI
年間売上7億円	利用頻度を増やす	リスティング広告出稿	リスティング広告経由の流入数（10%アップ）
	流入数を増やす	SEO対策のコラムページを追加	自然検索からの流入数（5%アップ）
	購入単価を上げる	キャンペーン情報をTwitterで配信	Twitterからの流入数（15%アップ）
	購入点数を増やす		
	会員数を増やす		

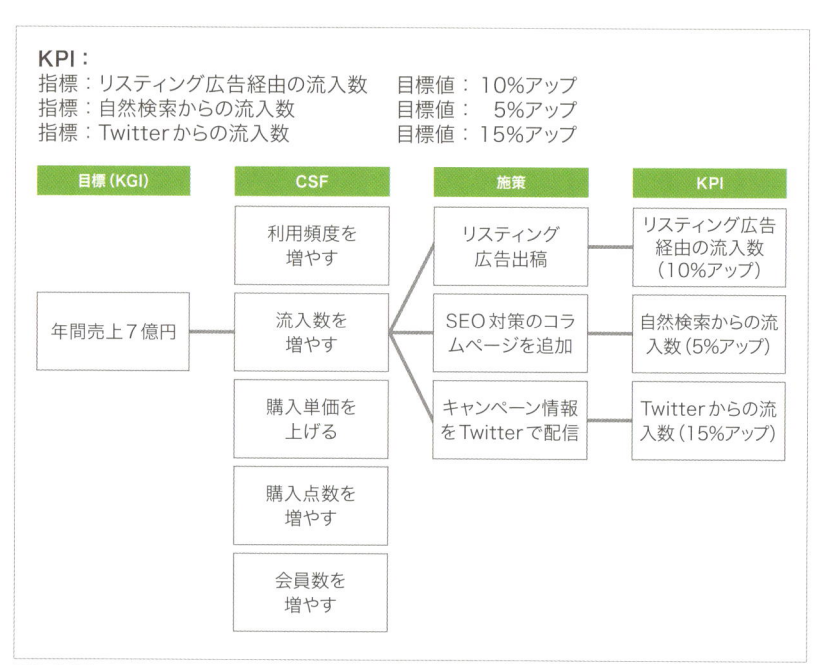

図2-6-05

　ECサイトを例に挙げてKPI設定の方法を紹介しました。
　KPIは施策の良し悪しが判断できる数値であることが重要です。これを念頭に置いて設定するようにしてください。

Chapter 3
分析ツールの導入

問題となる点が分からなければ、改善策を考えることができません。問題点を発見するには、正しく分析ツールを選び、導入し、使いこなす必要があります。

3-1 分析ツールの導入
3-2 分析ツールの種類と特徴
3-3 分析ツール導入後の注意点

3-1 分析ツールの導入

利用目的を明確にしよう

　Web解析や広告効果測定を行っていくためには、多くのツールの中から目的にあったものを選ぶ必要があります。ツール導入時に注意すべきポイントを確認していきましょう。

　何のためにツールを導入し効果を測定するのか。例えば、広告の効果を主に検証していくのであれば広告効果測定ツールを、サイト内の閲覧状況や回遊を検証するのであればWeb解析ツール（アクセス解析ツール）を利用するなど、データの利用目的に応じた選択をすることが大切です。

　Web改善を進める際に、課題を解決するためにどのようなデータが必要か、課題解決するために何をする必要があるのかを明確にするために、分析ツールを使いましょう。

ツール導入時の注意ポイント

　ツール導入時に注意すべきポイントとして、データ取得範囲とサイト環境の確認があります。

　ツールの機能面が充実しているからという理由で、ツール導入を進めるのではなく、解析ツールの特長を把握し導入を進めることが大切です。企業のセキュリティポリシー[※1]やランニングコストに関しても検討した上で選定していきましょう。

　また、実際にツールを導入してみたけれども、使い方が難しく活用できていない場合であれば、専門書の活用や専門系サイトでの情報収集の他に外部のセミナー、研修などに参加してスキルを高めることも必要になります。

●ビジネスゴールとサイト目標の整理

　本書で繰り返し述べてきたとおりです。Webの改善を行う前提として、ビジネスのゴールとサイトの目標が明確にされていないと、成果の基準をどこに置けばよいかが分かりません。そのため、どの指標を計測してよいのかも分かりませんので、分析ツールの選定を行うこともできなくなります。

ビジネスゴールとサイト目標の整理	ビジネスのゴール達成と、サイトの目標が明確になっているかを確認・整理する
課題解決に向けて何を計測すべきか	どのようなデータが取得できるか、必要な機能や性能が網羅されているか、ビジネスゴール達成のためにどのようなデータを計測すべきか具体的に決める
計測管理していくための環境と社内体制	計測管理していくためのサイト環境、データベース構築環境と社内の運用体制は問題ないかを確認する
企業のセキュリティポリシーとランニングコスト	会社のセキュリティポリシーに触れていないか、ツール導入のランニングコスト(初期導入+ツール費+解析する工数)が見合うか検討する

図3-1-01 ツール導入時に注意すべきポイント

● 課題解決に向けて何を計測すべきか

　サイトの目標が定まることによって、具体的に計測すべき指標へとブレークダウンすることができます。そして、洗い出された指標を元に要件を定め、それを満たすツールはどれかを検討します。

● 計測管理していくための環境と社内体制

　人、システムの両面での運用管理体制に問題がないかを確認します。運用に携わる人的リソースが確保できるのか、システムに目的のツールを入れることが可能かなどに留意します。

● 企業のセキュリティポリシーとランニングコスト

　アクセスログのデータを自社サーバーで管理するなどのセキュリティポリシーを保有している企業があります。そのような場合、ツールによってはその要件を満たすことができません。
　一方でランニングコストも重要な要素です。解析する作業に要するコストのほかに、ツールの利用コストなどの費用を積算してランニングコストを検討します。

ツールを導入したけれども広告代理店やWeb制作会社にすべてを任せっきりにして、自社でデータをうまく活用できていない場合もあります。

　この場合、原点に戻り何のために解析ツールを導入し計測しているのか、もう一度、利用目的を明らかにすることが大切です。デジタルマーケティングを推進していく上で、解題解決につながる課題を抽出し、次につながるアクションを進めていくことが重要となります。

Glossary
※1　**セキュリティポリシー**：企業や組織における情報セキュリティにたいする方針を定めたものをいいます。

3-2 分析ツールの種類と特徴

利用目的から見た分析ツールの違い

広告分析、サイト内分析、顧客情報管理。3種類に分類して、その利用目的から代表的なツールの例を挙げます。

	広告分析	サイト内分析	顧客情報管理
利用目的	広告の効果測定や獲得効率を把握	サイト内の回遊やサイト内導線の改善	自社データを管理し顧客状況の把握や、売上の拡大
KPI例	Imp、Click、CTR、CV、CVR、CPA、ROASなど	PV、セッション 直帰率、離脱率、CVなど	アクティブ率 新規、既存など
代表的な分析ツール（ソリューション）	**広告効果測定ツール** ・アドエビス ・ウェブアンテナ など **第三者配信アドサーバー** ・DoubleClick Campaign Manager (DCM) ・Sizmek ・digitalice など	**Web解析ツール** **（アクセス解析ツール）** ・Googleアナリティクス ・Adobeアナリティクス ・ビジョナリスト ・RTmetrics ・Ptengine 　　　　　　など	**CRMツール** ・Salesforce ・Synergy!360 ・OracleCRM ・Zoho CRM ・Microsoft Dynamics CRM 　　　　　　など

図3-2-01　利用目的から見た分析ツールの違い

広告分析の代表的なソリューションとして「第三者配信アドサーバー」というものがあります。

これは、複数のメディアの広告を一括管理して配信・運用を行う広告用のサーバー、あるいはその仕組みのことです。3rd Party Ad Serverを略して3PASと表現されることもあります。

通常、複数のメディアに広告を出稿する場合、メディアに原稿を個別に入稿し、それぞれで効果測定を行います。3PASでは複数のメディアの広告を一元管理できるため、メディアや広告ごとではなくまとめて効果測定を行えます。ワンストップで広告の配信効果の比較が行え、メディア配分の最適化が行えることが強みです。

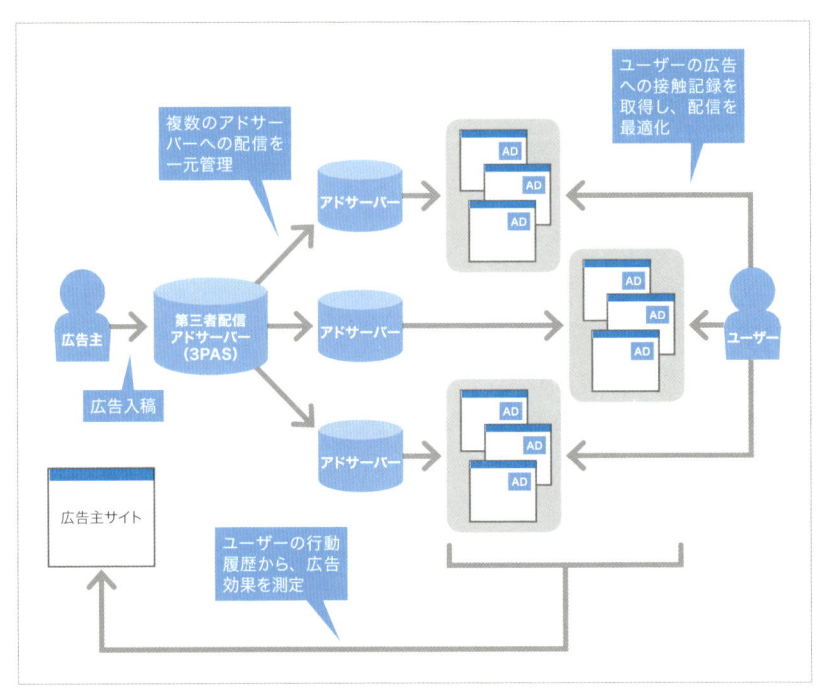

図3-2-02　3PAS(第三者配信アドサーバー)のしくみ

　3PASのもうひとつの強みは、アトリビューション分析(アトリビューション＝貢献度)です。複数のメディアにまたがって広告効果を測定できるため、クリックされなかったが、認知などにつながったというようなビュースルー効果についても測定を行うことができます。

　例えば、Aというサイトのバナー広告が表示された場合に、そのときはユーザーが何も行動を行わなかったとしても、後でBというサイトの広告から流入を行った場合に、そのユーザーがサイトAにおいてバナーに接触したというデータが残ります。さらに広告主サイト上での行動も追跡します。そのため、バナー広告のビュースルー効果からコンバージョンに至るまでの相関性を分析することができ、アトリビューション(貢献度)についての分析を行うことができます。

ユーザー行動に応じた計測管理

今度は、ユーザーの行動の流れに即してツールを分類してみましょう。

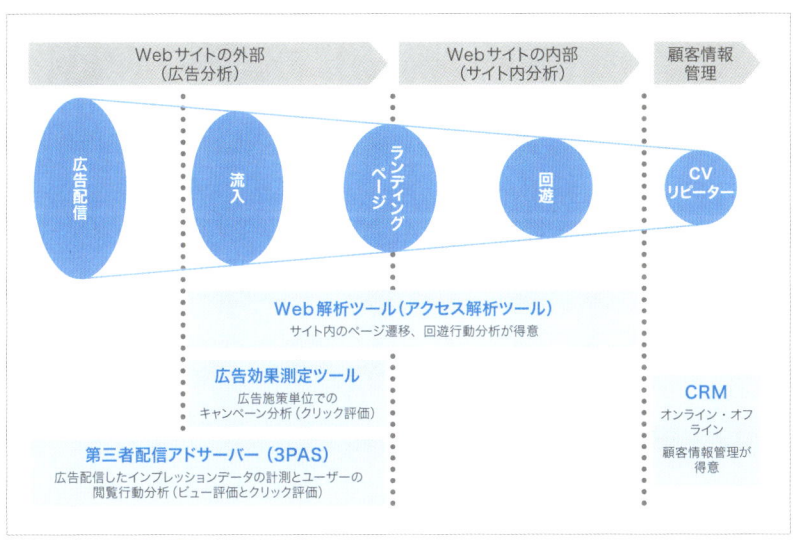

```
Webサイトの外部          Webサイトの内部        顧客情報
（広告分析）              （サイト内分析）         管理

 広告      流入    ランディング    回遊    CV
 配信              ページ                  リピーター

                    Web解析ツール（アクセス解析ツール）
                    サイト内のページ遷移、回遊行動分析が得意

          広告効果測定ツール
          広告施策単位での
          キャンペーン分析（クリック評価）

     第三者配信アドサーバー（3PAS）              CRM
     広告配信したインプレッションデータの計測とユーザーの   オンライン・オフ
     閲覧行動分析（ビュー評価とクリック評価）         ライン
                                           顧客情報管理が
                                           得意
```

図3-2-03　ユーザー行動ごとにみた分析ツール

　広告を打っているのであれば、まず何らかの広告をきっかけにユーザーが流入をしてランディングページにたどり着きます。ここで知りたいのは広告の効果です。3PASや広告効果測定ツールなどがメインのツールとなります。

　サイトへの流入後はランディングページから回遊、コンバージョン、リピーターと徐々にユーザーは離脱していきます。このプロセスを分析するのがWeb解析ツール（アクセス解析ツール）です。サイト内のページ遷移や回遊行動分析を得意とします。

　そして、実際に購買に至ったりコンバージョンされたユーザーの分析はCRMで行います。

3-3 分析ツール導入後の注意点

サイトの構造に適した実装になっている？

　さまざまなツールを紹介しましたが、ここではWeb解析ツール（アクセス解析ツール）導入後の注意点を解説します。

　ツール導入後、解析をはじめる前に必ず行っておく初期設定として、サイト構造に沿った実装がされているかを確認しましょう。

　特にサブドメインの使用や複数のドメインをまたいでしまうサイト構造などサイト構造を理解し正しく実装し計測（トラッキング）できているか確認することが必要となります。どのようなサイト構造か確認した上で、正しい実装を行うことが必要です。

●サブドメインを含んだサイト構造

　サブドメインでURLを切り分けしている場合、1つのサイトとして測定することも可能です。

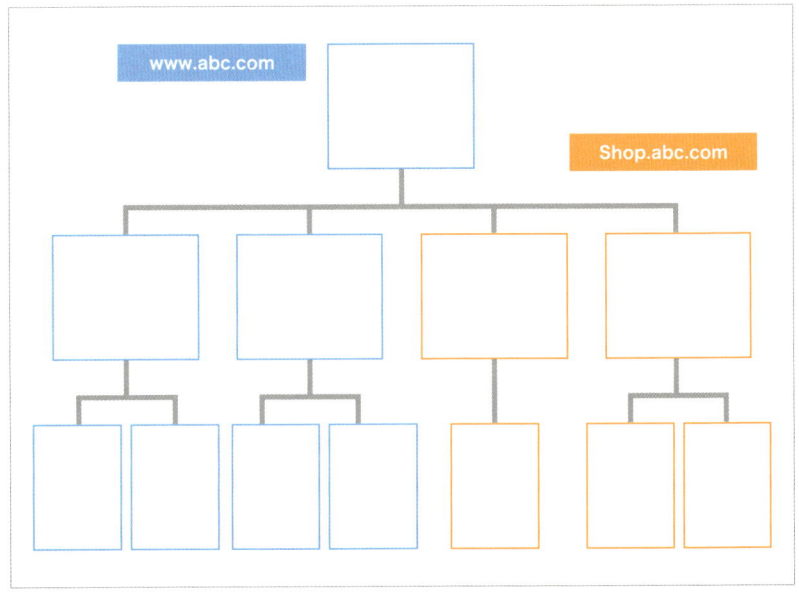

図3-3-01　サブドメインを含んだサイト構造

●複数ドメインのサイト構造(ASPのカートなども含む)

　サブドメインと同様、複数のドメインをまたぐサイト構造のサイトの場合も計測することが可能です。

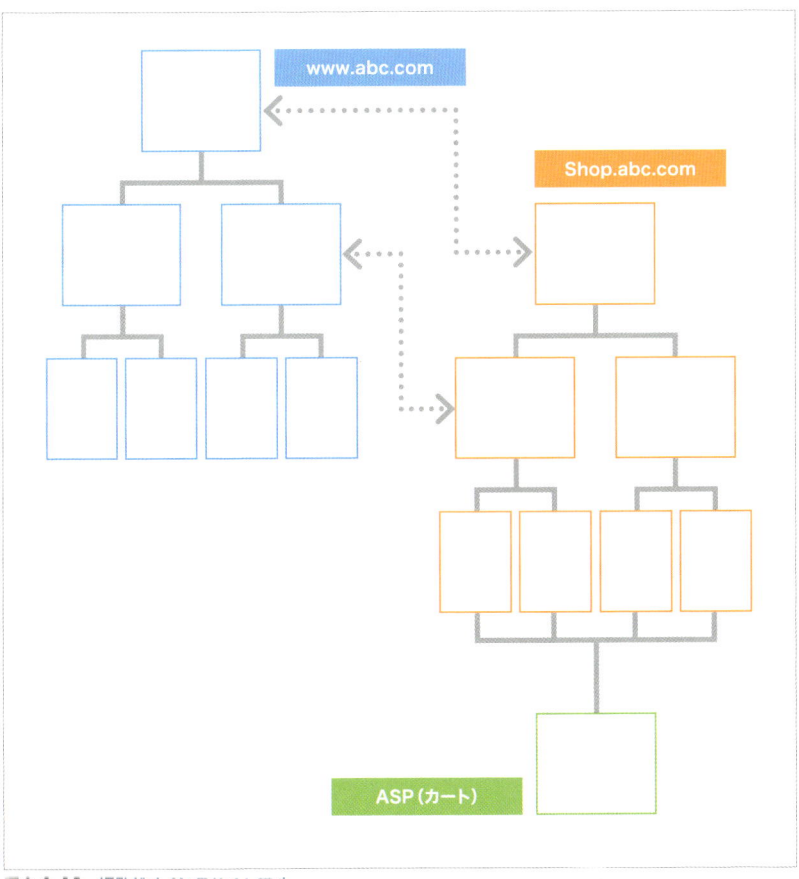

図3-3-02　複数ドメインのサイト構造

TOPページのカウント

　ツール導入後、解析をはじめるとTOPページが同じURLが「/index.html」や「/」のように別ページとして分散してカウントされる場合があります。
　この場合は、解析ツールの設定により同一ページとしてまとめることで、分散していたカウントをまとめることができます。

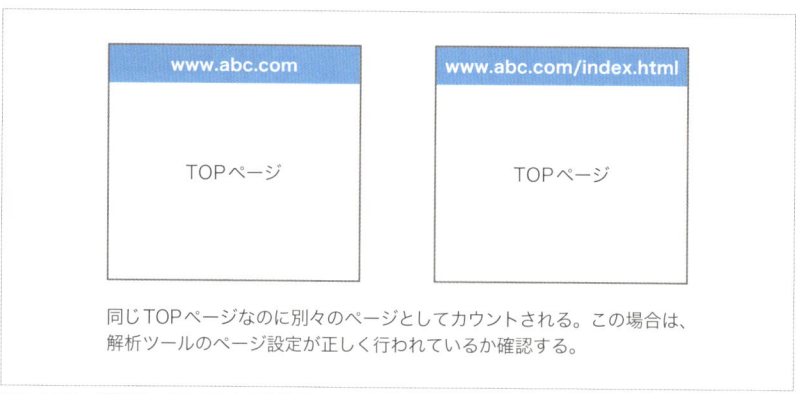

図3-3-03　TOPページカウントの注意点

アクセス排除の設定

　ツール導入後、解析する前に社内アクセスや関係者のアクセス排除（排除IP）の設定がきちんとされているか、確認することが必要です。関係者のアクセスを排除し純粋な訪問者のみを計測対象とすることで、正確な計測を行うことができます。

コンバージョン設定

　ツール導入後、KPI設計したコンバージョンがきちんと設定されているかテストコンバージョンを実施し確認することが大切です。運用後、コンバージョンが計測されていなかった原因のひとつにタグ設置の問題が考えられますので、ツール側の設定以外にコンバージョン計測対象ページにコンバージョンタグが設置されているかも必ず確認するようにしてください。

Chapter 4
Web分析の流れ

データを分析することで問題点を発見します。データと対峙する際に大切なポイントを押さえておけば、Web改善はさらに前進します。

- **4-1** 分析の基本は「比較」
- **4-2** 分析レポートの必要性
- **4-3** 改善策は一人で考えない
- **4-4** やりっぱなしで終わらない！ PDCAの重要性
- **4-5** より問題を掘り下げることで、施策の精度を上げる

分析の基本は「比較」

分析ツールを導入し、データが取得できていることが確認できたら、いよいよ分析です。具体的な分析方法は手法によって異なりますが、「データ分析」のために覚えておきたい分析視点を紹介します。

<mark>分析の基本は比較です。</mark>どのようなデータを取得しても、評価を行うには、何かと比較しないといけません。例えば、直帰率が60%というデータを見ても、それだけでは何も評価ができません。業界の標準が50%であるとか先月の平均が70%であるとか、なんらかの比較対象があってこそ評価が成立します。

よく使われる比較軸としては次のようなものがあります。

● 時間
- 前回／今回
- 前年同時期／今回
- 平日／休日
- 9～19時／19～24時／0～8時

まず、基本となるのが時間軸での分析です。

施策の効果を評価するためには、施策を行った前後のデータを比較する必要があります。また、平日／休日、時間帯などでどのような違いがあるかをみることもあります。例えば、休日や夜間はほぼアクセスがなければ、その時間帯はインプレッション型課金の広告出稿は停止するなど、アクセスの状況を分析して施策の根拠とすることができます。

● 訪問
- 新規訪問／リピート訪問
- 検索ワードの潜在（ビッグ）／顕在（スモール）
- 広告経由／広告以外経由
- コンバージョン／非コンバージョン訪問

新規訪問とリピート訪問、それぞれの回遊の状況を比較することで、どのようにコンバージョンに至っているかなど、主要な導線の違いを把握することができます。そこから新規顧客向けとリピート向けのプロモーション方法を使い分けるといったことを検討することができます。

● 環境
・PC／タブレット／スマートフォン
・iPhone／Android

　さまざまなデバイスで、どのように利用されているかの比較は重要です。
　入力作業を伴うフォームでの行動を比較すると、物理的なキーボードが無く、画面の小さなスマートフォンの離脱率が高い傾向にあります。問題を特定するためにデバイスごとに比較することが重要な場合があります。

● ユーザー
・性・年代（男性／女性、M1／M2／M3／F1／F2／F3）
・都市部在住／その他地域在住
・未購入者／初回購入者／継続購入者／中止者

　CRMと連携して分析が行える環境では、顧客属性に応じた分析が有効な手段となります。会員サイトなど、ユーザー単位の行動を確認できる場合は、会員と非会員での行動パターンの違いを把握することが、施策の重要な検討材料になります。

　以上のようなさまざまな軸で比較を行い、閲覧や購買行動の「違い」「変化」「パターン」に着目します。そして、グループ間の違いを取り出して、その違いを根拠として仮説を立て、改善のための施策へと活かします。

4-2 分析レポートの必要性

　アクセスログやその他のツールにより取得できたデータを分析した後は、関係者への報告を行います。
　定期的なミーティングで発表する、資料としてメールで送るなど方法はさまざまですが、いずれにしても、分析した内容を分かりやすく書面にまとめて適切に結果や改善の提案を伝える必要があります。
　<mark>分析レポート</mark>が必要となる理由や目的は、主に次の3点が考えられます。

- 数値の共有
- 数値の解釈を共有
- 過去の判断の振り返り

●数値を共有

　ツールによって取得したデータから必要なものを抽出し、関係者間で共有します。Web改善をチームで行う場合、認識を共有することがとても大事です。数値は共通言語になり、理解しやすく、比較しやすい点がメリットです。

●数値の解釈を共有

　数値の共有は、あくまでも事実の共有です。そこから得られる解釈や評価ではありません。
　そこで次の段階として数値の解釈を共有します。つまり、その数値が何を物語っているのかという解釈を関係者内で共有するのです。数値の見方によって、同じ値でも良し悪しの判断が人によって異なります。そのため、数値のみならず、その解釈も共有する必要があります。
　数値・数値の解釈の共有を繰り返すことによって、過去の数値や解釈が積み重なっていきます。それらをレポートとしてまとめておくと、後で必要な際に簡単に振り返ることができるため効率的です。また、時間経過により行った施策の記憶が薄れるため、備忘録としても有効です。

● 過去の判断の振り返り

関係者間で重要な指標についてのデータやそこから読み取れることを共有することで、施策に向けた意思の統一を行うことができます。過去の施策を振り返ることで、現在の施策判断を行ったり、今後の施策の参考にしたりという有用性もあります。

コメントの書き方

分析レポートに盛り込む要素としては、データ、グラフそしてコメントがあります。Webの戦略に携わる人たちはデータを読みなれた人ばかりでないため、データから分かることや気づいたことをスムーズに伝えるには、なんらかのコメントを添えることが求められます。

実用性の高いコメントを記述するためには、ちょっとしたポイントがあります。それは2段階に分けて書くことです。

● 1段階目

分析対象とするデータ(またはグラフ)を観察し、==データから「分かること」や「気づいたこと」==を記述します。

ここで重要な点は、客観的に言える事実にこだわって記述することです。自分の考えや感想ではなく、あくまでも客観的に言えることを記述します。

また、予め判断の根拠を明示することも重要です。例えば、比較した結果、データ間で差が小さい場合、判断に迷いが生じる場合があります。その場合は、「比較から前後10%以上の差がある場合を違いとして抽出する」といった具合に、判断の根拠とするものについても明確にしておきましょう。

ひとつの項目に何かしらの変動や徴候があれば、たいてい他のデータにも影響が出る傾向があります。複数のデータを広く見ることによって、新たな事実が発見できることがあります。

● 2段階目

客観的な事実から、==まとめた結論や対策==を記述します。

1段階目で気付いたことから全体傾向を捉え、分析目的や分析課題に対応した結論と対策をまとめます。まとめ方のポイントは次のとおりです。

● 分析の目的や課題に対する結論のみを記述する

「今後どうすべきだ」というような対策を記述することは避け、分析した結果、結論のみを記述します。

もちろん、分析結果から導かれる対策は、方向性や道筋を示すうえでは有効で

すが、あくまで分析者の感性で考えた所感です。したがって、対策提案に重きをおかずに、目的や課題に対応する結論を記述することを重視します。

● **結論は冒頭に。端的に。その上で、詳細な説明や論拠を記述する**

先に目的や課題に対応する結論を書くことが望まれます。

ただし、冗長に書くのではなく、端的にまとめることが重要です。ひと目で結論が伝わるよう、箇条書きでまとめるなどコンパクトな書き方をします。その後に、その提示を受けてしっかりと読み込めるような説明や論拠を記述します。

● **分析目的や課題と関係ない気づきは、関係しないことを明確にする**

分析の仕様を策定した際には想定していなかったさまざまな事象に気づくこともあります。もちろん、重要な情報であればレポートに盛り込むべきではありますが、もともとの分析の目的や課題と混在しないように、別の見出しをつけるなどして分けて記述します。

表現方法・グラフ

グラフを使えば、直感的にデータの量や推移、違いを把握することができます。そのため、分析レポートではグラフはとても重要な役割を果たします。ただし、グラフにはさまざまな種類があり、表現したい内容に応じて使い分ける必要があります。まずは、グラフのメリットとデメリットを次のようにまとめました。

● **メリット**
・数字の観察では気づかなかった「傾向」「違い」「パターン」を発見できる。
・見やすい、分かりやすい。
・数字の表現方法として、パターン化しやすい。

● **デメリット**
・使い方を誤ると、意味合いの抽出がしづらく、分かりづらい。
・小さな違いや変化は、見落とし・見逃しをしやすい。
・実際の値が記憶に残りづらい。

見やすくて分かりやすいといったメリットがある一方で、使い方を誤ると、まるで意味のない図形となってしまいます。そのため、グラフの種類の特徴を理解し、

何を表現するときに適しているのかということを知っておく必要があります。分析レポートでよく用いられるグラフの特徴と利用目的を次にまとめました。

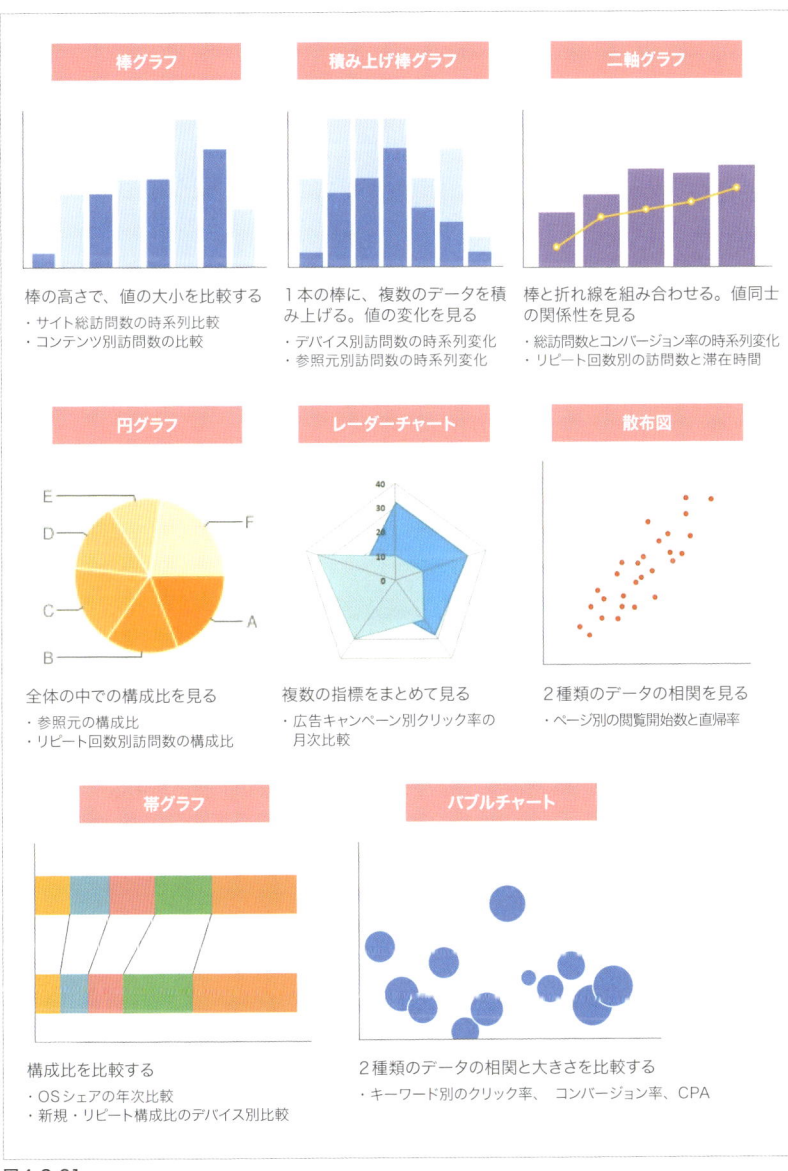

棒グラフ
棒の高さで、値の大小を比較する
・サイト総訪問数の時系列比較
・コンテンツ別訪問数の比較

積み上げ棒グラフ
1本の棒に、複数のデータを積み上げる。値の変化を見る
・デバイス別訪問数の時系列変化
・参照元別訪問数の時系列変化

二軸グラフ
棒と折れ線を組み合わせる。値同士の関係性を見る
・総訪問数とコンバージョン率の時系列変化
・リピート回数別の訪問数と滞在時間

円グラフ
全体の中での構成比を見る
・参照元の構成比
・リピート回数別訪問数の構成比

レーダーチャート
複数の指標をまとめて見る
・広告キャンペーン別クリック率の月次比較

散布図
2種類のデータの相関を見る
・ページ別の閲覧開始数と直帰率

帯グラフ
構成比を比較する
・OSシェアの年次比較
・新規・リピート構成比のデバイス別比較

バブルチャート
2種類のデータの相関と大きさを比較する
・キーワード別のクリック率、コンバージョン率、CPA

図4-2-01

レポートの種類

分析レポートは大きく2種類を使い分けると良いでしょう。

事前に取り決めた項目をフォーマット化し、短期施策の振り返りを行う「定点観測レポート」と、分析目的に基づき個別に仕様設計し、分析・レポーティングを行う「カスタム分析レポート」です。

●定点観測レポート

定点観測レポートは、Web改善の状況をこまめに把握し、短期施策の振り返りや方針の軌道修正するために用います。

事前に取り決めた分析項目、測定期間、比較対象、報告対象といった要素で構成します。

最初のうちは必要最低限の項目に絞って始めて、徐々に内容を膨らませていくのが運用上のポイントです。

また、ExcelやAccessの機能を利用して、極力自動化できるようにします。

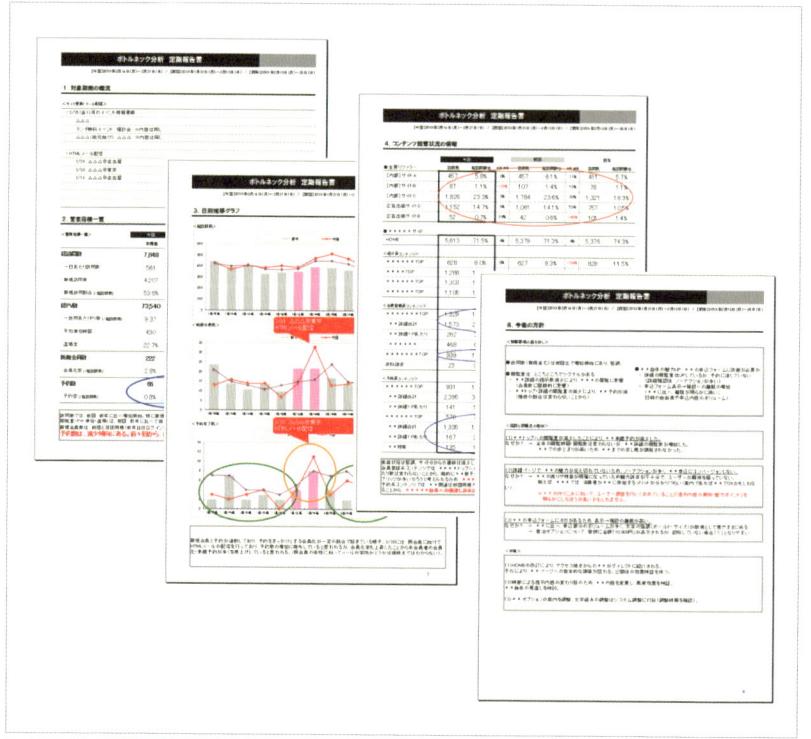

図4-2-02　定点観測レポートの例

目的	Webマーケティングのパフォーマンスを小まめに把握し、短期施策の振り返りや方針の軌道修正に用いる
仕様	分析項目：KPIに基づき事前設定。レポートフォーマットを決める 測定期間：日数による固定が望ましい（14日間推奨） 　　　　　月間で行う際は必ずデータを平準化する（1日あたり） 比較対象：KPI目標値、前回データ、昨年同期間データ 報告対象：決定権者、現場担当者（Web担当者、制作、広告）
フォーマットのポイント	・最初は必要最低限の項目に絞る。数回のトライアルのうちに、必要に応じて部分的に膨らませる ・自動化機能やExcel/Accessを積極的に用いて省力化を目指す
フォーマットの項目（例）	・対象期間の概況（サイト更新や広告出稿、メール配信など） ・重要指標一覧（KPI、全体観が分かる値など） ・日別推移（訪問やCVなどの日別変化、施策連動を検証） ・集客状況（特定のキーワードや参照元、キャンペーン別） ・閲覧状況（HOMEと主要ページのページ別訪問数、訪問割合） ・今後の方針（特筆事項、仮説と問題点、対策方針）
報告会実施のポイント	・定例会議としてセッティング、PDCAサイクルに組み込む ・なるべく短期間、小まめに行い、リスクを回避する ・参加者へは事前にレポートを共有し、内容の確認と検討を促す ・報告会の時間内に対策方針を決め、素早い動き出しに努める

表4-2-01

●カスタム分析レポート

特定の課題に対して個別に仕様設計し、分析・レポートを行う場合もあります。

目的		Webマーケティングにおける特定課題に対する分析に用いる
仕様		分析目的に応じて、仕様を個別に設計（カスタマイズ）し、分析着手前に、関係者間で合意をとる
仕様設計時にまとめる内容	目的	・何のための分析か？　分析結果からどんな行動をとるか？　を具体化する （サイトのリニューアルを通じて当初課題が解決されているか、また、新たな問題が生じていないか？　具体的に明らかにする）
	方法	・アクセス解析ツールのみか、他のツールを併用するか
	対象	・対象とするサイト、期間、データを定義する （期間は、リニューアル前後2週間、前年今年の2年間など） （データは、アクセスログ、会員や購買データ、広告データなど）
	分析課題	分析して明らかにしたいこと、分析に用いる値やデータ （課題「カート以降のフォームユーザビリティは向上したか」） （項目「エラー回数」「フォームステップ毎の離脱率」「完了率」）
ポイント		・仕様設計はなるべく具体的に表現し、関係者間で事前の合意を得ることにこだわる（事前に決めないと延々と分析作業が続いてしまう危険性がある） ・規模の大小に関係なく、カスタマイズでの分析・レポーティングが必要な際は都度仕様設計、取り決めを行う ・仕様設計の内容は複数人でチェックをし、モレや不必要な分析がないか入念にチェックを行う

表4-2-02

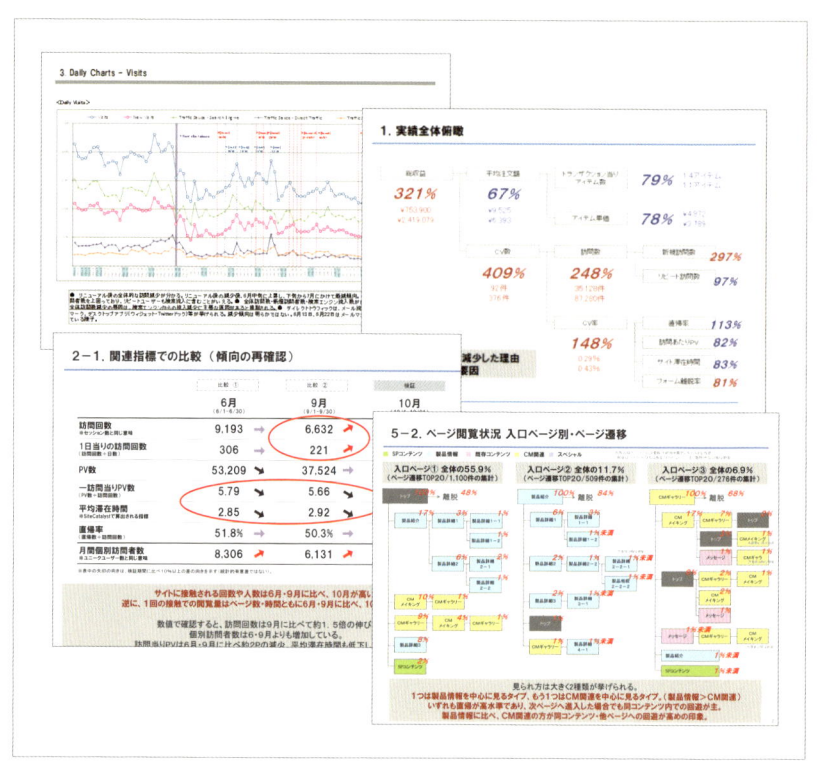

図4-2-03　カスタム分析レポートの例

改善策は一人で考えない

データを分析した結果を元に、改善策を考えていきます。

解決策を導いていくためにはまず、アイデアを創出することから始まります。アイデアは一人で考えるのではなく、チーム全体で検討することが望ましいです。

自由なアイデアを引き出すブレインストーミング

ブレインストーミングは従来の考え方や先入観にとらわれず、自由なディスカッションを通じてアイデアや解決策を引き出す手法のことです。「ブレスト」と呼ぶ方も多いでしょう。人数に制限はありません。

ここでは自由な発言を促すためのルールを紹介します。

●ブレインストーミングのルール

(1) 人の発言を否定しない

自分の意見を批判や否定されると自由な発想や発言の妨げになります。人の発言が「なんか違うな」と思っても、否定せず受け止めることが一番大切です。

(2) 人のアイデアに悪乗りしてアイデアを出す

ブレインストーミングは悪乗りOK！　人のアイデアに上乗せしてどんどん新しいアイデアを出していきましょう。

(3) アイデア発想に制限を設けない

「それは現実的じゃない」「誰がやるんだ？」など現実的なことを考えてしまいがちですが、それはご法度です。

「実現させるためにはどうしたらいいか」と前向きな考えにシフトして現実に落とし込むようにしましょう。

ホワイトボードの他にも、ポストイットやクッシュボールなどの小道具を使って、自由な発言を引き出し、まとめていきましょう。

ホワイトボード	模造紙でも可。壁に貼るガムテープも併せて準備する
マーカー	黒・赤・青の3色を用意。事前にカスレがないかもチェックする
ポストイット	大判を用意。何色か用意すると便利
クッシュボール	ボールでなくてもペットボトルなどでも代用可能

表4-3-01　ブレインストーミングの小道具

プロトタイピングで使い勝手の改善策を導き出そう

　Webサイトが紙媒体と決定的に異なるのは「ユーザーが操作できるもの」ということです。デザイン画像などでいくら確認していても、できあがってから操作をしてみると「何か違う……」ということはよくあります。動かしたときの使用感や操作感は、動かしてみてはじめて感じられるものだからです。

　通常、Web制作の現場では、仕様確定後は完成するまで触ることができません。全部できあがってから「やっぱり、ナビゲーションを変えたい」「あの機能が欲しいな」という意見が出ると大幅仕様変更となり、後戻りが容易ではありません。

　そこで注目されているのが「プロトタイピング」です。最後まで作り上げてしまうのではなく、まずプロトタイプを作ってテストを行い、操作性や機能に問題がないか確認し問題を改善していきます。

　この方法で制作を進めることで、できあがってしまってからの修正作業を減らし、ユーザビリティの良いWebサイトを作ることができます。プロトタイプのテストは関係者だけで行うのではなく、ユーザーテストを取り入れて実際のユーザーの意見を収集するとより効果的です。

やりっぱなしで終わらない！PDCAの重要性

PDCAとは

　Webの改善に限らず、どのようなプロジェクトでも、計画を立てて実行したら、その効果を検証することが大切です。
　検証結果にもとづき、新たな計画を立て、実行し、検証するというサイクルを継続的に行っていくことにより、プロジェクトを着実に成功に導くことができます。

　そのような計画や実行、検証といったプロジェクトのサイクルのことをPDCAといいます。
　PDCAはPlan（計画）・Do（実行）・Check（点検・評価）・Action（改善・処置）の各単語の頭文字をつなげたものです。ビジネス用語として一般化されたもので、一連の業務を計画・実行し、結果を評価して次のステップに活かすための考え方です。
　このサイクルを繰り返すことにより、らせん状に成果を高めていくことができるというイメージです。ビジネスにおいて大変多くのシーンで用いられている考え方ですが、Webの改善のワークフローにあてはめて考えると、PDCAの各ミッションを次のようにとらえることができます。

- **Plan（施策の検討）**
  サイトの目標と従来の実績を照らし合わせ、施策を検討すること
- **Do（施策の実施）**
  計画に沿って施策を実行すること
- **Check（実施状況の確認と課題抽出）**
  施策の実施状況を点検し、計画と照らして確認して課題を抽出すること
- **Action（解決策の検討と実施）**
  Checkの結果により抽出された課題の解決策を検討し、実施を行うこと

　PDCAサイクルはWeb改善にとって、有効かつ基本的な考え方です。PDCAサイクルを高速に回転させることが、改善を成功に導く大変重要な要素です。

また、その根拠となるものは「データ」です。施策を検討するうえでも課題を抽出するうえでも、得られたデータが根拠となります。Web改善の特徴は、施策のあらゆる結果がデータとして取得できるということです。期待による予測値や推量ではなく、実績値を元に計画を立て、実行に移し、正確な効果を把握することが大切です。

　しっかりとデータをもとにして、PDCAのサイクルを高速に回転させ、改善を成功に導きましょう。

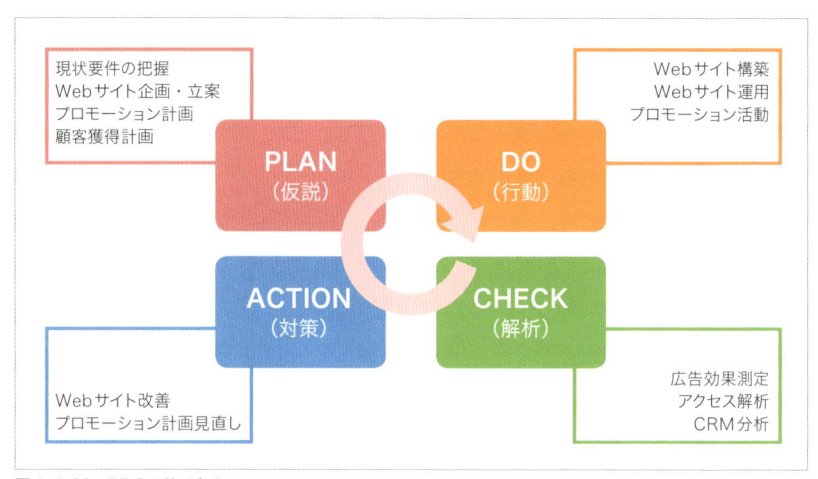

図4-4-01　PDCAサイクル

大きなPDCAと小さなPDCA

　PDCAには規模があります。それは、Web改善のワークフローに特有のことではなく、一般論としてもそうとらえることができます。例えば、企業の業務活動全般において、組織全体に渡る大きなPDCAから従業員の作業単位の小さいPDCAまでさまざまな規模があるように、あらゆるプロジェクトにおいて規模の異なるPCCAが存在します。それはWeb改善においても同様です。プロジェクト全体を俯瞰する長期的視点の大きなPDCAと、個別の施策単位による短期的視点の小さなPDCAが存在します。

　具体例を挙げると、通期や、四半期といった長期的な視点でサイト全体の目標達成を評価するようなPDCAサイクルが大きなPDCAです。経営戦略としてサイトに与えられた目標である、KGIを達成するためのPDCAといってもよいでしょう。

　一方で、1ヶ月や1週程度の短期的な視点で個別施策ごとに目標達成を評価するようなPDCAサイクルが小さなPDCAです。施策ごとのKPIを見ながらWeb改善

を進めていきます。

　小さなPDCAの歯車がくるくると高速に回転することによって、大きなPDCAの歯車が滑らかに回転するような状況をイメージするとよいでしょう。KPIという小さな歯車がたくさんあり、KGIという大きな歯車を回転させています。そして、これらすべてを回転させるための動力源はデータです。データが根拠となるからこそ、歯車を回転させることができます。

　大きな歯車がどのようなものかをイメージできないと、小さな歯車が空回りしてしまうことになります。個別の施策のみに集中せず、長期的な視点の大きな歯車の存在を常に意識してプロジェクトを俯瞰するということが、Web改善には不可欠の視点です。

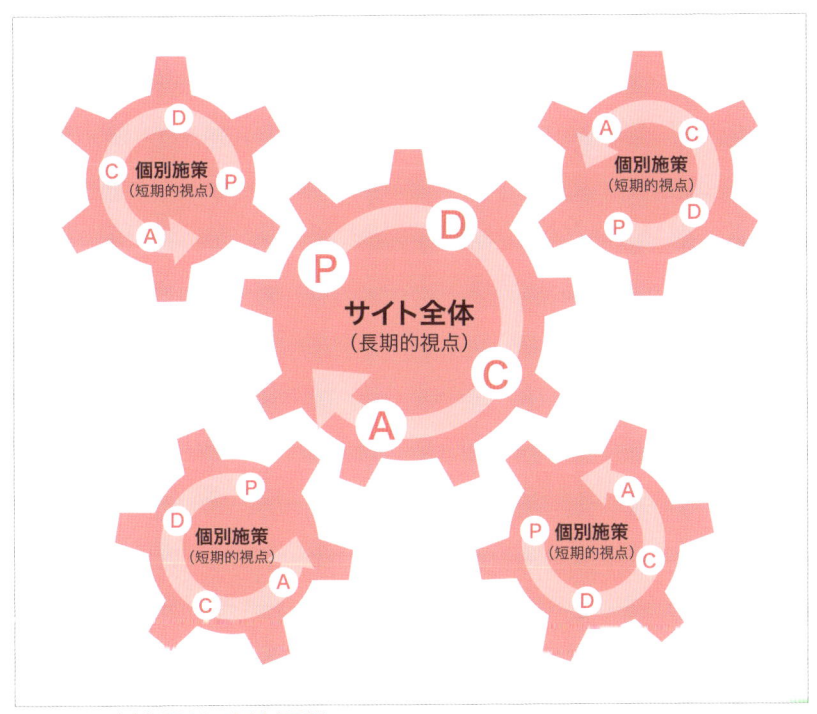

図4-4-02　大きなPDCA、小さなPDCA

4-5 より問題を掘り下げることで、施策の精度を上げる

　Web解析（アクセス解析）やソーシャル分析、広告効果測定とWebにおけるユーザーの行動の足跡を記録する方法にはさまざまなものがあります。ただし、これらはすべて過去のものであり、未来を予測するものではありません。理解できるのは顕在化したものであり、ユーザーが抱える潜在的な問題点ではありません。そのため、ロジカルなデータ分析のみに頼ることなく、データによって現れた現象を掘り下げることによって、より本質的な問題に対する改善の提案が行えるようになります。

　ここでは、そのためのふたつの方法を紹介します。情報設計とマーケティング・リサーチです。

●情報設計

　情報設計とは、「より分かりやすく情報を伝えるためにデザインすること」です。デザインにはもちろん視覚的な面もありますが、情報の構造といった論理的な要素も含みます。使い勝手の良いWebサイトにするためには、ユーザーのことを考え、どのような構成で情報を提示し、それをどのようなデザインで表現していけば分かりやすく正確に伝えることができるかということを考える必要があります。

　そして、それを論理的に視覚的に、また技術による表現力もふまえて情報の伝え方をデザインすることが情報設計なのです。情報設計の思想にもとづいてWebサイトを評価すると、より本質的な問題が浮かび上がることがあります。評価の手法として、ヒューリスティック評価とユーザビリティテストがあります。詳しくは、Chapter9～10で説明をしますが、これらの手法でWebサイトを評価することによって、データ分析だけではうかがい知ることができない問題点を発見することができます。

●マーケティング・リサーチ

　マーケティング・リサーチ＝市場調査をすることです。Webのアクセスログではなく、直接的にユーザーの声を収集することで根源的な問題に迫ることができ、サイトのあるべき方向性を導き出すことが可能になります。データ分析によって、施策を通じた仮説の検証は行えます。しかし、閲覧行動の理由や気持ちまでは推測の域を出ません。ユーザーに対して直接質問や課題を与えて、それに対する回答や反応を分析することによって、行動の本質的な理由を深く知ることができます。

Chapter 5
Web解析

Chapter5では、Web解析(アクセス解析)を実施する上で必要となる基本用語・分析指標・分析ポイントの全体像を理解しましょう。また、Web解析する上で必要スキルとされるGoogleアナリティクスやGoogle Search Consoleの基本操作と活用方法を理解しながらWebサイトの流入・回遊・コンバージョン・リテンション(リピート)の分析時のチェックポイントと施策立案や効果検証についてケーススタディを交えながら解説します。

- **5-1** Web解析の基本
- **5-2** Web解析 流入編 分析と改善
- **5-3** Web解析 回遊編(1) 分析と改善
- **5-4** Web解析 回遊編(2) 分析と改善
- **5-5** Web解析 回遊編(3) 分析と改善
- **5-6** Web解析 コンバージョン編 分析と改善
- **5-7** Web解析 リテンション編 分析と改善
- **5-8** Web解析でのユーザー行動の捉え方とDMPの活用
- **5-9** Web解析 ケーススタディ

Web解析の基本

ここでは、Web解析の全体像と、Webサイトのアクセスログを分析するための指標や分析するときの基本用語・分析指標・分析ポイントについて解説していきます。

Web解析の進め方

Web解析の進め方として、「①現状把握と課題の抽出」「②施策立案と効果検証」のステップで進めていきましょう(図5-1-01)。

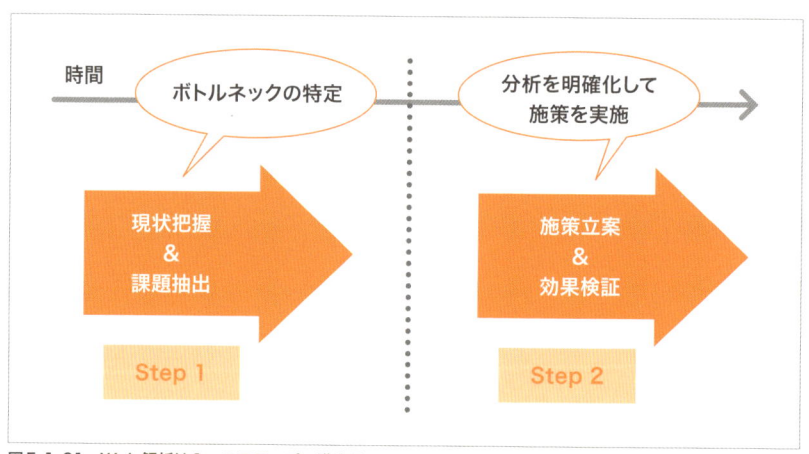

図5-1-01 Web解析は2つのステップで進める

Web解析の全体像とボトルネックの特定

Webサイトのモニタリングを進めるためには、KGIやKPIに対して自社のWebサイトに訪問したユーザーがどのリンク先から訪れて何人訪問したか。サイト内のどのページやコンテンツを見ていたか。定期的にモニタリングし成果に結びついているか。GoogleアナリティクスをはじめとするWeb解析ツールを利用し、Webサイトの全体像を把握することが必要です(図5-1-02)。

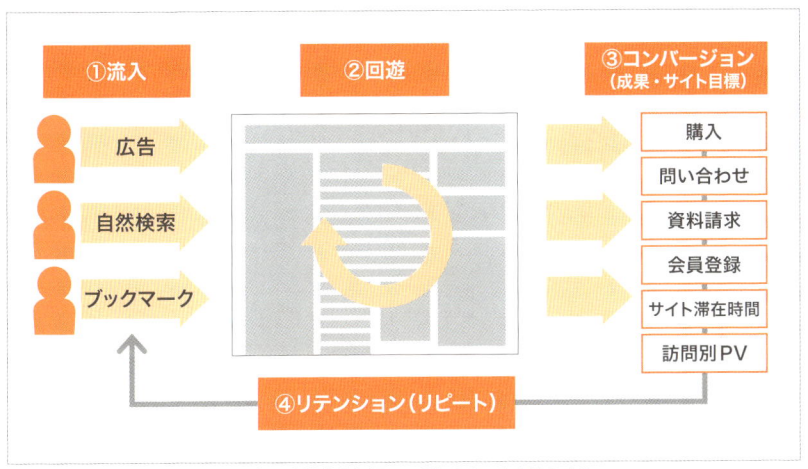

図5-1-02　4つの視点でWeb解析の全体像を把握し、ボトルネックを特定する

　また、モニタリングを進めるうえで、ユーザーの進入経路「①流入」、Webサイト内でのユーザー行動「②回遊」、Webサイトへ誘導後に「③獲得（コンバージョン）」、リピートにつながっているか「④リテンション（リピート）」の4つの視点でボトルネックの特定を行うことが大切です。

①流入でのボトルネックの特定（Chapter5-2）
　ユーザーのWebサイトへの訪問パターン「流入（トラフィック）」や「参照元（リファラー）」を把握し、どこに問題があるか特定する。

②回遊でのボトルネックの特定（Chapter5-3、5-4、5-5）
　Webサイトのコンテンツに興味を持ち満足しているか知ることで、サイト内のどこに問題があるか特定する。

③コンバージョンでのボトルネックの特定（Chapter5-6）
　Webサイトでの「購入」「問い合わせ」「資料請求」「会員登録」などの成果（コンバージョン）や、「サイト滞在時間」「訪問別ページビュー」などでサイト目標につながったか把握し、どこに問題があるか特定する。

④リテンション（リピート）でのボトルネックの特定（Chapter5-7）
　Webサイトへ来訪後にリピートにつながっているか、成果や目標を最大化させるためにコンバージョンへの貢献度やタイミングを把握し、どこに問題があるか特定する。

Web解析の全体像を知り、4つの視点でWebサイトの定期的にモニタリングを行いどこに問題があるか特定することが大切です。

Web解析で使われる分析指標の解説

　Webサイトのアクセス状況を把握するためのWeb解析を進めるうえで、タイプ別に3つに分けて必要な分析指標について解説していきます。

①ユーザーの訪問を把握するための基本用語・分析指標

● ページビュー数（PV数）

　ページが表示（閲覧）された回数のことをいいます（図5-1-03）。

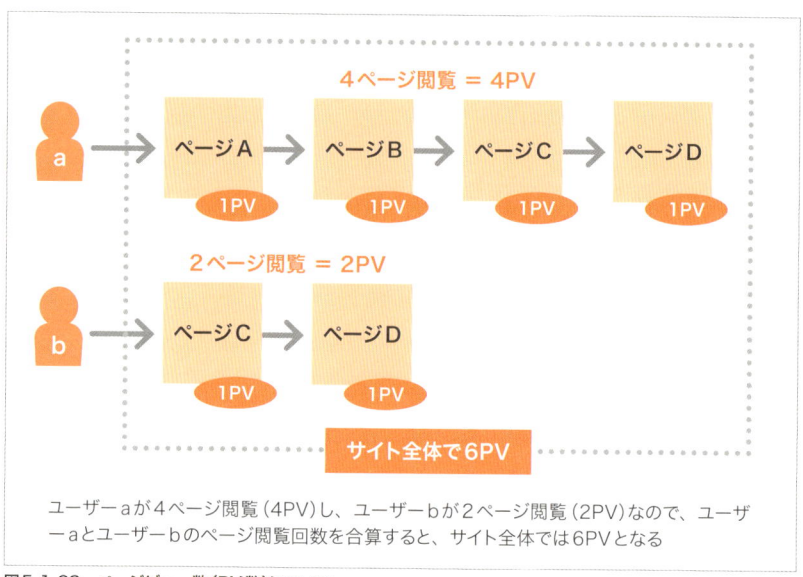

```
4ページ閲覧 ＝ 4PV
a → ページA → ページB → ページC → ページD
    1PV      1PV      1PV      1PV

2ページ閲覧 ＝ 2PV
b → ページC → ページD
    1PV      1PV

サイト全体で6PV
```

ユーザーaが4ページ閲覧（4PV）し、ユーザーbが2ページ閲覧（2PV）なので、ユーザーaとユーザーbのページ閲覧回数を合算すると、サイト全体では6PVとなる

図5-1-03　ページビュー数（PV数）について

● 訪問数（セッション数）

　Webサイトに訪れ閲覧し離脱するまでの一連の行動のことをいいます。計測ツールによっては、訪問数のことをセッション数と表示する場合もあります。

● ユーザー数

　Webサイト（またはWebページ）の訪問者が何名か表す指標がユーザー数です。

● **ユニークユーザー数**

Webサイト（またはWebページ）を訪れたユーザーが再度Webサイトを訪問したときに同じユーザーとして計測された値のことをいいます（図5-1-04）。

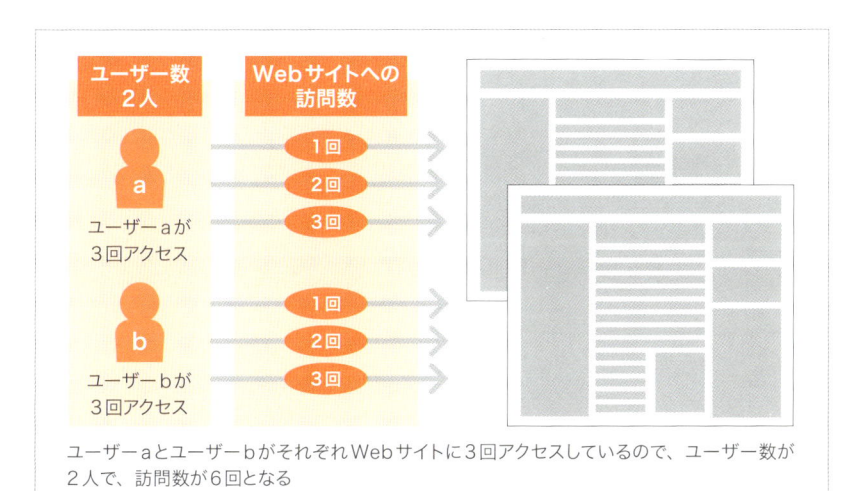

図5-1-04　訪問数とユーザー数について

Googleアナリティクスなどの Web解析ツールでは、同一ユーザーが30分以内に同じルートでユーザーがWebサイトを訪れた場合は1訪問としてカウントされます。また、Webサイトへの流入経路が異なる場合、違う広告やキーワードで再訪問した場合は、時間に関係なく訪問としてカウントされるため2訪問になります。

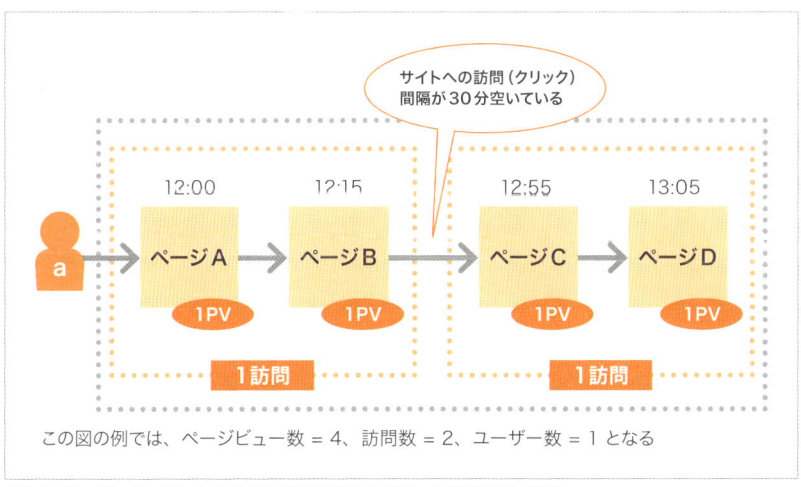

図5-1-05　同一ユーザーから30分以内にアクセスがあった場合は同一訪問

図5-1-05の例では、ユーザーAの行動を一連の流れで見ると12：00にページAに訪問し12：15にページBに訪問しその後、30分以上経過しページCへ12：55に訪問しているため訪問数が2とカウントされます。また、ユーザー数は訪問数と異なり、ユーザーAとユニーク(一意)であるため、ユーザー数は1とカウントします。

訪問数の計測では、時間の以外にも様々な条件で「新しい(新規の)訪問数」としてカウントされるか「同じ(同一の)訪問数」としてカウントされるか、訪問のタイミングにより訪問数の判別やユーザーの判別が異なるため注意することが必要で(表5-1-01)。

訪問のタイミング	訪問数の判別	ユーザーの判別
1. サイトへの訪問(クリック)間隔が30分以上の場合	新しい訪問数　(新規訪問)	同一人物として判別
2. PCの電源をオフ(シャットダウン)して30分以内にサイトへ訪問した場合	同じ訪問数　(同一訪問)	同一人物として判別
3. タブブラウザで新しいタブを開いた場合	同じ訪問数　(同一訪問)	同一人物として判別
4. ブラウザを変更してサイトへ訪問した場合	新しい訪問数　(新規訪問)	別の人物として判別
5. 訪問者がブラウザのCookieを削除した場合	新しい訪問数　(新規訪問)	別の人物として判別
6. 日付が変わった場合	新しい訪問数　(新規訪問)	同一人物として判別
7. 広告や検索エンジンから再訪問した場合(トラフィックデータが異なる場合)	新しい訪問数　(新規訪問)	同一人物として判別

表5-1-01　訪問計測と判別方法の違い

● 新規ユーザー／リピートユーザー

Webサイトに初めて訪問したユーザーのことを新規ユーザーといいます。
また、Webサイトに複数回(2回以上)訪問したユーザーのことをリピートユーザーといいます(図5-1-06)。

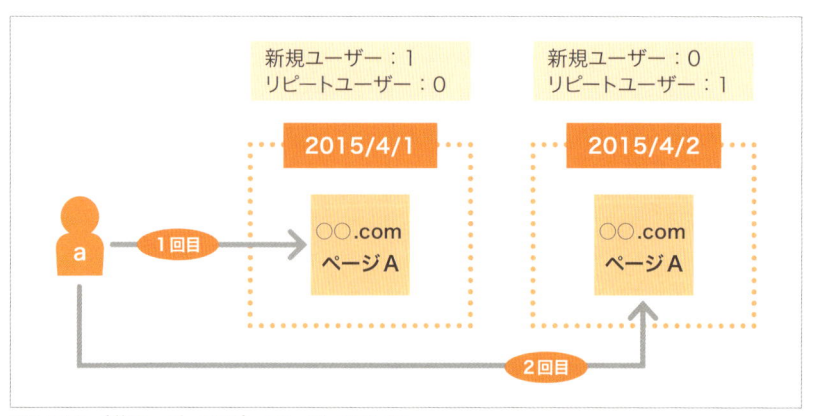

図5-1-06　新規ユーザーとリピートユーザーについて

②来訪経路と検索ワードを把握するための基本用語・分析指標

●流入（トラフィック）

自社のWebサイト以外の外部からの流入（広告、検索エンジン、メルマガなど）と自社のサイトからの内部からの流入に分けることができます（図5-1-07）。

●参照元（リファラー）

現在見ているWebサイト（またはWebページ）に訪れる直前にどの経路（チャネル）[※1]や、どのページを見ていたか（直前に見ていたページ）のことをいいます（図5-1-07）。

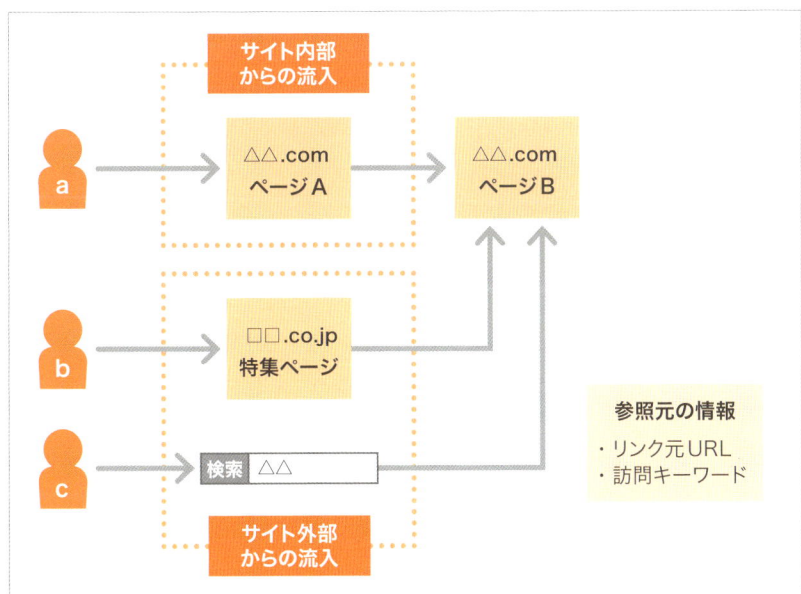

ページBの流入（トラフィック）は、「サイト内部からの流入」と「サイト外部からの流入」の2つに分けられる。また、ページBの直前に閲覧した「リンク元のURL」「訪問キーワード」が参照元（リファラー）になる

図5-1-07　流入と参照元について

●検索フレーズ／検索ワード

ユーザーが検索エンジンで検索したときに入力した文字（テキスト）そのものを検索フレーズといいます。

そして、検索フレーズ中の単語単位（スペースを含むキーワード単位）で区切られた文字のことを検索ワードといいます（図5-1-08）。

```
┌─────────────────────────────────────────────────────────────────┐
│        検索フレーズ                    検索ワード                │
│   検索 ダイエット レシピ         検索 ダイエット  レシピ         │
│   検索 レシピ                    検索 レシピ                    │
│   検索 レシピ  ダイエット        検索 レシピ  ダイエット         │
│                                                                 │
│   検索窓に入力した文字が         単語単位でカウントされる        │
│   カウントされる                                                 │
│                                                                 │
│   ダイエット レシピ 1回         ダイエット 1回 レシピ 1回        │
│   レシピ 1回                    レシピ 1回                       │
│   レシピ ダイエット 1回         レシピ 1回 ダイエット 1回        │
└─────────────────────────────────────────────────────────────────┘
```

図5-1-08 検索フレーズと検索ワードについて

③Webページの興味関心を把握するための基本用語・分析指標

●入口ページ／ランディングページ

Webサイトを訪れたユーザーが最初に閲覧したページのことで、入口ページまたはランディングページと呼ばれます。

●閲覧開始数

対象となるページが入口になり、サイトへ訪問した回数のことです。

●ページ遷移（遷移）

あるページから別のページに移動することをページ遷移といいます。

●直帰数／直帰率

入口となったページ（ランディングページ）を訪問したユーザーが他のページに移動しないで（1ページのみ閲覧して）離脱したことを直帰といいます。また、直帰したユーザーの割合を直帰率といいます。ユーザー訪問の質を評価するために活用する指標です（図5-1-09）。

$$直帰率 = (直帰数 \div 閲覧開始数) \times 100$$

```
直帰率 =（直帰数 ÷ 閲覧開始数）× 100
      =（1 ÷ 2）× 100
      = 50%
```

a
1ページだけ閲覧
して去ってしまった
直帰数1

ページA
入口ページ
（ランディングページ）

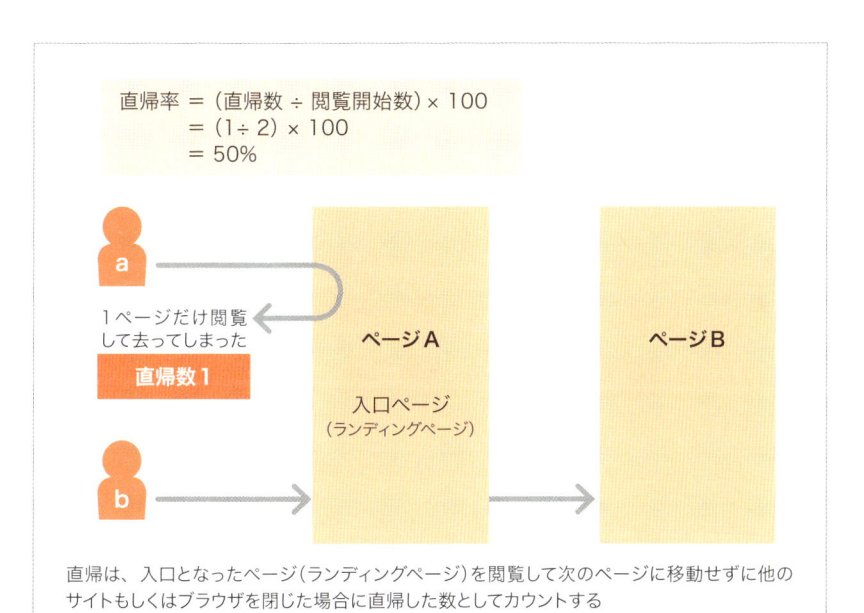

ページB

b

直帰は、入口となったページ（ランディングページ）を閲覧して次のページに移動せずに他の
サイトもしくはブラウザを閉じた場合に直帰した数としてカウントする

図5-1-09　直帰数と直帰率について

● 離脱数／離脱率

Webサイトからユーザーが離脱した（去って行った）数のことをいいます。
また、離脱したユーザーの割合を離脱率といいます。Webサイトのどのページ
を見て離脱したのかWebページのどこに問題があるのか分析するために活用し
ます。

```
離脱率 =（離脱ページビュー数 ÷ ページビュー数）× 100
```

また、図5-1-10の例では、離脱したことが必ずしもページの品質が低いという
ことはいえません。「トップページ」や「購入完了ページ」で離脱した場合、ユー
ザーがWebサイト嫌いになったという訳ではないからです。逆に、目標としてい
るページやユーザーの行動など目標プロセスの途中でユーザーが離脱している場
合は注意が必要です。離脱を下げることでユーザーの改善を促すための重要な指
標といえます。

図のエリア:

ページビュー数：3	ページビュー数：2	ページビュー数：1
離脱数：1	離脱数：1	離脱数：1
離脱率：33%	離脱率：55%	離脱率：0%
直帰数：1		

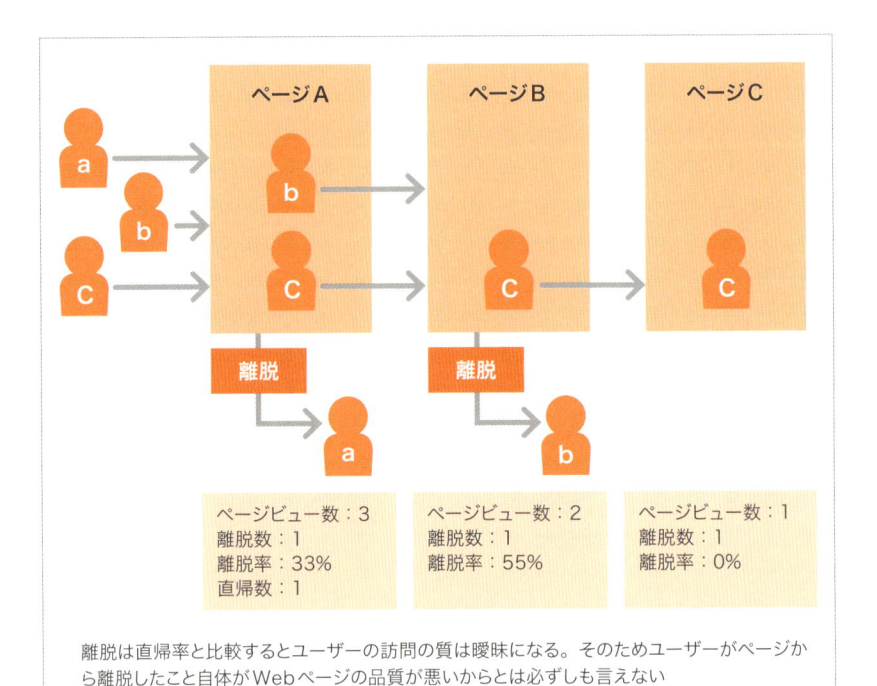

離脱は直帰率と比較するとユーザーの訪問の質は曖昧になる。そのためユーザーがページから離脱したこと自体がWebページの品質が悪いからとは必ずしも言えない

図5-1-10　離脱数と離脱率について

● 平均サイト滞在時間

ユーザーがWebサイトを訪れてから閲覧を終えるまでの平均時間のことをいいます。ユーザーとWebサイトのコンテンツに満足しているか。愛着度があるか。エンゲージメントを測るための指標になります。

> 平均サイト滞在時間 ＝ 訪問者のサイトの全滞在時間 ÷ 訪問数

図5-1-11の例では、ユーザーが最後に閲覧し離脱したWebページは滞在時間にカウントされず直帰は0秒となるため注意が必要です。仮に1ページだけページを閲覧しユーザーが離脱した場合はデータを取得することができません。
また、直帰率が高いページでは0秒が多くカウントされているため、本来ページをアクセスしているユーザーと比較し滞在時間は短くなりやすいです。

```
           12:00              12:05             12:10
   ┌─┐  → ページA  →  ページB  →  ページC
   │a│
   └─┘
  1回目の訪問
            ←────── 滞在時間10分 ──────→

           16:00              16:10
   ┌─┐  → ページD  →  ページB
   │a│
   └─┘
  2回目の訪問
            ←── 滞在時間10分 ──→
```

滞在時間の計測では、ユーザーが最後に閲覧し離脱したページは滞在時間にカウントされず、直帰は0秒となる

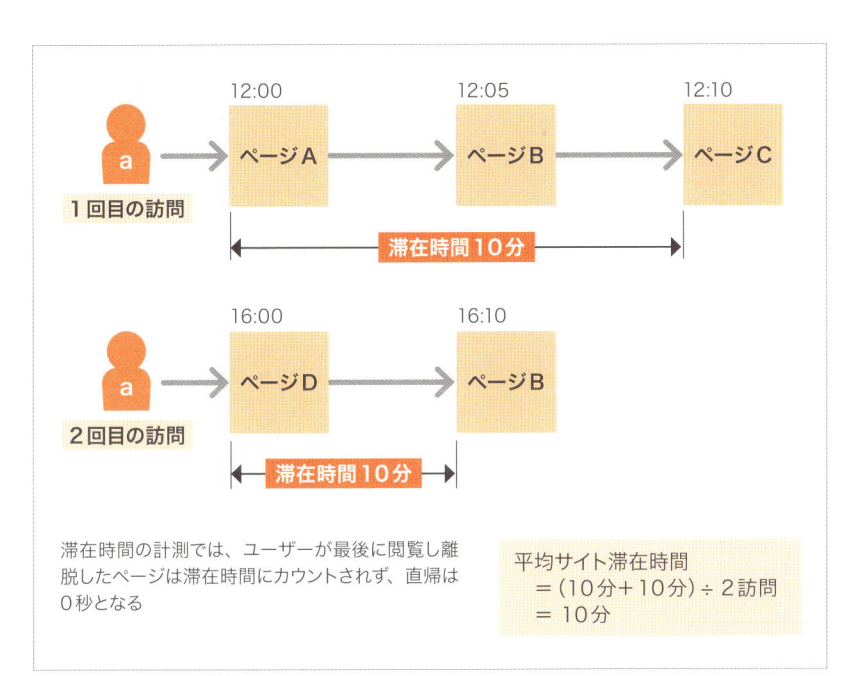

平均サイト滞在時間
　＝（10分＋10分）÷2訪問
　＝10分

図5-1-11　平均サイト滞在時間について

● 再訪問時間（再訪問間隔）

ユーザーがWebサイトを離脱してから再度Webサイトを訪れる時間（間隔）のことをいいます。

● コンバージョン（成果・サイト目標）

Webサイト上で「購入」「問い合わせ」「資料請求」「会員登録」「サイト滞在時間」「訪問別ページビュー」などの成果やサイト目標のことをいいます。

6つの視点でWeb解析してみる

Web解析を進めるうえで、アクセスログのデータの数値を並べてみても何の解決にもなりません。また、解析ツールの管理画面の数値を眺めているだけでは、Web改善につなげることはできません。

アクセスログデータを見るうえでの分析ポイントとして、「①変化を見る」「②分解して見る」「③比較して見る」「④ユーザーの流れを見る」「⑤グループ化して見る」「⑥予測して見る」の6つの視点でWeb解析することが大切です（図5-1-12）。

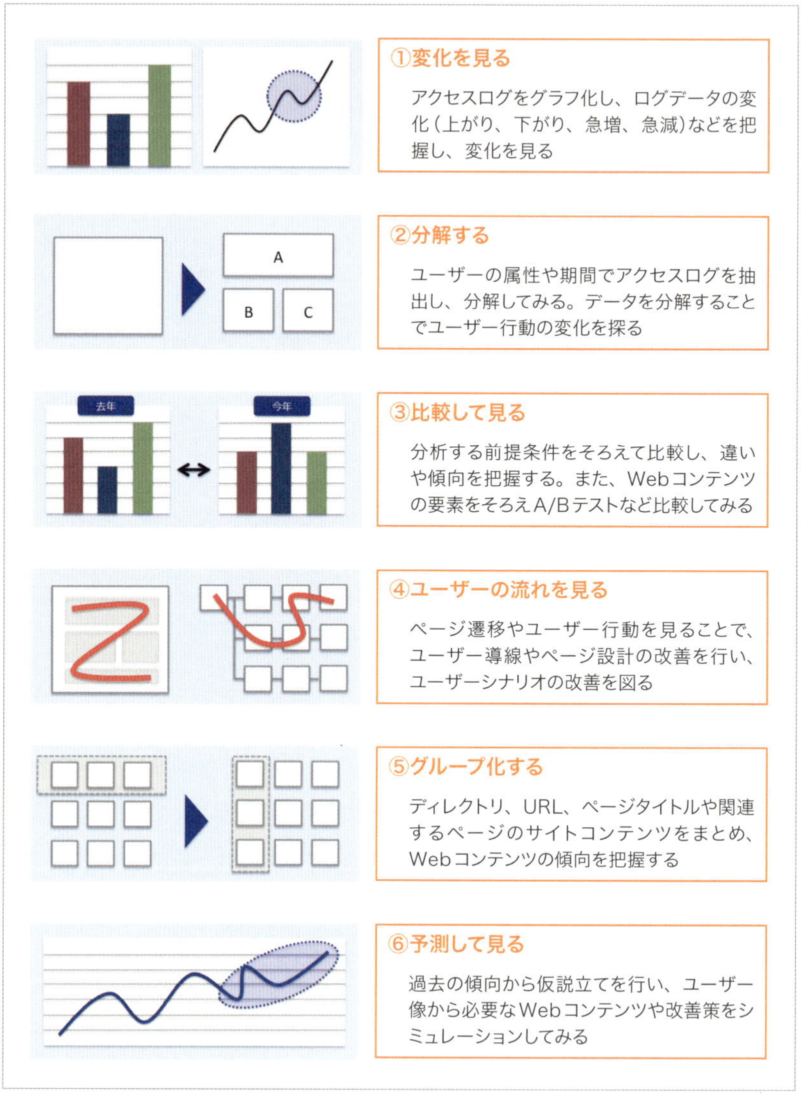

①変化を見る
アクセスログをグラフ化し、ログデータの変化（上がり、下がり、急増、急減）などを把握し、変化を見る

②分解する
ユーザーの属性や期間でアクセスログを抽出し、分解してみる。データを分解することでユーザー行動の変化を探る

③比較して見る
分析する前提条件をそろえて比較し、違いや傾向を把握する。また、Webコンテンツの要素をそろえA/Bテストなど比較してみる

④ユーザーの流れを見る
ページ遷移やユーザー行動を見ることで、ユーザー導線やページ設計の改善を行い、ユーザーシナリオの改善を図る

⑤グループ化する
ディレクトリ、URL、ページタイトルや関連するページのサイトコンテンツをまとめ、Webコンテンツの傾向を把握する

⑥予測して見る
過去の傾向から仮説立てを行い、ユーザー像から必要なWebコンテンツや改善策をシミュレーションしてみる

図5-1-12　6つの視点でWeb解析してみる

Glossary
※1　**チャネル(経路)**：ユーザーがWebサイトへ訪問する前に広告や検索エンジンを経由して来たのか表します。

5-2

Web解析 流入編
分析と改善

ここでは、流入（トラフィック）の分析と改善に必要なポイントについて解説していきます。

流入（トラフィック）の分析をするには

ユーザーがWebサイトに訪問するのにどのルートで訪問したのか。訪問した経路やサイトに訪問したときのキーワードなどを分析することが必要です。

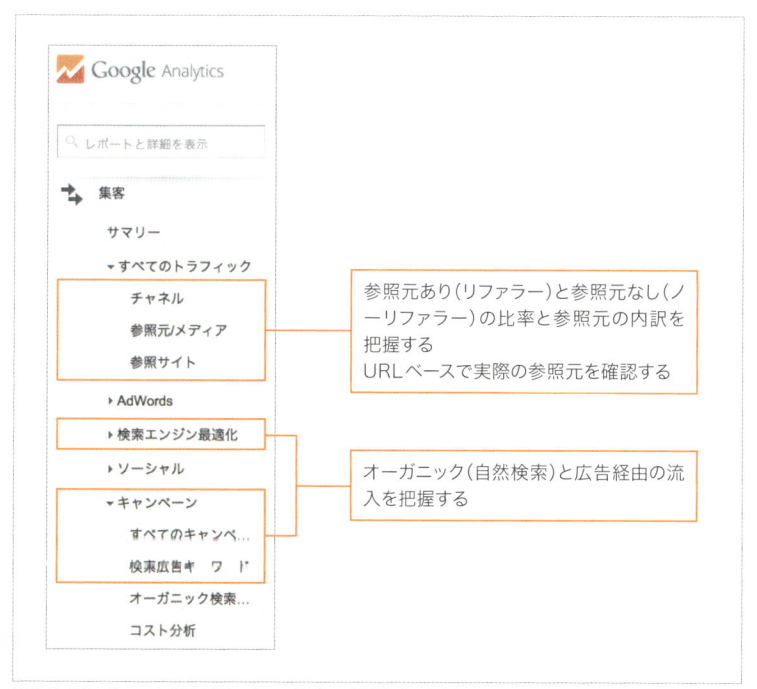

図5-2-01 Googleアナリティクスで流入の分析をするには

図5-2-01は、Googleアナリティクスの標準レポートのナビゲーションになりますが、Googleアナリティクスで流入（トラフィック）の分析を進めるには、標準レポートの「集客」から参照元の有無や自然検索からの流入、広告経由からの流入の違いを見ることで分析することができます。

流入経路と参照元の特定

ユーザーがサイトへ訪問した流入経路を分析するには、参照元（リファラー）の特定ができるか、できないかの2つの視点で見ることが大切です（図5-2-02）。

参照元の分析

参照元あり（リファラー）	参照元なし（ノーリファラー）	
検索サイト（検索エンジン）	ブックマーク	アドレスバー直接入力
広告経由（キャンペーン）	ブラウザの設定（履歴）	アプリケーションのリンク
ソーシャルメディア	SSLからhttpページへ	リダイレクトによる転送
その他	FLASHサイト内のリンク	参照元が捨てられる場合

図5-2-02　流入経路と参照元の特定はリファラーかノーリファラーの視点で見る

参照元の分析で気をつけるべき点として、ユーザーのPCやブラウザ、Webサイト環境により計測に違いが生じることが挙げられます。

例えば、広告掲載しているページとランディングページにリダイレクト[※1]ページを挟み広告効果測定やWeb解析をしている場合、参照元の情報がそのまま引き継ぎされていれば計測されますが、HTMLのメタタグをリフレッシュさせている場合

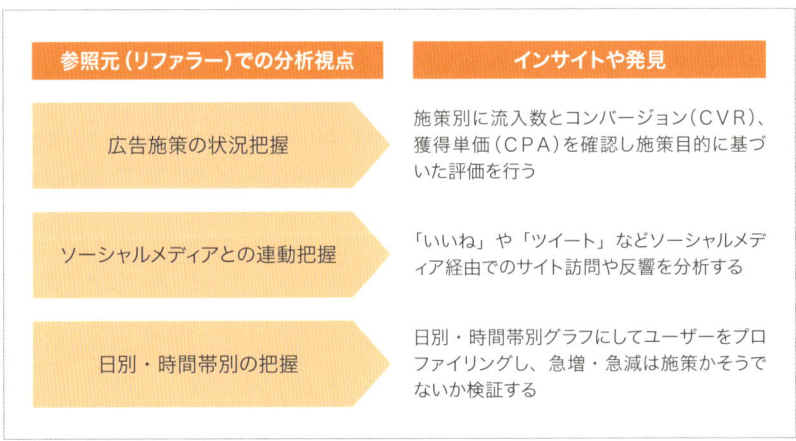

参照元（リファラー）での分析視点	インサイトや発見
広告施策の状況把握	施策別に流入数とコンバージョン（CVR）、獲得単価（CPA）を確認し施策目的に基づいた評価を行う
ソーシャルメディアとの連動把握	「いいね」や「ツイート」などソーシャルメディア経由でのサイト訪問や反響を分析する
日別・時間帯別の把握	日別・時間帯別グラフにしてユーザーをプロファイリングし、急増・急減は施策かそうでないか検証する

図5-2-03　参照元（リファラー）の分析と改善のポイント

は参照元の情報が引き継がれないため注意が必要です。

参照元の分析では、ユーザーが訪問した経路を「参照サイト」「ソーシャル」「キーワード（SEO・リスティング広告）」などに分類し、月別や日別で推移を把握して分析を進めましょう（図5-2-03）。

流入しているキーワードの分析

流入しているキーワードの分析には、ユーザーが検索結果からWebサイトに流入した場合にユーザーがどのキーワードでサイトへ訪問しているかを「検索ワード」「検索フレーズ」を活用して分析することが必要です。

また、キーワードがオーガニックなど自然検索経由なのか、リスティング広告など有料検索経由なのか、ユーザーが検索したキーワードからランディングページやWebコンテンツとの関連性の「質」を重視しユーザーがどのような目的でサイトへ訪問しユーザーに自社の商品やサービスの理解につながっているか把握したうえで短期的に広告費や時間を使って集客すべきなのか検討することも重要です（図5-2-04）。

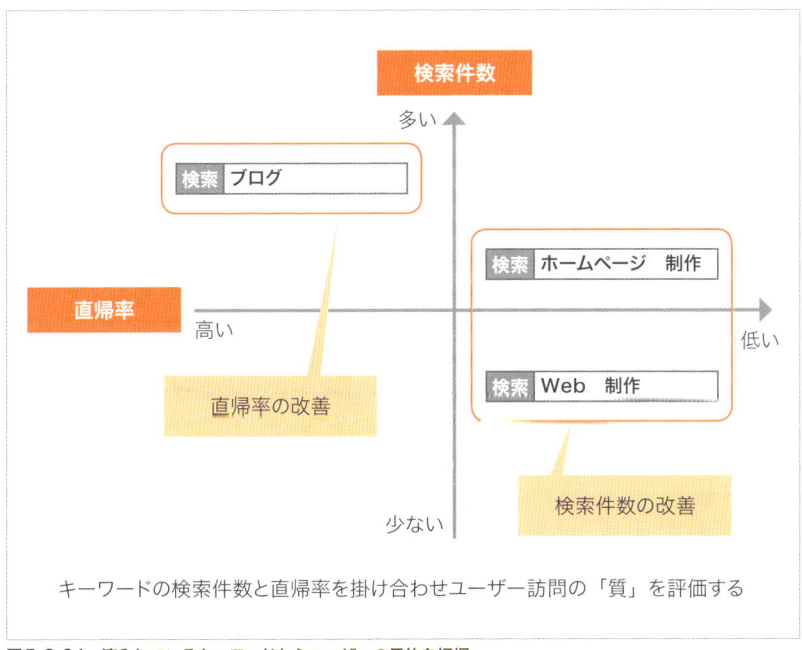

図5-2-04　流入しているキーワードからユーザーの目的を把握

流入しているキーワードの分析では、TOP100～300位くらいまでのキーワードの順位を把握し自社の商品やサービス中で上位にあるキーワードが下位に下落していないか。ユーザーニーズが高いキーワードを読み取り、どのようなWebコンテンツが必要か把握しSEOの施策を検討します。キーワードの直帰率が高い場合は、ランディングページとの関連性を見直すことが必要です。例えば、商品やサービス名で検索してきているのであれば商品やサービスに関連するページへのリンクや誘導が必要になります(図5-2-05)。

キーワードでの分析視点	インサイトや発見
キーワード傾向の把握	SEO/リスティング広告など施策別にキーワードの直帰率、検索件数、CVRなどプロットし傾向を把握し施策につなげる
リスティング広告のキーワードの精査	広告の入札単価や掲載順位による外部要因に影響されるため流入しているキーワードの状況を見ながら精査する

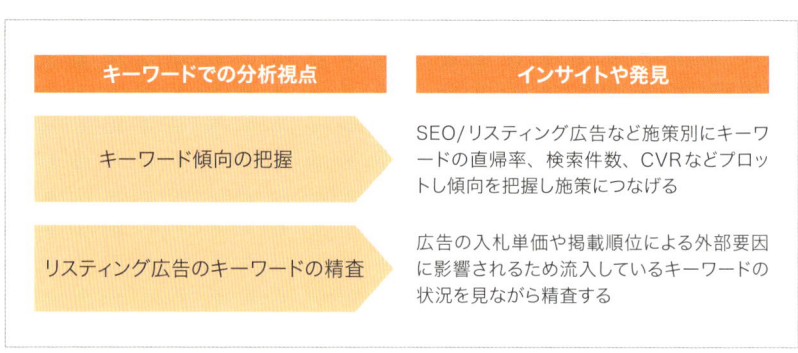

図5-2-05　キーワードの分析と改善のポイント

　図5-2-06の例は、流入しているキーワードをリスティング広告(有料検索)とオーガニック(自然検索)の訪問数とコンバージョン数に占める広告予算割合をまとめたレポートです。

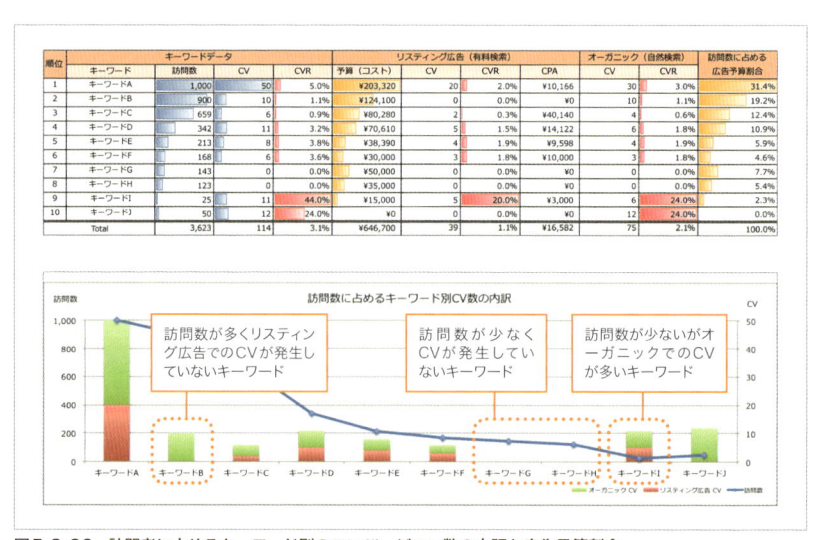

順位	キーワードデータ				リスティング広告(有料検索)				オーガニック(自然検索)			訪問数に占める広告予算割合
	キーワード	訪問数	CV	CVR	予算(コスト)	CV	CVR	CPA	CV	CVR		
1	キーワードA	1,000	50	5.0%	¥203,320	20	2.0%	¥10,166	30	3.0%		31.4%
2	キーワードB	900	10	1.1%	¥124,100	0	0.0%	¥0	10	1.1%		19.2%
3	キーワードC	659	6	0.9%	¥80,280	2	0.3%	¥40,140	4	0.6%		12.4%
4	キーワードD	342	11	3.2%	¥70,610	5	1.5%	¥14,122	6	1.8%		10.9%
5	キーワードE	213	8	3.8%	¥38,390	4	1.9%	¥9,598	4	1.9%		5.9%
6	キーワードF	168	6	3.6%	¥30,000	3	1.8%	¥10,000	3	1.8%		4.6%
7	キーワードG	143	0	0.0%	¥50,000	0	0.0%	¥0	0	0.0%		7.7%
8	キーワードH	123	0	0.0%	¥35,000	0	0.0%	¥0	0	0.0%		5.4%
9	キーワードI	25	11	44.0%	¥15,000	5	20.0%	¥3,000	6	24.0%		2.3%
10	キーワードJ	50	12	24.0%	¥0	0	0.0%	¥0	12	24.0%		0.0%
	Total	3,623	114	3.1%	¥646,700	39	1.1%	¥16,582	75	2.1%		100.0%

図5-2-06　訪問者に占めるキーワード別のコンバージョン数の内訳と広告予算割合

Web解析のログデータとリスティング広告のデータ実績から次の３つを中心に改善策を検討することにしてみました。

①訪問数が多くリスティング広告でのコンバージョンが発生していないキーワードを分析

　キーワードBに関しては、コンバージョン数が10件のうちリスティング広告からのコンバージョン数が0件で広告出稿予算の19.2%を占めるため、リスティング広告の掲載を一時停止しSEO施策を進めることが検討できます。

②訪問数が少なくコンバージョンが発生していないキーワードを分析

　キーワードG、キーワードHに関しては、訪問数が少なくリスティング広告、オーガニックともにコンバージョン数が0件で広告予算の13.1%を占めるため、リスティング広告の広告を掲載一時的に停止したうえで、広告掲載停止後のキーワードの訪問数の推移を見ながら状況を見ていくことが必要といえます。

③訪問数が少ないがSEOでのコンバージョンが多いキーワードを分析

　キーワードIでは、広告予算増額を検討し、「キーワードJ」に関しては、リスティング広告でのキーワード登録して広告出稿をすることが検討できます。また、中長期視点で訪問数とコンバージョン数の推移を見ながらリスティング広告の併用とSEOの施策を実施することでコンバージョン数の増加につなげられることが想定できます。

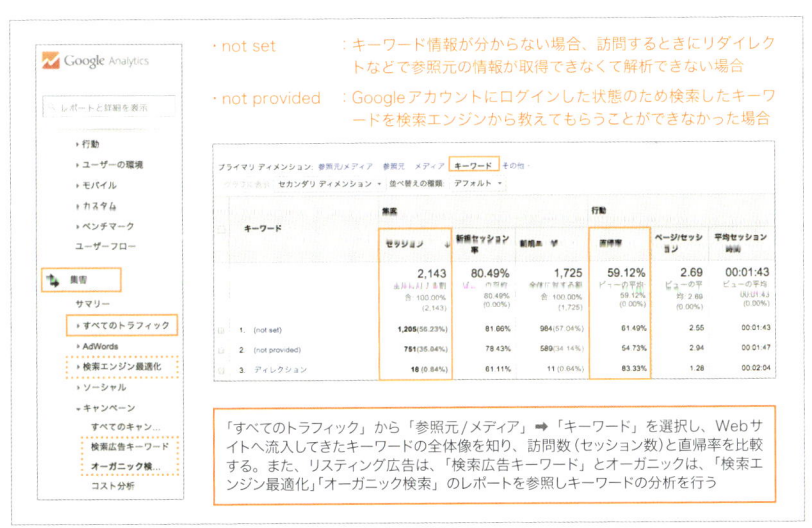

図5-2-07　流入キーワードの分析は訪問数と直帰率で把握する

図5-2-07の例は、実際にGoogleアナリティクスで流入しているキーワードを特定する方法となります。流入キーワードの分析では、キーワード毎に「訪問数」や「直帰率」などキーワードの傾向を把握することが大切です。

また、キーワードの流入が多いのか、少ないのか、訪問したユーザーが1ページだけ見て離脱していないか、流入しているキーワードの「量」に対して直帰している割合が多ければWeb改善に向けた対策を考えることが必要といえます。

ユーザーの検索ニーズとSEO効果の検証

広告に依存せずリスティング広告（有料検索）以外にオーガニック（自然検索）からの流入を増やすためには、サイト目的に応じたSEO（検索エンジン最適化）を行っていくことが必要です。

ここでは、SEOの具体的手法の解説ではなく、Web解析を進める上で必要とされる「①ユーザーの検査ニーズを把握する方法」と「②流入キーワードを分析し有効な検索キーワードを把握する方法」について紹介します。

①ユーザーの検索ニーズを把握する方法

ユーザーがどのようなキーワードに興味を持ちニーズがあるのか分析することも必要です。Chapter6-3でデータ分析ツールの1つとして紹介しているキーワード調査ツールを利用しキーワードの興味関心や人気度を把握することも必要です（図5-2-08）。

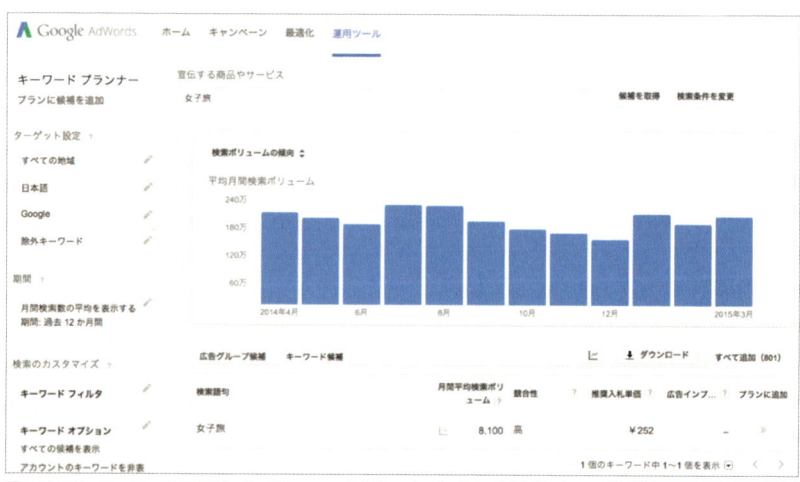

図5-2-08　キーワード調査ツール「Google AdWordsキーワードプランナー」を利用してユーザーのキーワードへの興味関心や人気度を調査

②流入キーワードを分析し有効な検索キーワードを把握する方法

　リスティング広告（有料検索）とオーガニック（自然検索）の検索経由での流入を増やすためには、検索キーワードを「ビッグワード」「ミドルワード」「スモールワード」とグルーピングし、SEOを行っているキーワードの流入がどのくらい増加したか、アクセスログデータからユーザー（訪問者）の傾向を分析することが必要です。

　図5-2-09の例では、「女子旅」で検索しているユーザーは、女性の友達同士で旅行に行きたいと漠然と思っている状態でしょう。しかし、「女子旅 沖縄」や「女子旅 沖縄 ホテル」を検索しているユーザーは、具体的に女性の友達同士で沖縄旅行を比較検討している段階で、Webサイトへの訪問目的が非常に明確といえます。

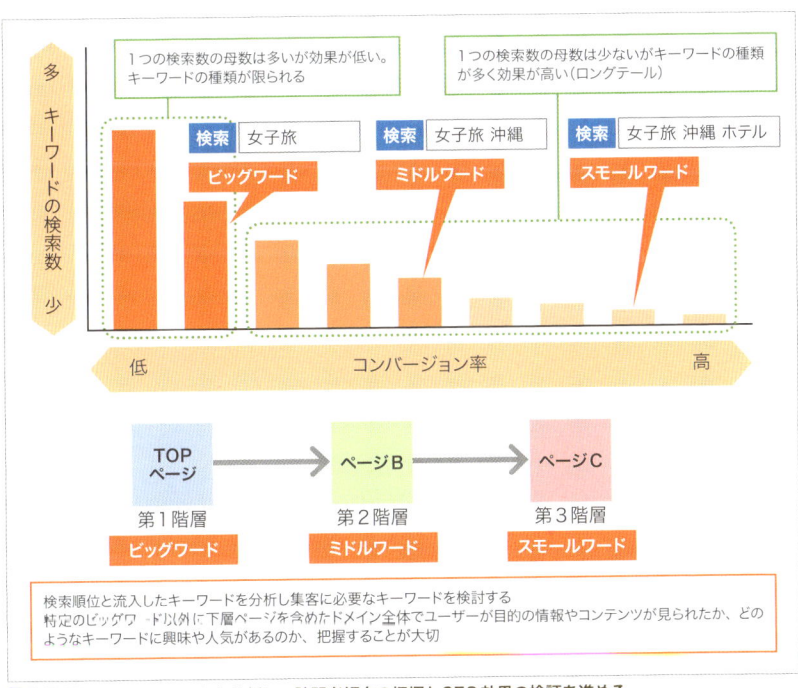

図5-2-09　流入キーワードを分析し、訪問者傾向の把握とSEO効果の検証を進める

　リスティング広告（有料検索）以外にオーガニック（自然検索）からの流入を増加させるには、短期的視点で特定のキーワードにおいて検索上位対策をすることを目的とするのではなく、訪問ユーザーの目的に合ったWebコンテンツを設計して自社のビジネスやサービスに関連するキーワードから長期的視点でSEOに取り組むことが必要です。

SEOの分析はGoogle Search Consoleを併用する

　Googleアナリティクスをはじめとする Web 解析ツールでは、Web サイトへのユーザーの訪問やアクセスに関する情報を分析するとは可能ですが、WebサイトがGoogleからどのように評価されているか見ることはできません。

　Googleが提供するGoogle Search Consoleを活用することで、自社のWebサイトがペナルティを受けていないかどうかや、HTMLタグの状況、検索結果上でのクリックの有無、検索のクローラーが発見したエラーなどをチェックできます。Web解析ツールと併用し、SEOの分析を行うことも必要です(図5-2-10)。

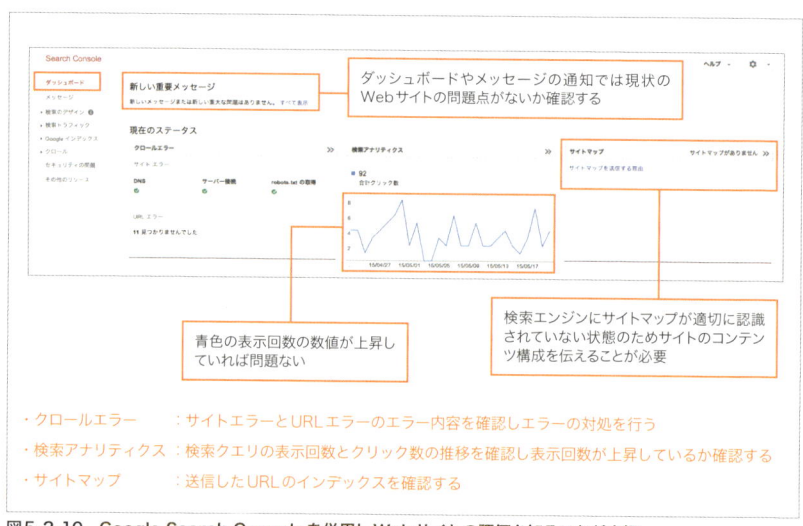

図5-2-10　Google Search Consoleを併用しWebサイトの評価を知ることが大切

●どの検索キーワードで訪問しているか把握する

　検索結果に多くのページが表示されればWebサイトへのアクセス数も増加します。どのページがどの検索キーワードで何位ぐらいに表示されているのか分析することで、Webサイトの問題点を見つけアクセス数の改善につなげることが大切です(図5-2-11)。

●Webサイトのリンク状況を内部と外部の視点で把握する

　ユーザーが必要とするページへのリンクが正しく設定されているか、ユーザーにサイト内導線で迷いが生じていないか、Webサイト内のリンク(内部リンク)の状況を確認します。また、外部からリンクを得ることを被リンクといいますが、どこのドメインを経由してリンクが得られたか把握することも必要です(図5-2-12)。

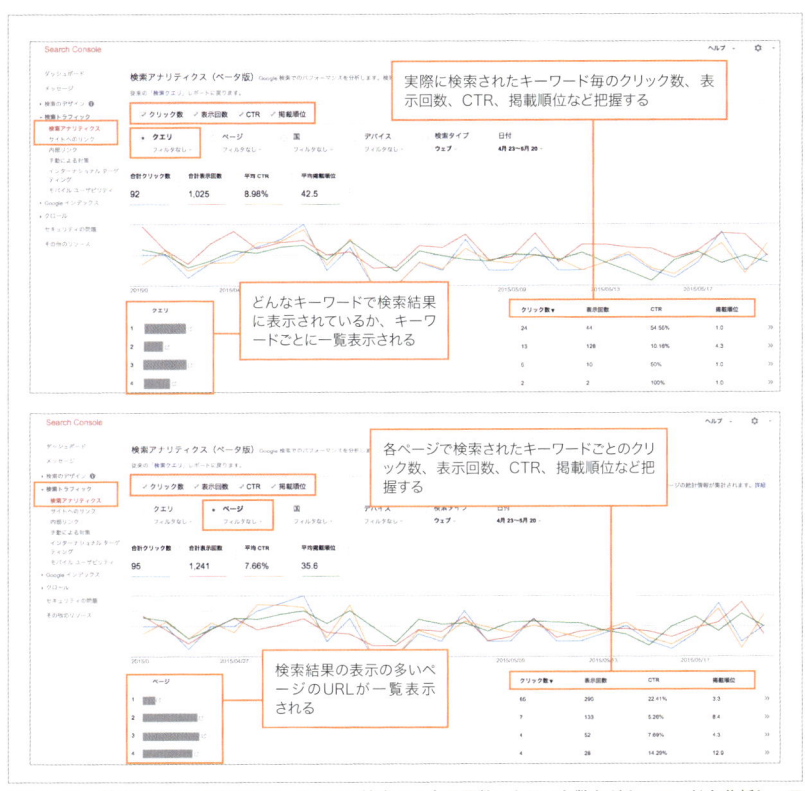

図5-2-11 検索アナリティクスでは、Google検索での表示回数・クリック数などキーワードを分析し、アクセス改善につなげるヒントを見つける

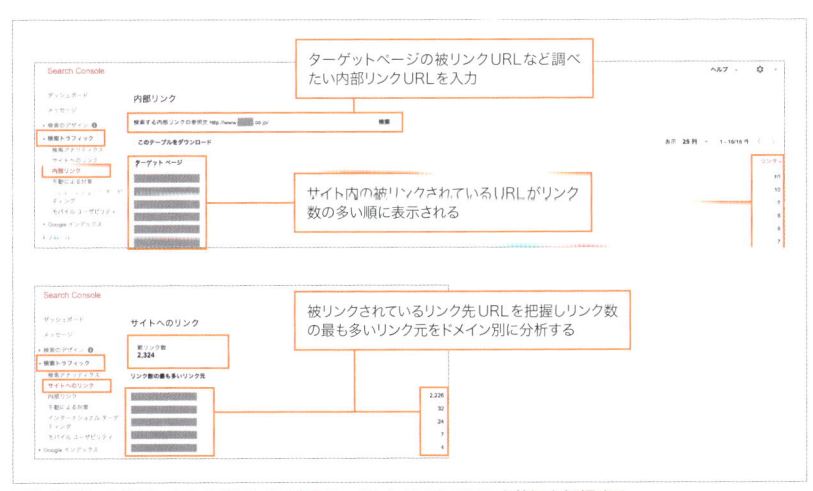

図5-2-12 内部リンクと外部リンクを把握し、Webサイトのリンク状況を把握する

例えば、ECサイトであれば商品詳細ページやショッピングカートなどのページへのリンク、資料請求やリード獲得のサイトであればお問い合わせフォームへのリンクなど、必要なページへのリンクが正しく張られているかを把握することも大切です。

● インデックス状況を把握し検索エンジンに登録されているページを特定する

検索エンジンのインデックス状況を見て、Webサイトのコンテンツが検索エンジンから認識されているか確認することが大切です。検索エンジンからコンテンツが認識されていなければサイト上問題があるといえます（図5-2-13）。

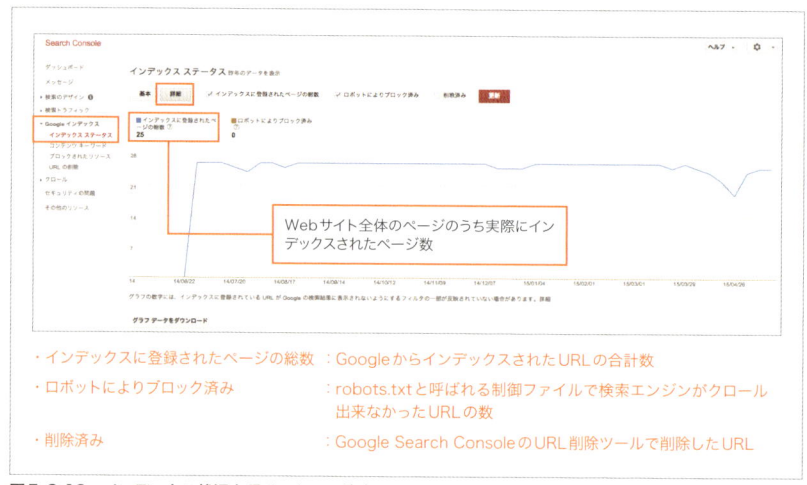

図5-2-13　インデックス状況を見ることで、検索エンジンに登録されているページ数を特定することが可能

Webページのコンテンツを公開した後にインデックスを確認し、インデックス数の推移が増加していれば問題ないのですが、公開後に推移の変化が見られない場合は、サイトマップを検索エンジンに通知したり、スパムの影響を受けていないか確認するなどの措置を取りましょう。また、アクセス数が急増・急減している場合は、トラブルがなかったかなど要因を特定することが必要です。

● Webページがエラーになっていないか把握する

検索エンジンがWebサイトのページを調べるためにアクセスすることを<mark>クロール</mark>といいます。検索エンジンがクロールしたときに発生したエラーの原因を確認し、Webサイトへの流入が適切に行われるようにすることも必要です。また、検索エンジンにページを読み込んでもらうために、クロールエラーには適切に対処しましょう（図5-2-14）。

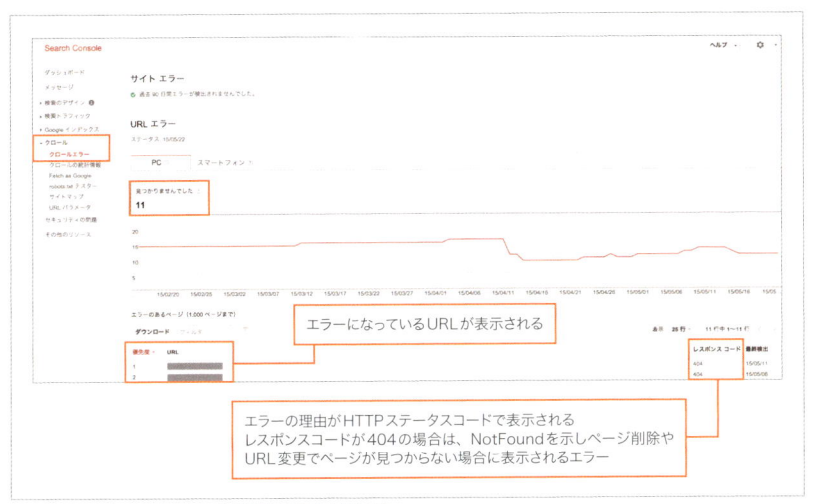

図5-2-14 クロールエラーを把握し適切に対処する

Glossary
※1 **リダイレクト**；Webサイトの閲覧ページが指定したページから別のページに自動的に転送されること。

5-3 Web解析 回遊編(1) 分析と改善

ここでは、回遊に必要な入口ページ(ランディングページ)の分析と直帰率の改善に必要なポイントについて解説していきます。

入口ページ(ランディングページ)の分析をするには

ユーザーが最初に閲覧したページ(入口ページ、ランディングページ)の分析を進めるには、ユーザーの目的に合っているか見ることが必要です。

図5-3-01 Googleアナリティクスで入口ページの分析をするには

図5-3-01は、Googleアナリティクスの標準レポートのナビゲーションです。標準レポートの「行動」から「ランディングページ」レポートのデータを分析することで、入口となったWebページを把握することができます。

入口ページの分析は直帰率の改善から

入口ページ(ランディングページ)は、訪問ユーザーが閲覧開始したページの直帰

率の改善を中心に、ユーザーの目的に合っているかどうかという視点で分析することが大切です(表5-3-01)。

入口となるページ	チェックポイント
1. サイトのトップページ	ユーザーをセグメントに分けて改善につなげる
2. トラフィックも多く直帰率などの指標が平均に比べて良いランディングページ	ターゲットを絞って、ページの改善につなげる
3. トラフィックも多く直帰率などの指標が平均に比べて悪いランディングページ	ユーザーの目的にランディングページが合っていないため改善を行う
4. トラフィックが少なく直帰率など指標が平均に比べて良いランディングページ	ターゲット訪問数を増やす施策を検討する

表5-3-01　入口ページ(ランディングページ)の分析時のチェックポイント

　例えば、Googleアナリティクスで直帰率改善の分析をする場合は、標準レポートの「行動」➡「ランディングページ」レポートから「すべてのセッション」を選択します。そして「すべてのセッション」から右上のメニューで削除した後に「直帰セッション」または「直帰以外のセッション」にチェックを入れることで、直帰しているユーザーと直帰していないユーザーに分けて指標を見ることができます(図5-3-02)。

図5-3-02　Googleアナリティクスを活用した直帰率改善の分析

　直帰しているユーザーと直帰していないユーザーで、セッション別のページビュー数や平均滞在時間など違いがあるか分析し、改善につなげることが必要です。

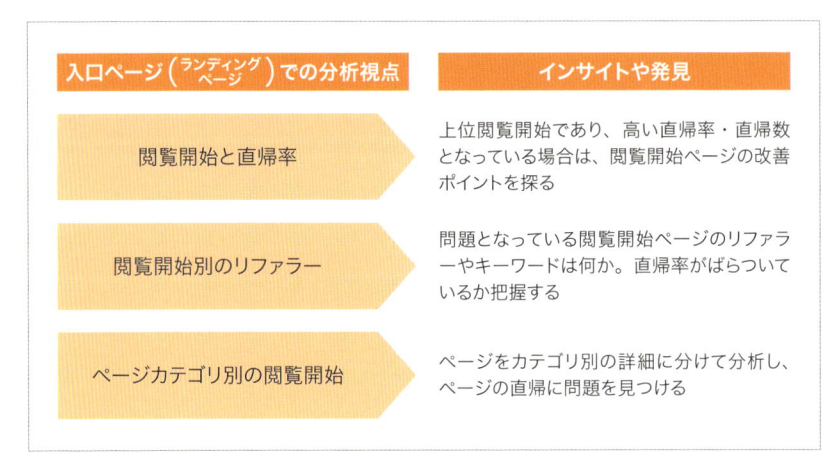

入口ページ(ランディングページ)での分析視点	インサイトや発見
閲覧開始と直帰率	上位閲覧開始であり、高い直帰率・直帰数となっている場合は、閲覧開始ページの改善ポイントを探る
閲覧開始別のリファラー	問題となっている閲覧開始ページのリファラーやキーワードは何か。直帰率がばらついているか把握する
ページカテゴリ別の閲覧開始	ページをカテゴリ別の詳細に分けて分析し、ページの直帰に問題を見つける

図5-3-03　入口ページ(ランディングページ)の分析と改善のポイント

　また、サイト全体でのページビュー数と入口ページのページビュー数の両方を把握してページへのアクセスの実態を把握し、TOPページからアクセスしているのか、直接入口となるランディングページへアクセスしているのか分析し改善につなげることも大切です(図5-3-03)。

（Google Analytics画面: ページ(ランディングページ)閲覧開始数が多い順(降順)に並び替える／閲覧開始数の数値と直帰率をサイト平均と比較し、どのページに問題があるか把握する）

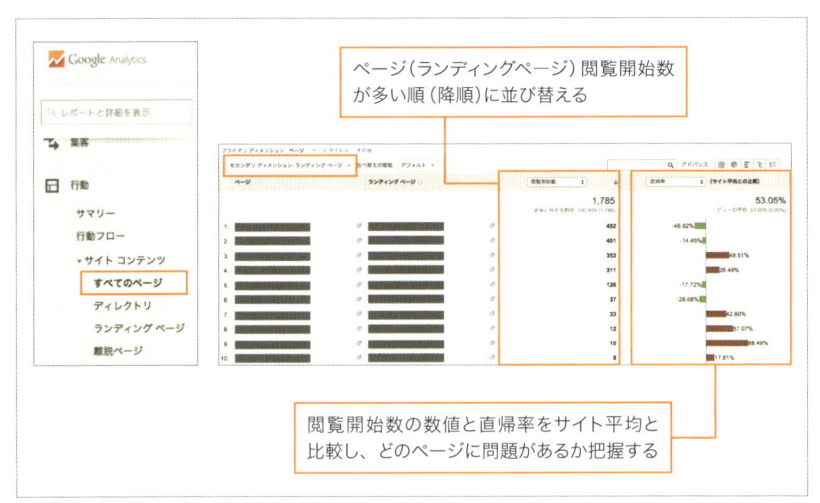

図5-3-04　閲覧開始数と直帰率の把握

　図5-3-04の例では、入口ページ(ランディングページ)の閲覧開始数が多い順に並び替えています。閲覧開始数が多く直帰率の高い所を確認することで、原因を特定しページ改善につなげることが必要です。

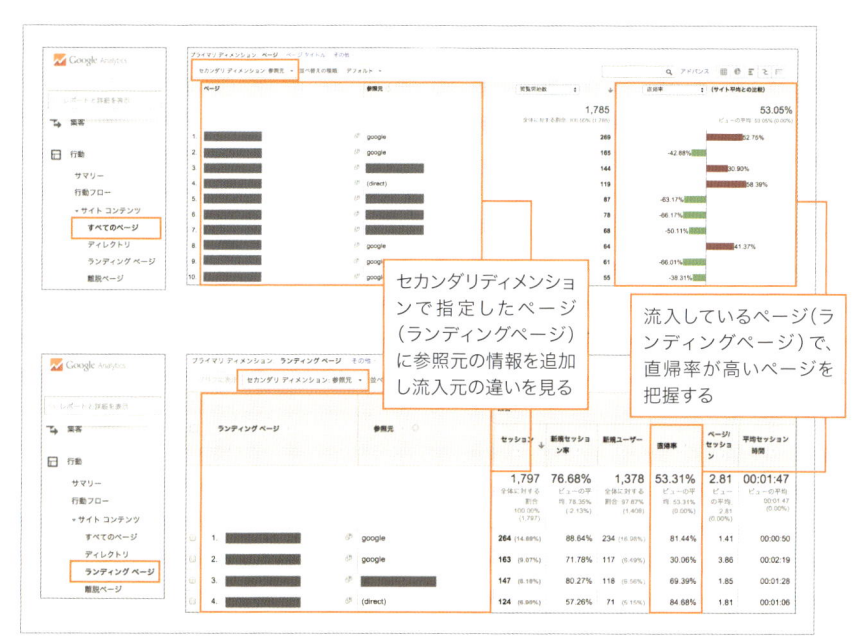

図5-3-05 閲覧開始別のリファラー(ページ別の参照元と直帰率の把握)

　図5-3-05の例では、入口ページ(ランディングページ)に参照元の情報を掛け合わせています。参照元の情報を掛け合わせることで、訪問しているユーザーがどのメディアを経由してページに来訪しているのか特定できます。ユーザーが流入経路の違いを知ることで、ユーザーが目的に合ったページに適切に訪問できているか把握しましょう。

LPOによる検証と改善

　入口ページ(ランディングページ)でユーザーの興味を高め、会員登録、資料請求、商品購入などコンバージョン(成果・サイト目標)へ近づけるために入口ページ(ランディングページ)を最適化する手法をLPO(Landing Page Optimization)といいます。また、LPOを実施するには、データ検証と検証に基づいた改善が必要となります。LPO検証と改善で必要なポイントについて解説します。

●参照元と広告クリエイティブからページとの関連性を把握

　LPOの実施よりも先に、流入しているユーザーの参照元を把握します。
　図5-3-06の例では、ユーザー行動を「①流入」➡「②入口ページ(ランディングページ)」➡「③コンバージョン」の3つにプロセス分解しています。

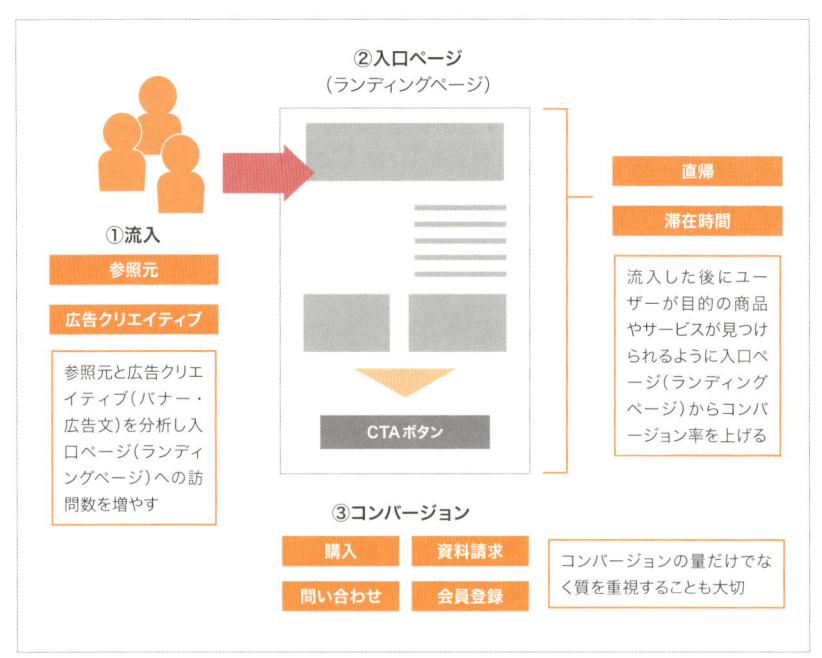

図5-3-06 流入からページとの関連性を確認し、「量」と「質」を見極める

①流入

ユーザーに興味を持ってもらい、どれだけ入口ページ（ランディングページ）への訪問を増やすことができるかがが重要です。広告を実施している場合は、広告クリエイティブ（バナーや広告文）のクリック数が適切かを把握することも必要です。

②入口ページ（ランディングページ）

ユーザーにメリットを伝え、商品やサービスに興味を持ってもらい、コンバージョンに結びつけることが重要です。

③コンバージョン

入口ページ（ランディングページ）は期待通りの役割を果たしているでしょうか。単純にコンバージョン数だけでなく、質を重視して成果に結びつけることが大切です。

例えば、問い合わせや資料請求などを行うBtoBのサイトでは、コンバージョン数そのものが少ない場合が多いため、直帰率の改善で成果の改善を行うことが可能です。一方でブランディングを重視するサイトでは、テレビCMを打った後に流入

が定量的に増えて滞在時間が増加していれば、広告が効果的と判断できます。Googleアナリティクスのカスタムレポートの機能を活用することで、容易に分析できます(図5-3-07)。

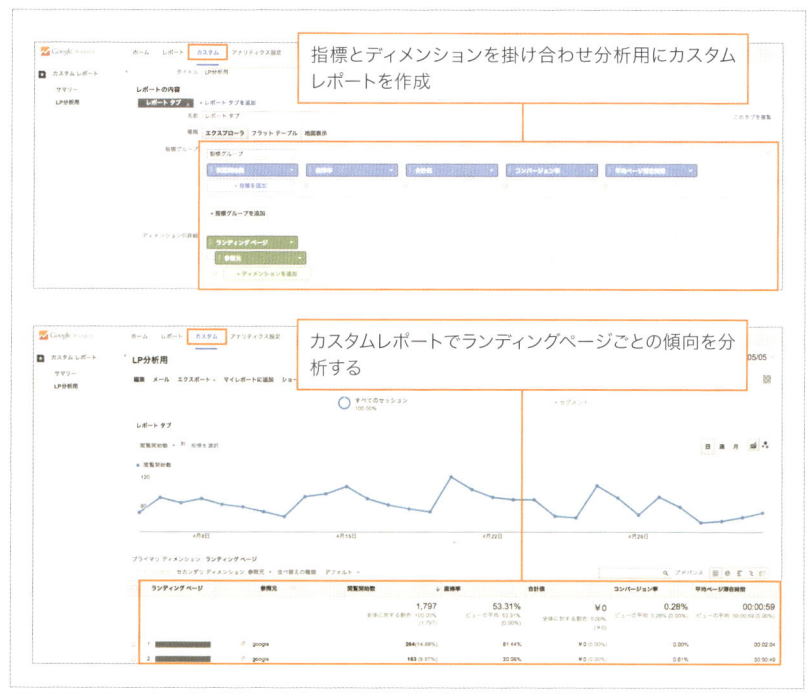

図5-3-07　Googleアナリティクスのカスタムレポートを作成しLPを分析する

● LPOを実施するための検証設計と改善方法

　LPOを実施するためには、入口ページ(ランディングページ)がどのようなページで構成されているか構成要素とアクセスログのデータをもとに分析し検証設計を行うことが大切です(表5-3-02)。

構成要素	チェックポイント
①訴求	・ユーザーが求めている情報を提供し明確に伝えられているか ・広告原稿(バナー、広告文)と一致しているか
②コンテンツとレイアウト	・ページデザインの構成がアクションを起こしやすい導線になっているか ・商品説明や必要情報がまとめられていて信頼性を与え差別化につながっているか
③CTAボタン	・ユーザーがアクションを起こしやすいボタンになっているか

表5-3-02　アクセスログデータとページの構成要素を把握し、LPOの検証設計を行う

LPOの検証では、2つ以上ページを用意しランダムにページを表示させスコアの高いページを出現させることでページのバリエーションを検証する「A/Bテスト」という方法があります。また、メインコピー、画像、レイアウトなどページの構成要素を一度に複数組み合わせて検証する「多変量テスト」の方法があります(図5-3-08)。

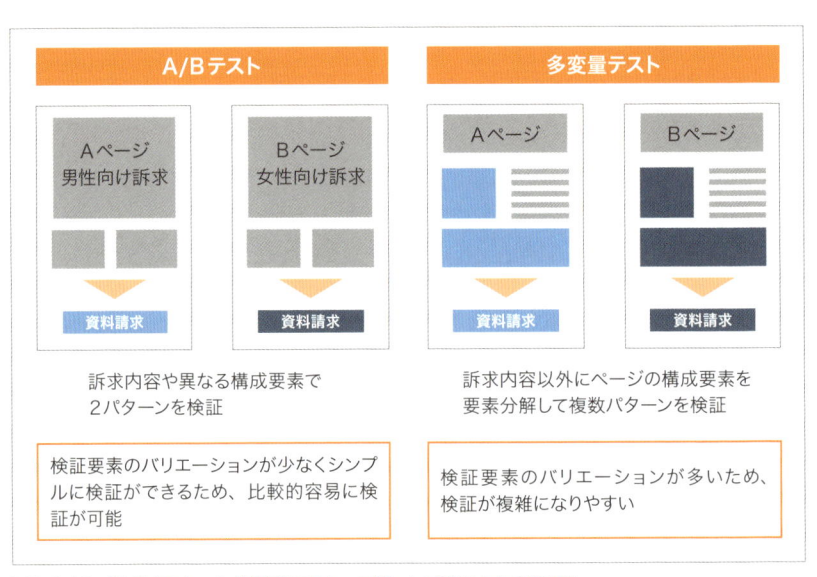

図5-3-08　「A/Bテスト」と「多変量テスト」の違いとLPOによる検証方法

　また、LPOツールを活用して最適化検証を行うことができます。代表的なツールとして、Optimizely、KAIZEN PLATFORM、DLPOなどが挙げられます。単純にLPOツールを導入することが目的ではなく、ページの検証設計を事前に実施することで訪問ユーザーのレスポンスを上げるための分析を行うことが大切です(図5-3-09)。

Optimizely

https://www.optimizely.jp/

KAIZEN PLATFORM

https://kaizenplatform.com/ja/

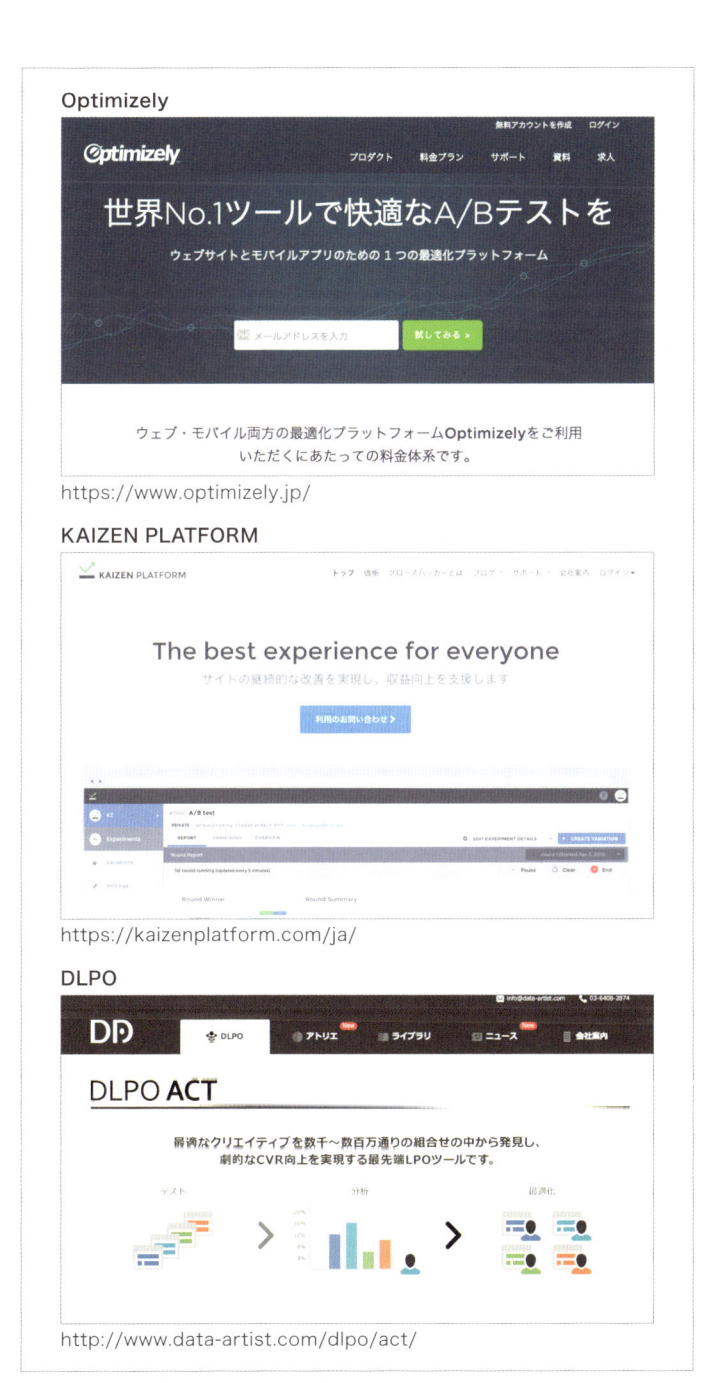

DLPO

http://www.data-artist.com/dlpo/act/

図5-3-09　LPO検証を行うための代表的なツール

Web解析 回遊編（1）　分析と改善　　097

5-4 Web解析 回遊編(2) 分析と改善

　ここでは、回遊でサイトを訪問したユーザーが想定したページに遷移しているかといったサイト内の経路分析に必要なポイントについて解説していきます。

サイト内経路(ページ遷移)の分析をするには

　ユーザーがどのページを見て次にどのページに興味があるか、サイト内の経路を分析するためには、ページの遷移を知ることが必要です。

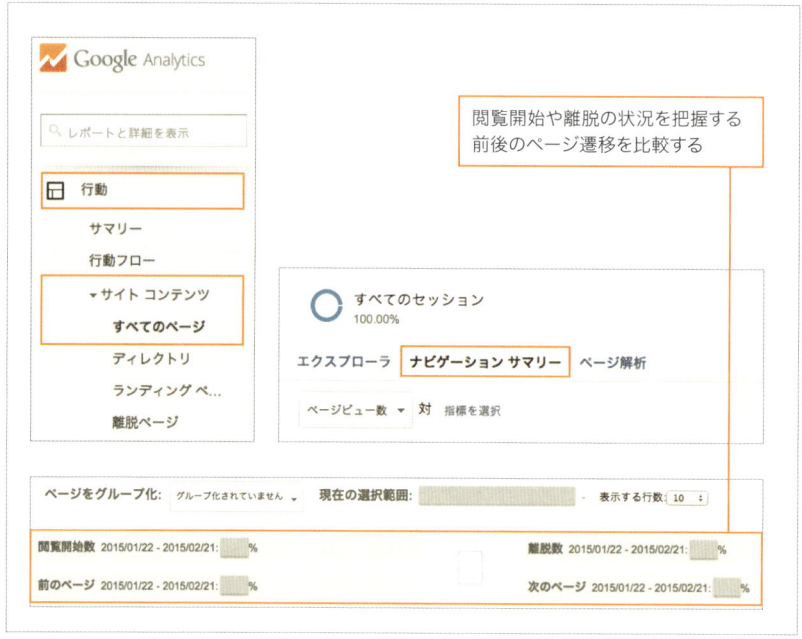

図5-4-01　Googleアナリティクスでサイト内経路(ページ遷移)を分析するには

　図5-4-01は、Googleアナリティクスの標準レポートのナビゲーションです。標準レポートの「行動」から「サイトコンテンツ」をクリックして「すべてのページ」のレポートから「ナビゲーションサマリー」のデータを分析することで、ページ前後の遷移を把握することができます。

ページ遷移と滞在時間の把握から経路分析と改善を行う

　ユーザーが想定したページにどれくらい滞在しどのように回遊したのか、経路を分析することも必要です（図5-4-02、図5-4-03、図5-4-04）。

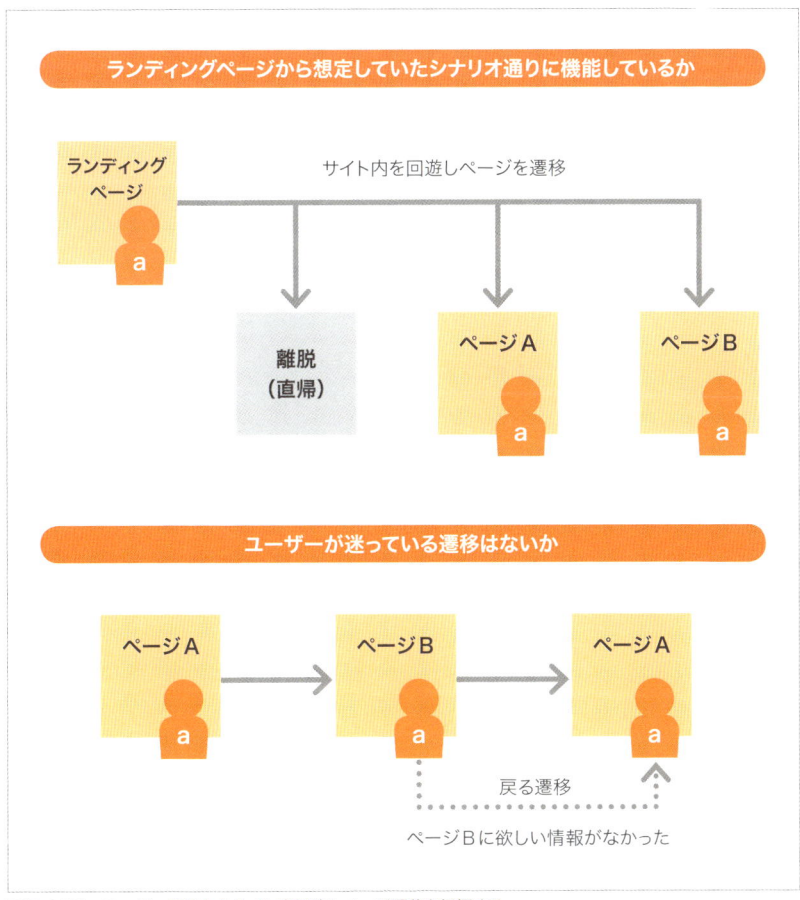

図5-4-02　ユーザー行動からサイト内経路とページ遷移を把握する

　ランディングページから想定していたシナリオ通りに機能しているか。ユーザーが迷っている遷移はないか。ユーザーの回遊状況を把握し各ページへの遷移やサイト滞在時間と離脱ページの特定も重要です。

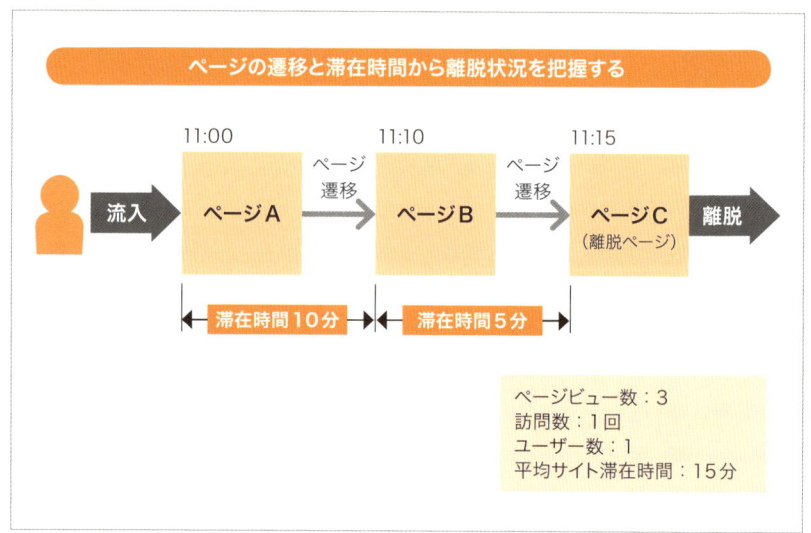

図5-4-03 ページ遷移と滞在時間から離脱状況を把握する

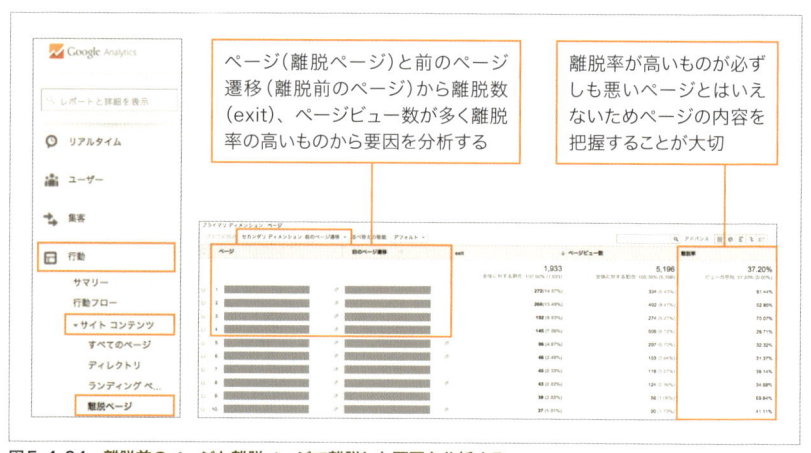

図5-4-04 離脱前のページと離脱ページで離脱した要因を分析する

　図5-4-05は、Googleアナリティクスを活用してセグメント（条件）を絞り込む方法です。セグメント（条件）の絞り込みにより、訪問しているユーザーの違い、ページやコンテンツの閲覧状況、検索キーワードなどを指定することで、サイト内ユーザー行動を比較しサイト内経路分析に役立てることが可能です。

条件を指定してセグメントを作成し新規ユーザーやリピートユーザー、TOPページやランディングページの閲覧状況、検索キーワードを分析する

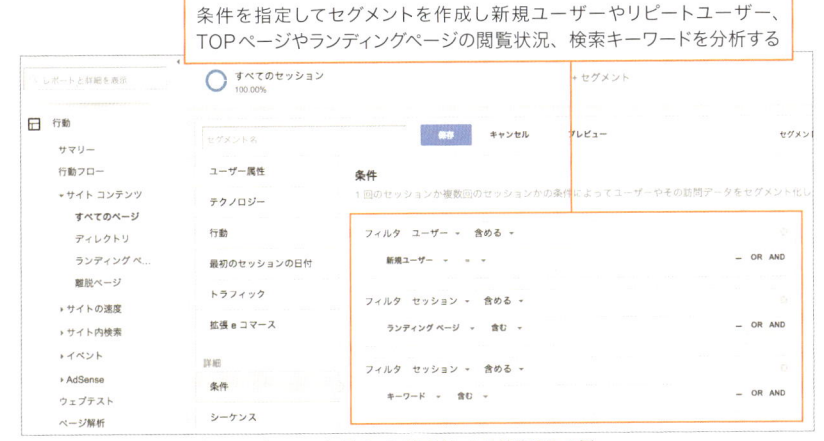

図5-4-05 Googleアナリティクスでのセグメント（条件）による絞り込みの例

　セグメント（条件）を活用することで、主要な遷移ページの中でコンバージョンに結びつきやすい箇所や遷移率が低い箇所を確認します。どこにボトルネックがあるのか、どの遷移を伸ばせばコンバージョンが見込めるかの視点で分析することが大切です（図5-4-06）。

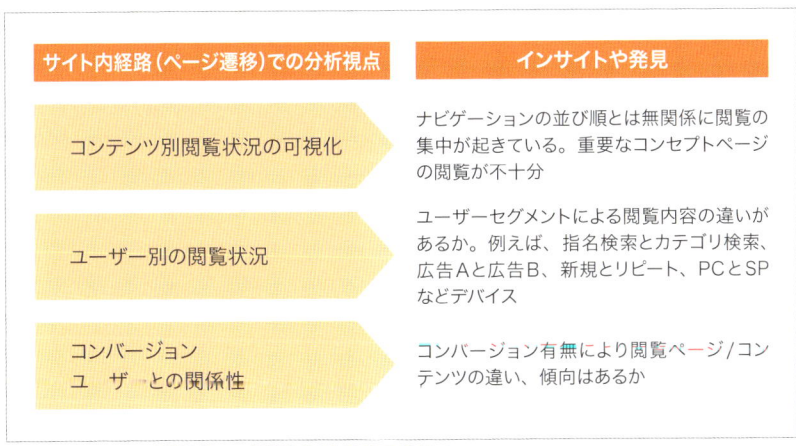

サイト内経路（ページ遷移）での分析視点	インサイトや発見
コンテンツ別閲覧状況の可視化	ナビゲーションの並び順とは無関係に閲覧の集中が起きている。重要なコンセプトページの閲覧が不十分
ユーザー別の閲覧状況	ユーザーセグメントによる閲覧内容の違いがあるか。例えば、指名検索とカテゴリ検索、広告Aと広告B、新規とリピート、PCとSPなどデバイス
コンバージョン　ユーザーとの関係性	コンバージョン有無により閲覧ページ/コンテンツの違い、傾向はあるか

図5-4-06 サイト内経路（ページ遷移）分析と改善のポイント

Web解析 回遊編（2）　分析と改善

Web解析 回遊編(3) 分析と改善

ここでは、通常のサイト内の回遊では計測することができないイベントトラッキングのしくみについて解説していきます。

イベントとトラッキングについて

イベントとは、ユーザーがサイト訪問したユーザーの行動のことをいいます。具体的には、ページのスクロールやサイトのページ内のリンクをクリックしたり、ショッピングカートへ商品を追加したり、動画の再生など訪問者がサイト上で行う行動がイベントになります。トラッキングとは、計測しデータを記録するという意味になります(図5-5-01)。

イベントの例
- リンクのクリック
- ページのスクロール
- pdfダウンロード
- ショッピングカートへの商品追加
- 会員、非会員のロゲイン
- ソーシャルボタンのクリック
- 音楽や動画の再生

イベントの仕組み

TOPページ ログイン → 会員登録ユーザーがIDとパスワードを入力し、ログイン → 会員登録ユーザーがログインをイベントとして計測

図5-5-01 イベントの例とイベントの仕組み

イベントトラッキングは、サイト訪問したユーザーの行動を計測することです。また、Googleアナリティクスの「イベントトラッキング」機能を活用することでサイト訪問者の行動を記録し分析することができます。

イベントトラッキングの計測について

Googleアナリティクスでのイベントトラッキングの計測について解説します。イベントの計測には、マウスボタンをクリックしページが読み込まれたなどの動作が起こったときに「イベントハンドラ」と「カテゴリー/アクション/ラベルの設定」が必要になります(表5-5-01)。

区分	イベントハンドラ(トリガー)	ユーザー行動
マウス	onclick	マウスでクリックしたとき
	ondblclick	マウスでダブルクリックしたとき
	onmouseover	マウスが要素に乗ったとき
	onmouseout	マウスが要素から離れたとき
	onmousedown	マウスボタンが離れたとき
	onmouseup	マウスボタンが離れたとき
フォーム	onsubmit	入力フォームの送信ボタンがクリックされたとき
	onreset	入力フォームのリセットボタンがクリックされたとき
スクロール	onscroll	コンテンツがスクロールされたとき

表5-5-01 イベントハンドラとイベントトラッキングの設計

サイト内のどのコンテンツがクリックされているか、具体的に数値をもとに分析できます。分析を行うにはイベントトラッキングを設定することが必要です。

JavaScriptでサイト内のヘッダーに設置しているバナーのクリックを計測する場合

イベントトラッキングの構成要素

```
<a href=http://www.jwsda.jp/img/prm_06.gif" onclick=
"ga('send','event','banner','click','header',1);">クリック</a>
```

指定のコード　category　action　label　value

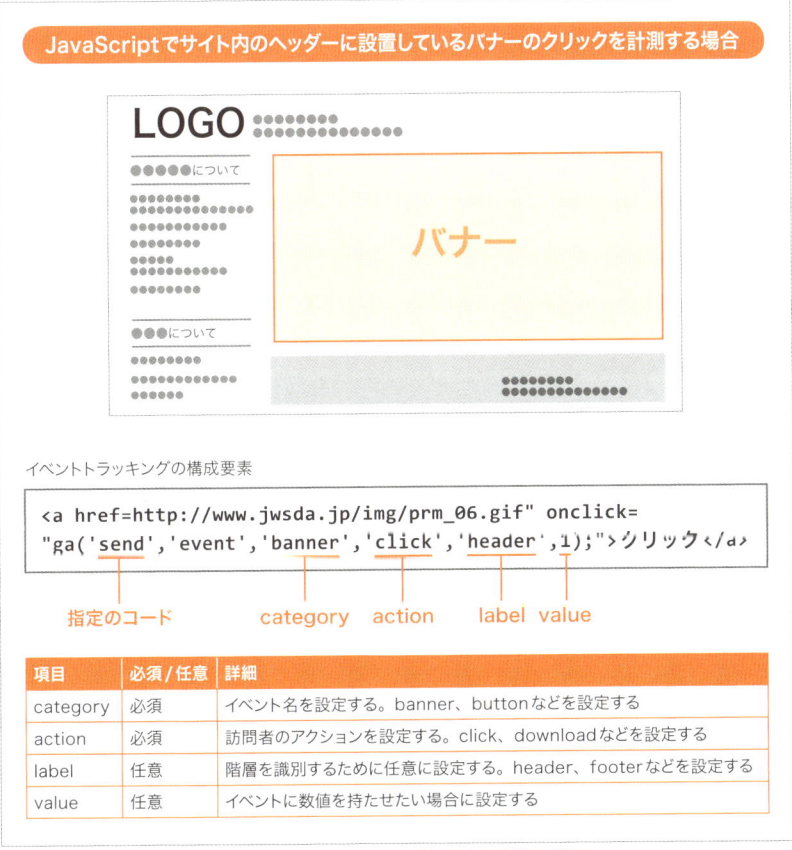

項目	必須/任意	詳細
category	必須	イベント名を設定する。banner、buttonなどを設定する
action	必須	訪問者のアクションを設定する。click、downloadなどを設定する
label	任意	階層を識別するために任意に設定する。header、footerなどを設定する
value	任意	イベントに数値を持たせたい場合に設定する

図5-5-02 サイト内のヘッダーに設置しているバナーのクリックを計測する場合

Web解析 回遊編(3) 分析と改善

図5-5-02は、JavaScriptを利用してサイト内のヘッダーに設置しているバナーのクリックを計測するためのイベントトラッキングの計測の解説です。図の例では、イベント名にあたるcategoryを「banner」、actionを「click」、labelを「header」、valueを「1」と指定することで、サイト内に設置しているバナーをクリックしたら1と計測することが可能です。

　Googleアナリティクスの標準レポートの「行動」から「イベント」をクリックして「サマリー」のレポートを参照します。タグ設置後タイムラグがありますが、正しく設定されていればイベントが計測されます(図5-5-03)。

図5-5-03　Googleアナリティクスでのイベントトラッキング

　イベントトラッキングを利用することで、クリック数だけでなくクリックに至までの訪問者の分析を行うことが可能です。サイトコンテンツの改善を行うためにもイベントトラッキングを理解することが大切です。

タグマネージャーでのイベント機能の活用

　Googleアナリティクス同様にユーザーのWeb閲覧によるマウス操作に対してあらかじめ一定のルールを決めてタグマネージャー上のイベント機能を活用することで、タグマネージャー[※1]に設定されているタグのオン、オフの制御を行うことが可能です(図5-5-04)。

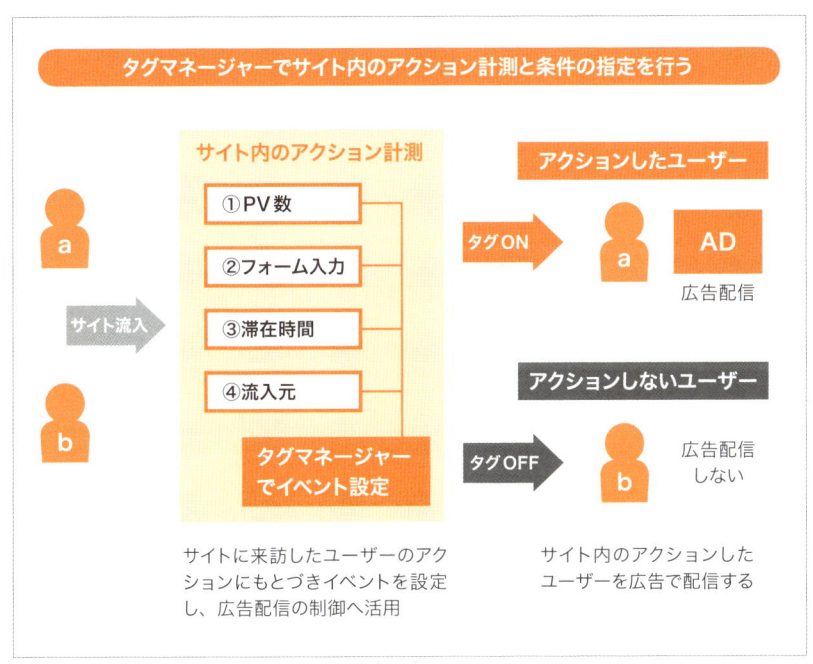

図5-5-04　サイト内経路（ページ遷移）分析と改善のポイント

　例えば、サイトに来訪したユーザーがサイト内で起こしたアクション（条件）を計測し条件の指定を行うことも可能です。図5-5-04の例では、PV数、フォームへの入力、サイト滞在時間、流入元などユーザーのアクションにもとづきイベント設定を行うことが可能です。Googleアナリティクスなど分析での活用以外にタグマネージャーを併用することで条件に応じたユーザーのみを抽出し広告配信などの施策へ活用することが可能です。

Glossary
※1　**タグマネージャー**：広告計測タグ（リマーケティング、コンバージョンタグ）やWeb解析ツールの計測タグなどページに複数設置しているタグを一元管理するしくみのことをいいます。別名でワンタグと呼ばれます。代表的なソリューションとして、Yahoo!タグマネージャーとGoogleタグマネージャがあります。タグマネージャーは、タグを一元管理するだけでなくWebサイト内のHTML要素をイベントとして取得することができるため広告配信制御やA/Bテストなどの施策へ活用することも可能です。

5-6 Web解析 コンバージョン編 分析と改善

ここでは、Webサイトの成果（コンバージョン）や「サイト滞在時間」「訪問別ページビュー」といったサイト目標につながったかを把握し、どこに問題があるか調べるのに必要なポイントについて解説していきます。

コンバージョンの分析をするには

サイトの成果（コンバージョン）を把握するためには、Webサイトの目的に応じたコンバージョン目標設定が必要です。例えば、「購入」「問い合わせ」「資料請求」「会員登録」のように成果地点を明らかにします。コンバージョンの目標設定がされていない場合は、サイト目的に応じて必ず目標設定するようにしましょう。

設定した目標に対しての成果（コンバージョン）を分析する。また、サマリーのレポートで概要を把握することが大切

サマリーのレポートで概要を把握した後に指標を比較し推移を見る

- 目標の完了数（コンバージョン数）
- 目標値（コンバージョンの金額価値）
- コンバージョン率（全体のセッションに対してコンバージョンした割合）
- 目標全体の放棄率（目標のプロセスから離脱した割合）

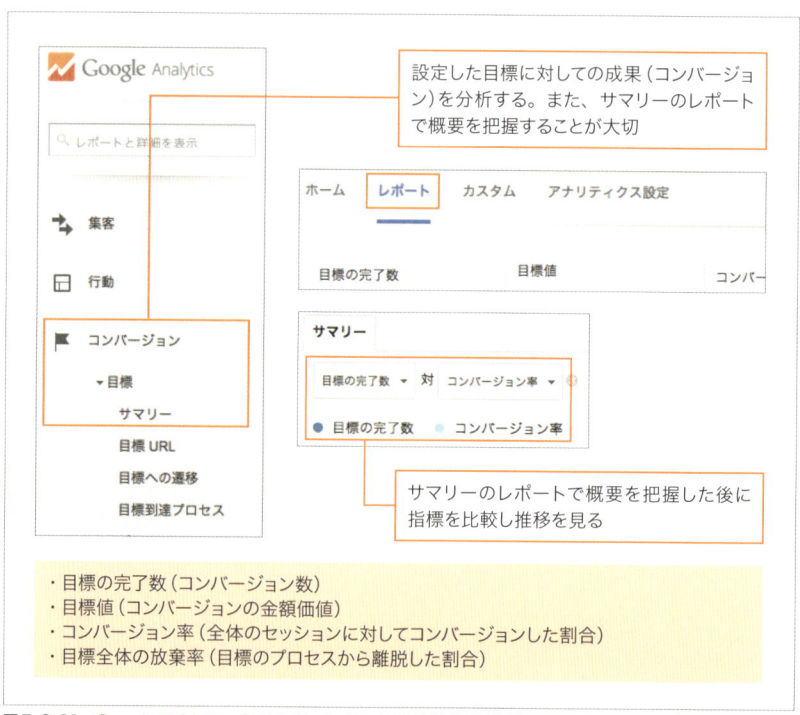

図5-6-01　Googleアナリティクスでコンバージョンの分析をするには

図5-6-01は、Googleアナリティクスの標準レポートのナビゲーションです。Googleアナリティクスで、標準レポートの「コンバージョン」から「サマリー」をクリックし、概要を把握したうえで、コンバージョンの指標を比較し推移を分析しましょう。

コンバージョンまでのフローを見る

次にユーザーがコンバージョンするまでのフローを見てみましょう。例えば、ECサイトのコンバージョンまでのフローを見た場合に「①TOPページ」➡「②商品ページ」➡「③カート画面・CTAボタン」➡「④決済情報入力」➡「⑤決済情報確認」➡「⑥商品購入完了」というようなフローになります。

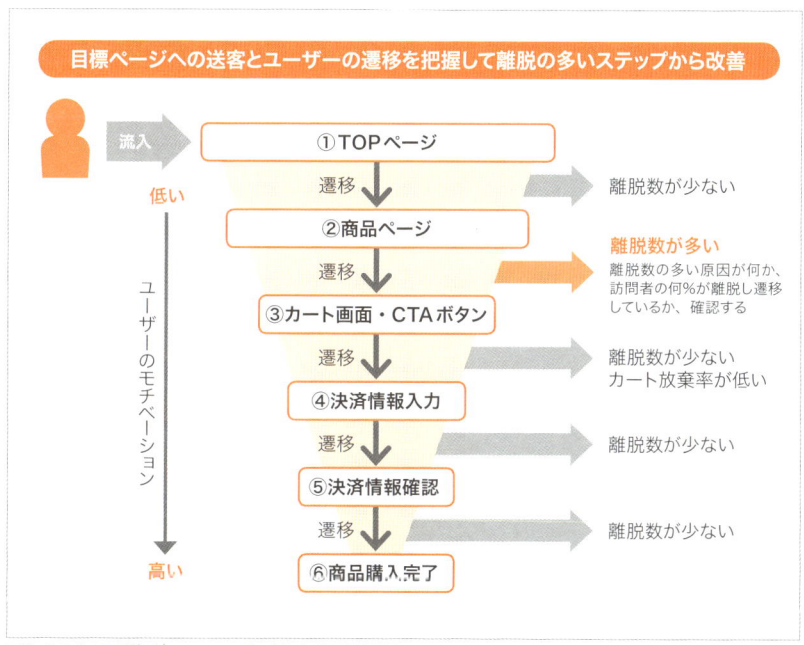

図5-6-02　ECサイトでのコンバージョンまでのフロー

図5-6-02では、ECサイトを例にあらかじめ設定した各ページの目標と、目標に至るまでのステップにおける送客や離脱数を確認し、目標に到達したユーザーのサイト内の導線を可視化しています。どのくらいのユーザーが目標としているページへ遷移しているのか、離脱しているページはどこなのか、把握することが大切です。特に離脱数が多い箇所があれば、訪問者の何％が離脱し次のページに遷移することができているか確認することが必要です。

また、Googleアナリティクスでは、「コンバージョン」レポートの「目標への遷移」「目標到達プロセス」でコンバージョンまでのフロー（流れ）を分析することができます。

コンバージョンの分析は2ステップに分けて考える

コンバージョンの分析を進めるためには、2ステップに分けて考えて見ましょう。図5-6-02で解説したECサイトでのコンバージョンのフローを例に考えると「①TOPページ」➡「②商品ページ」➡「③カート画面・CTAボタン」までを1つ目のステップとして、ページの回遊状態からユーザーシナリオと遷移を分析します。また、「③カート画面・CTAボタン」➡「④決済情報入力」➡「⑤決済情報確認」➡「⑥商品購入完了」までを2つ目のステップとして、各フローでの離脱率やカート放棄率（ドロップ率）を分析します（図5-6-03）。

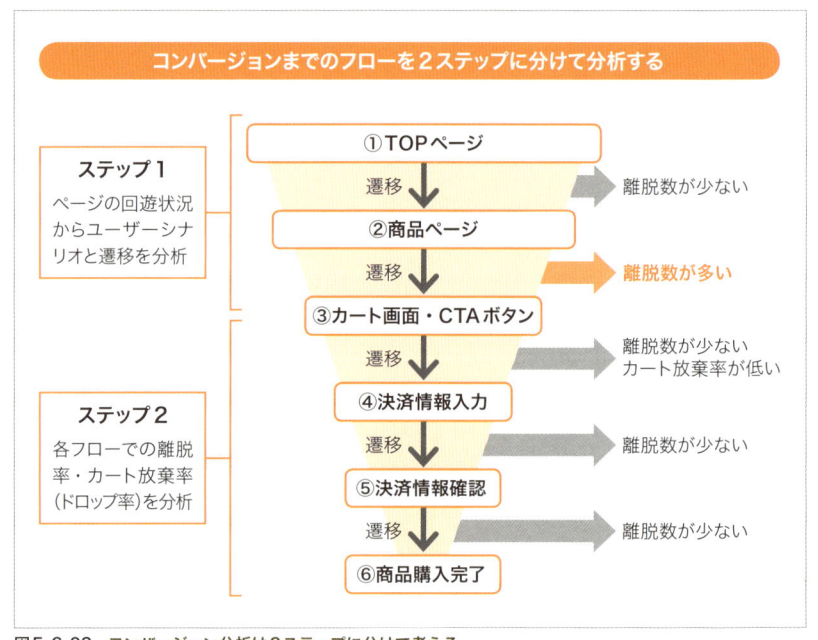

図5-6-03　コンバージョン分析は2ステップに分けて考える

次にコンバージョン分析のステップ1とステップ2に分けてそれぞれの詳細を解説します。

●ステップ１：ページの回遊状態からユーザーシナリオと遷移を分析

　ステップ１では、「①ページ遷移とCTAボタンが押されているか分析」「②想定シナリオと比較しユーザーの回遊状況とフォーム到達を分析」の２つの視点から分析しコンバージョンの改善につなげていきます。

①ページ遷移とCTAボタンが押されているか分析

　ユーザーに「商品購入」や「資料請求」などコンバージョンにアクションさせるためのボタンのことをCTA (Call To Action)ボタンといいます。CTAボタンの分析では、商品購入ボタンを押した後のユーザーのページ遷移を遡りコンバージョンするまでのページ遷移の状態を把握しましょう。

- **コンバージョンに関連するページを分析**
  ユーザーがコンバージョンするときに最初に閲覧したページ（ランディングページ）とコンバージョンしたページをピックアップしどのページから遷移しているか把握する。

- **CTAボタンとコンテンツの関連性を分析**
  商品購入や資料請求などコンバージョンアクションさせるためのCTAボタンがランディングページと一致しているか把握し、ユーザーに伝わりやすいコンテンツとアクションにつながるボタンの位置や色、テキストの表現などユーザー行動に合わせた分析をする。

- **コンバージョンに関連するページの流入を分析**
  PV数の多いページを特定しユーザーの流入数を増やせばいいのか、それともユーザーがコンバージョンに関連するページの商品やサービスの情報を分かりやすく伝えるため想定のシナリオ通りか把握する。

②想定シナリオと比較しユーザーの回遊状況とフォーム到達を分析

　「ユーザーが探している商品やサービスを見つけることができるか」「想定したシナリオに沿ってユーザーが商品ページに到達することができているか」「ユーザーの回遊状況を分析し、ユーザーが欲しいと思っている商品やサービスの情報がファーストビューにあるか」「ユーザーにメリットを伝えることができているか」の視点で把握することが必要です。

Googleアナリティクスなど Web 解析ツールを活用することでユーザーの流入経路、ページの遷移や離脱を把握できますが、ページがどこまで読まれていたか判別することができません。ヒートマップツールを併用し TOP ページや商品ページが想定したシナリオに沿ってユーザーを誘導することができているかフォーム到達までユーザーにとって阻害するものがないか分析し、コンバージョン率の向上、離脱率の減少につなげることも必要です（図5-6-04、図5-6-05）。

図5-6-04　ヒートマップツールを活用しユーザー行動を可視化

フォーム到達での分析視点	インサイトや発見
どのコンテンツ付近で購入がクリックされるか	クリックを多く稼ぐボタンより前、または付近にあるコンテンツは購入を後押しするといえるか
どのページで購入がクリックされるか	クリックを多く稼ぐページは、何が購入を後押ししていると考えられるか
コンバージョンユーザーとの関係性	クリックを多く稼ぐページ内の要素で、コンバージョン時によく見られた要素は何か

図5-6-05　フォーム到達での分析視点とインサイト

●ステップ2：各フローでの離脱率（ドロップ率）を分析
　ステップ2では、「①離脱ポイントの特定」「②ユーザー離脱の改善」の2つの視点から分析しコンバージョンの改善につなげていきます。

①離脱ポイントの特定

フォームやカート内での離脱状況を明らかにし離脱ポイントがどこにあるのか特定することからはじめましょう。購入意向ユーザーを逃がさないためにも離脱ポイントを特定することはとても大切です（図5-6-06）。

離脱ポイント特定での分析視点	インサイトや発見
どの遷移ステップで歩留りが低いか	入力画面で歩留りが低い場合は、項目数や項目内容の見直し。エラー画面で歩留りが低い場合は、入力規則や必須項目の見直し
どの入力項目で歩留りが低いか	ユーザーが入力しづらいと感じている内容は、ヘルプや例の追加・詳細化を検討する
EFOの効果測定	EFOの実装により改善された効果は事前の仮説通りだったか。ステップや入力項目に意外な改善がみられるか

図5-6-06　離脱ポイントの特定の分析視点とインサイト

②ユーザー離脱の改善

ユーザー離脱の改善には、「カート放棄（カート落ち、カゴ落ち）の改善」と「エントリーフォームの改善」の2つの視点で改善することが必要です。

●カート放棄の改善

ECサイトで商品を購入する場合にユーザーがショッピングカートに商品を入れた後に商品を返却するケース（カート放棄）があります。カート放棄を減少させるには、ユーザーがカート投入した商品のカート放棄率[※1]や商品金額を分析してみましょう。
Googleアナリティクスでカート放棄を分析する場合は、Chapter5-5で解説したイベントトラッキングとeコマース系の計測メニューを活用できます。カート放棄を改善するためにはユーザーが商品購入時に不明に感じる所をできるだけ解消することが必要です。

●エントリーフォームの改善

ECサイトだけでなく資料請求サイトでも、入力ミスによるエラーや入力フォームの項目数が多いのが原因でユーザーがストレスを感じ、離脱する場

合があります。ユーザーの離脱数を防ぐためにはEFO（エントリーフォーム最適化）[※2]などを実施することが必要です。

コンバージョンのフォーム改善やカート放棄分析を進めるための、Googleアナリティクス以外で代表的なツールを紹介します（図5-6-07）。

xross data

https://www.xdata.jp/

f-tra EFO

https://f-tra.jp/

図5-6-07　フォーム改善やカート放棄分析をするための代表的なツール

Glossary
※1　**カート放棄率**：ユーザーがショッピングカートに商品を入れた後に何らかの理由によって購入に至らずにサイトを出て行ってしまい最終の注文に至らない比率。
※2　**EFO**：Entry Form Optimizationの略称。エントリーフォームを最適化することです。

Web解析 リテンション編 分析と改善

ここでは、一度獲得した顧客（既存ユーザー）を維持するための戦略や分析に役立つポイントについて解説していきます。

アクイジションとリテンション

Web解析では一般的に顧客（ユーザー）の分け方として、「アクイジション」と「リテンション」があります。アクイジションとは、新規顧客（新規ユーザー）獲得のことをいいます。リテンションとは、既存顧客（既存ユーザー）の維持・囲い込み・活用のことをいいます。集客するためには、広告を出して新規顧客を連れてくることを考えがちですが、それと同じぐらい既存の顧客（ユーザー）をしっかりとフォローすることも大切です。

Web解析でリテンションの分析をするには

リテンションの分析では、既存ユーザーの維持・囲い込み・活用を行い効率的に集客につなげることが大切です。ユーザーの1回の訪問ではなく長期的視点でユーザーの行動を分析することが必要です。ここでは、「ユーザーの接点をチャネルごとに把握しコンバージョンへの貢献度分析」「コンバージョンに至るまでのリードタイムや経路の数の分析」について解説します。

●ユーザーの接点をチャネルごとに把握しコンバージョンへの貢献度分析

サイトへの流入元を調べてどの流入数を増やせば売上や資料請求などコンバージョンを増やすことができるのか。流入のタイミング（起点・線形・終点）と流入チャネル（参照元・メディア）を調べることでコンバージョンに至るまでの貢献度を明らかにすることができます。

Googleアナリティクスの「コンバージョン」レポートの「アトリビューションモデリングツール」を活用します。ユーザーがWebサイトに最初に流入した参照元を重視するのであれば起点（初回流入）、各参照元を平等に見るのであれば線形（均等）、コンバージョン直前の参照元を重視するのであれば終点（最終流入）という具合に参照元別にコンバージョンに至るまでの貢献度を把握することが大切です（図5-7-01）。

図5-7-01　Googleアナリティクスでのコンバージョン貢献度分析とモデリング

　また、集客での広告の貢献度分析（アトリビューション分析）に関しては、Chapter 6-12で後述していますので合わせてご確認ください。

● コンバージョンに至るまでのリードタイムや経路の数の分析
　次にコンバージョンに至るまでの期間やサイトへの訪問からコンバージョンに至るまでどのくらいのチャネルを経由（経路の数）しているか、把握することが大切です。Googleアナリティクスでは、「コンバージョン」レポートの「マルチチャネル」の「期間」「経路の数」を参照することで、分析することができます。

```
ページ解析
  コンバージョン
    ▸ 目標
    ▸ e コマース
    ▾ マルチチャネル
      サマリー
      アシスト コンバ...
      コンバージョン経路
      期間
      経路の数
```

コンバージョンに至るまでの期間や経路の数を把握し、リードタイムを分析する

期間
Webサイトへ初回の訪問からコンバージョンするまでにどのくらいの期間(日)か把握する

経路の数
Webサイトへ初回の訪問からコンバージョンに至るまでどのくらいのチャネルを経由しているか把握する

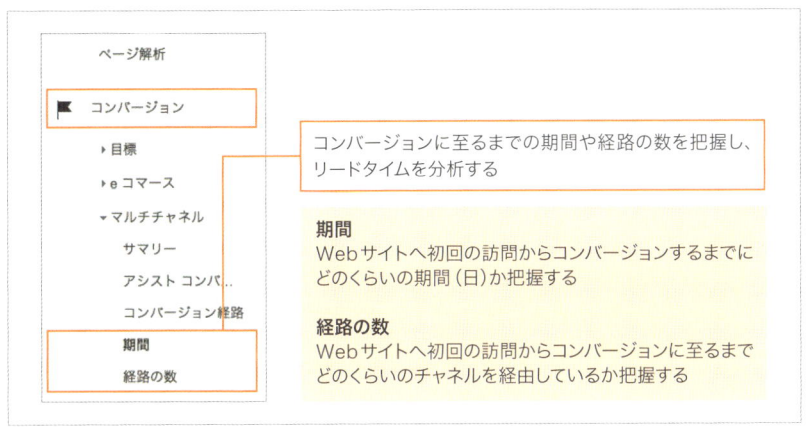

図5-7-02　Googleアナリティクスでリードタイム(期間)と経路の数と分析

例えば、コンバージョンするまでの期間がどのくらいなのか、リードタイムを算出します。そして、コンバージョンするまでに即決しているのか、それとも何度もWebサイトへ訪問し比較検討しているのか、ユーザーがコンバージョンに至るタイミングを把握しましょう(図5-7-03、表5-7-01)。

初回訪問から CVまでの日数	コンバージョン数	CV割合	初回訪問からの CV累積比率
0日	80	19.9%	19.9%
1日	70	17.4%	37.2%
2日	60	14.9%	52.1%
3日	50	12.4%	64.5%
4日	40	9.9%	74.4%
5日	30	7.4%	81.9%
6日	20	5.0%	86.8%
7日	25	6.2%	93.1%
8日	10	2.5%	95.5%
9日	10	2.5%	98.0%
10日	8	2.0%	100.0%
合計	403	100.0%	-

表5-7-01　コンバージョンリードタイムのデータ例

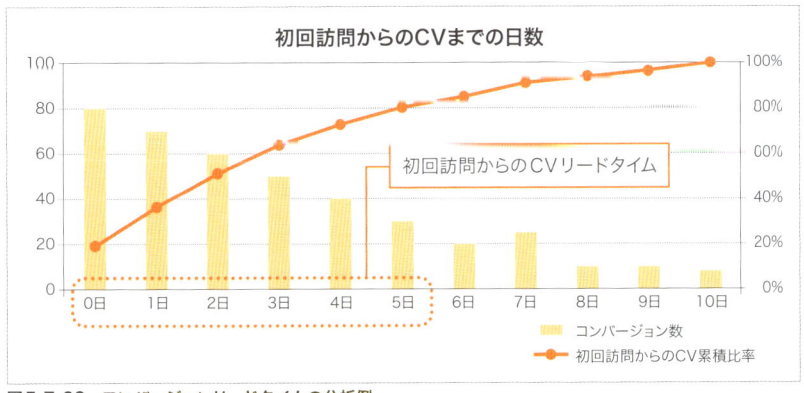

図5-7-03　コンバージョンリードタイムの分析例

Web解析 リテンション編　分析と改善

また、経路の数を分析することで、Webサイトへ初回の訪問からコンバージョンに至るまでどのくらいのチャネルを経由しているか把握することが大切です（図5-7-04、表5-7-02）。

CV発生に至るまでの経路の数	コンバージョン数	CV割合	CV累積
1	100	24.8%	24.8%
2	80	19.9%	44.7%
3	60	14.9%	59.6%
4	50	12.4%	72.0%
5	40	9.9%	81.9%
6	30	7.4%	89.3%
7	20	5.0%	94.3%
8	10	2.5%	96.8%
9	8	2.0%	98.8%
10	5	1.2%	100.0%
合計	403	100.0%	-

表5-7-02　経路の数のデータ例

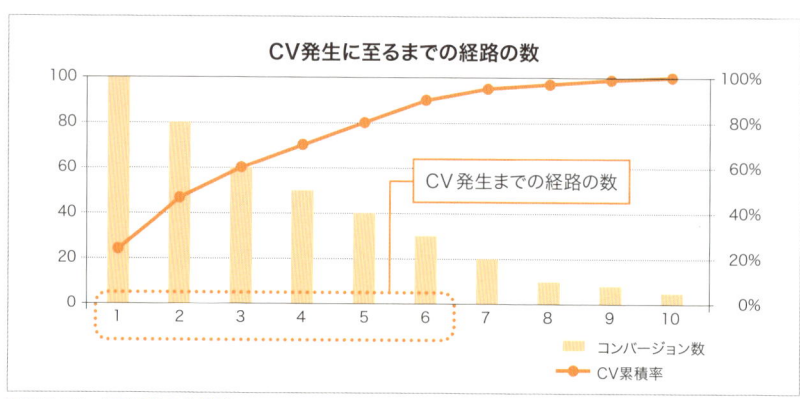

図5-7-04　経路の数の分析例

Web解析でのユーザー行動の捉え方とDMPの活用

ここでは、Web解析におけるユーザー行動の捉え方とDMPの活用に必要な考え方や分析ポイントを解説していきます。

Web解析でのユーザー行動の捉え方

Webサイトにどのようなユーザーが訪問しているのか。参照元は、自然検索なのか、広告経由なのか。デバイスは、PCから訪問しているのか、それともスマートフォンからなのか。ユーザー行動は複雑化していますので、ユーザーがどのような行動しているのか把握することが必要です(図5-8-01)。

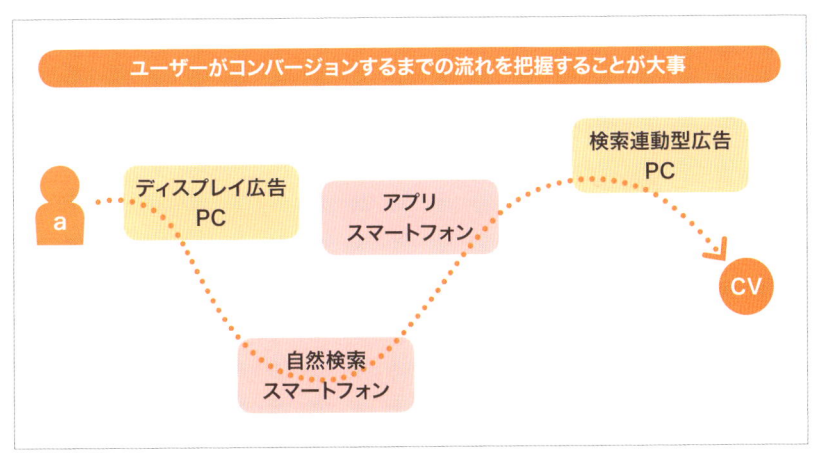

図5-8-01　コンバージョンするまでのユーザー行動が複雑化している

例えば、サイト内のユーザー行動を捉えるのであればGoogleアナリティクスの「ユーザー」レポートを参照します。ユーザーの年齢・性別・エリアなどのデータや、ユーザーの興味関心のあるカテゴリーデータを用いることで、ユーザー像を可視化することができます(図5-8-02)。

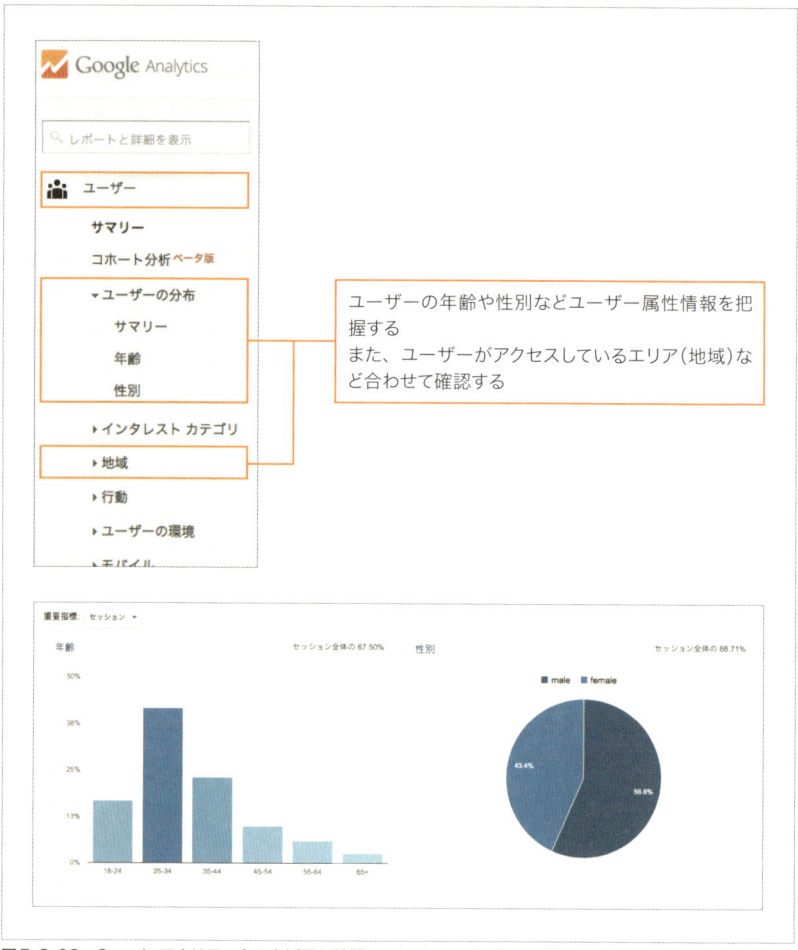

図5-8-02　Googleアナリティクスを活用し訪問しているユーザー像を可視化

ユーザー像の可視化とユーザー行動データの違い

　ユーザー像を可視化するには、Webサイトへアクセスしたユーザーの Webサイト内の行動データ(Web解析データ、DMPで保有するWebサイト内のデータ)とWebサイト外の行動データ(DMPで保有する外部データ、FacebookやTwitterなどクチコミのデータやアンケートリサーチのデータ)の違いを理解することも必要です。GoogleアナリティクスなどのWeb解析ツールでは、Webサイトの内の行動ログを中心に大まかな傾向からユーザーの動きを把握することができます(表5-8-01)。

データの種類		ユーザー行動を把握できる範囲	分析手法
Fact	ユーザーの実際の行動データ	Webサイト内のデータ	Web解析ツール
		Webサイト内/Webサイト外のデータ	DMP
Listening	ユーザーが発言したものを傾聴したデータ	Webサイト外のデータ	クチコミ分析ツール
Asking	ユーザーが質問に対して答えられたデータ	Webサイト外のデータ	アンケートリサーチ

表5-8-01　ユーザー像の可視化とユーザー行動データの違い

ユーザーIDの統合とDMPの活用

　ユーザーのコミュニケーションが、Webサイトだけでなく広告からのアクセス、メールマガジンからのアクセス、ソーシャルメディアからのアクセスとタッチポイントが異なる場合、ユーザーIDが異なるのでチャネルを横断してユーザー行動を可視化することが難しいです。チャネルを横断してユーザー行動の可視化を進めるためには、タッチポイント毎に分散し異なるユーザーIDをDMP[※1]に統合することで、ユニーク(一意)なユーザーIDとして認識することができます(図5-8-03)。

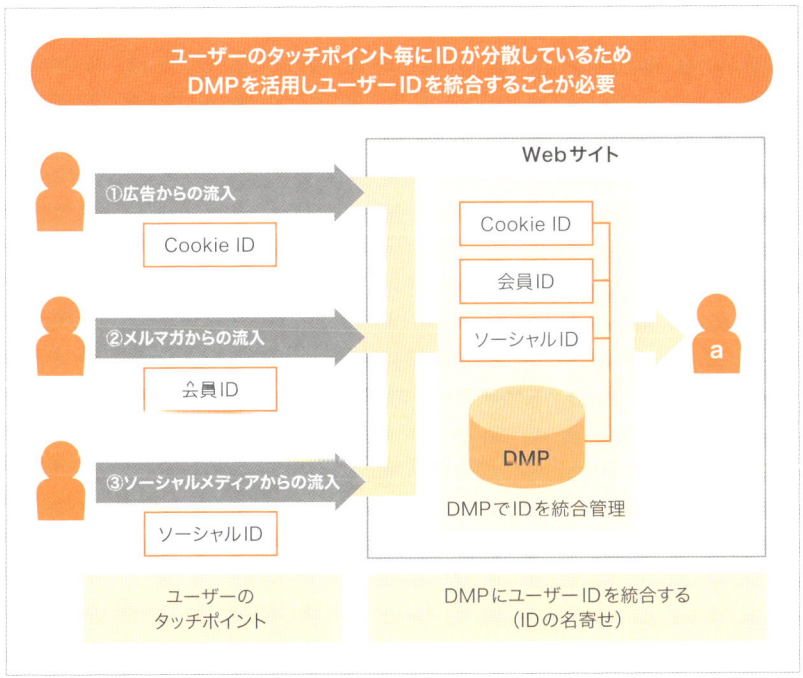

図5-8-03　DMPにユーザーIDを統合する

DMPの仕組みとDMPの種類

　DMPには、「①データ蓄積」「②データ分析」「③データ活用」の3つの機能があります。「①データ蓄積」では、Web解析のログやメール配信のログ、CRMの顧客データなど自社の内部で保有するデータとともに、メディアのオーディエンスデータやアンケート調査データなど自社の外部で保有するデータの収集と保管をします。「②データ分析」では、様々なデータを蓄積し、分散したIDを統合し、顧客属性を分析してセグメント化（リスト化）します。「③データ活用」では、リスト化したデータを各マーケティングチャネルで活用することが可能です（図5-8-04）。

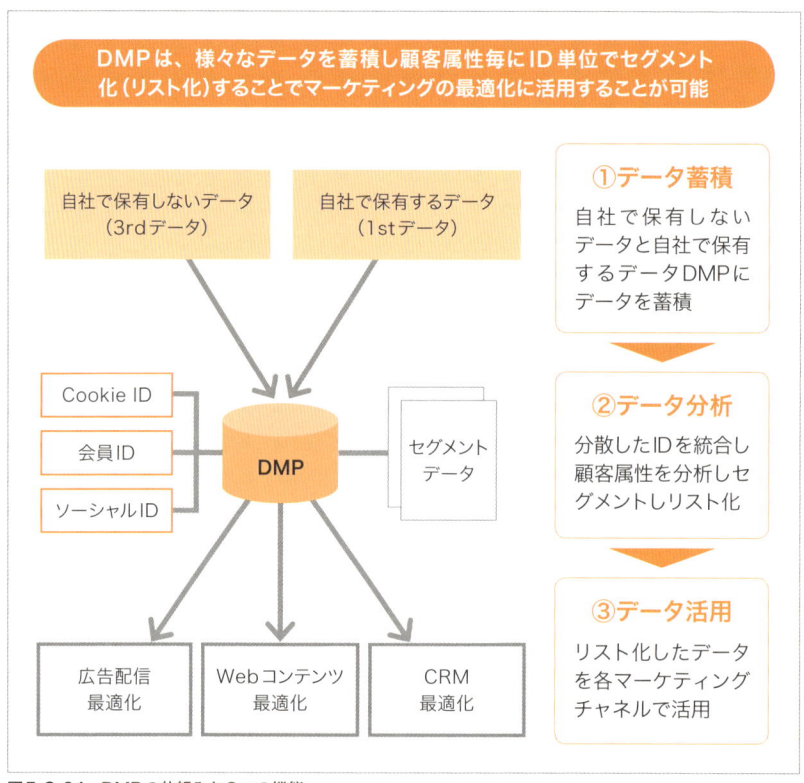

図5-8-04　DMPの仕組みと3つの機能

　また、DMPは主に2つの種類に分けられます。自社で保有しないデータを活用する「パブリックDMP」と自社で保有するデータを活用する「プライベートDMP」の2つです（図5-8-05）。

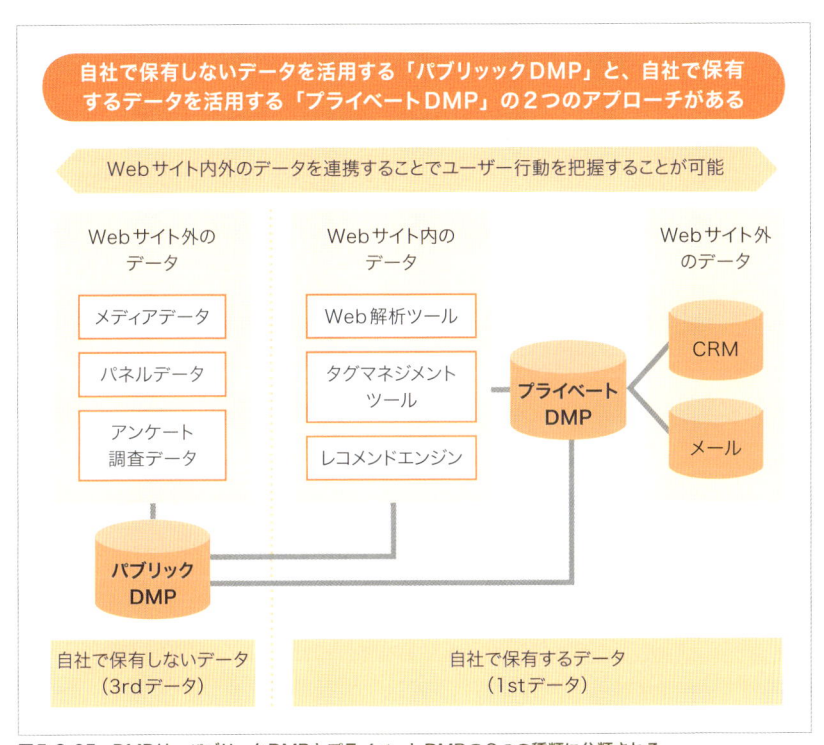

図5-8-05　DMPは、パブリックDMPとプライベートDMPの2つの種類に分類される

　「パブリックDMP（データセラーDMP）」は、広告配信やメディアが持つオーディエンスデータや調査会社が持つパネルデータやアンケート調査データを管理しユーザーの興味や関心を分析することができます。「プライベートDMP」は、自社のサイトの閲覧データ（Web解析ツールやサイト内レコメンド）やCRMで保有する顧客IDなど自社のデータを統合し分析することができます。施策に応じて、どちらのDMPを採用しデータ連携を進めていくのか、自社のマーケティング課題における予算や工数、難易度を含めながら検討することが必要です。

パブリックDMPを活用したユーザー行動の可視化

　GoogleアナリティクスなどWebサイト内のログデータだけでは、複雑化するユーザー行動からユーザー像を可視化することが難しい場合があります。
　Webサイト内のログデータにパブリックDMPで保有するデータを掛け合わせることで、ユーザー像を可視化し、ユーザーのシナリオをもとにペルソナ化することができます（図5-8-06）。

Webサイト内のデータだけでは、ユーザー像を可視化するのに限界がある

Webサイト外のデータ
- 分からない

Webサイト内のデータ
- 年齢・性別 アクセスしたエリア（地域）
- サイト内の検索結果
- Webサイト内で閲覧したページ

↓

Web解析ツール

サイト内外のデータを掛け合わせることで、ユーザー像を可視化することができる

Webサイト外のデータ
- 年収
- 購読している雑誌
- Webサイト外で興味のあるメディア

↓

パブリックDMP

×

Webサイト内のデータ
- 年齢・性別 アクセスしたエリア（地域）
- サイト内の検索結果
- Webサイト内で閲覧したページ

↓

Web解析ツール

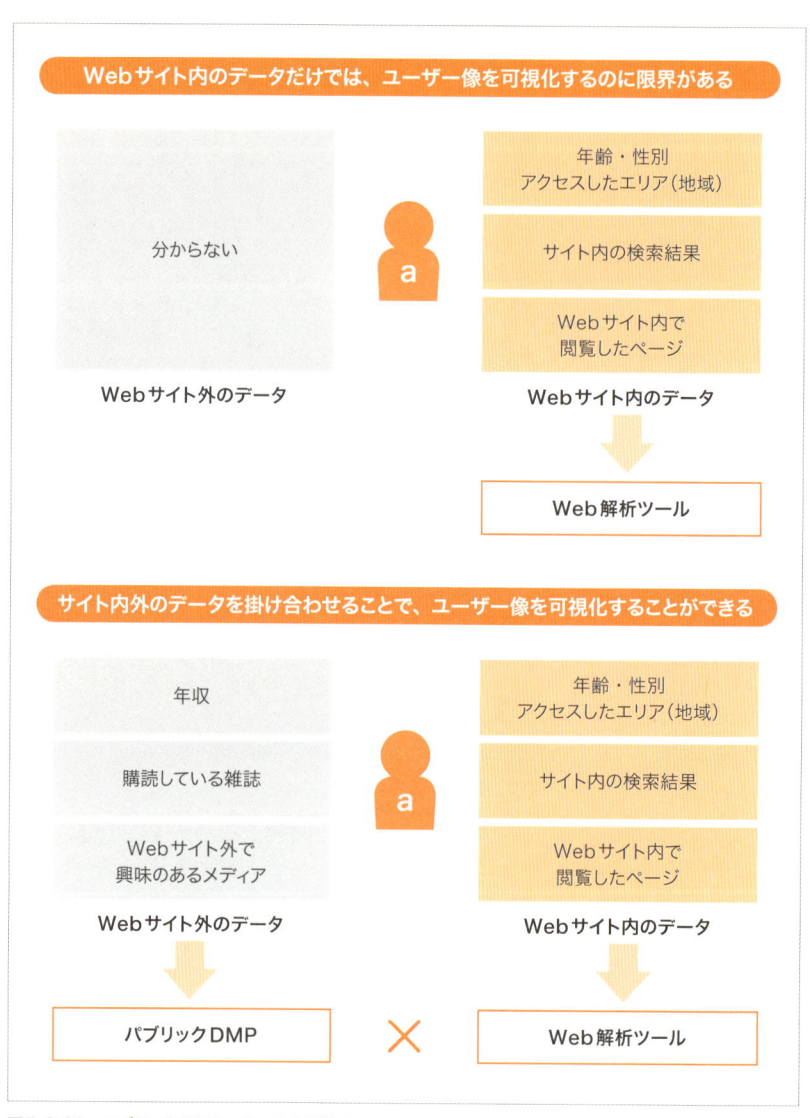

図5-8-06　パブリックDMPのデータを連携することでユーザー像を可視化

　例えば、DMPベンダーのIntimate Merger（インティメート・マージャー）社のパブリックDMP「Audience Search」を活用しWebサイト内の行動ログに外部のサイトやメディアが保有する外部データと掛け合わせてWebサイトの外の行動データを見ることで、ユーザーがWebサイト外で何に興味関心があるかDMPで保有するオーディエンス情報をもとにユーザー像を可視化することが可能です（図5-8-07）。

http://corp.intimatemerger.com/

図5-8-07 外部データ活用と様々なツールへの連携が可能なIntimate Merger社のパブリックDMP「Audience Search」

Glossary
※1 **DMP(Data Management Platform)**：分散するユーザーIDとデータを統合することで、顧客属性毎にセグメント単位でリストを作成し一元的にデータを管理するための手法

5-9 Web解析ケーススタディ

　KGIやKPIに基づき観測用のフォーマットを設計し定期的に実際のデータを入れて観察していくことで、Webサイトの問題となっているシグナルを発見することができます。ここでは観測用フォーマットを用いたシグナルの発見から問題解決に至ったケースを紹介します。

結婚式場予約サイトの運用

　リゾートウェディングを提供する結婚式場の集客・見込み客獲得サイト。Webサイトへの集客は外部メディアを介して行われるため、Webサイトの運営では式場の下見やウェディングフェアへの申し込みをコンバージョンとし、Webサイトの改善に注力して取り組んでいました。

　Webサイトの運営では、運営の節目や大きな施策を行った際に目標達成状況をはかる数値を確認し、その時々の仮説に基づき施策を評価し対応を行ってきましたが、それでは「過去の実績に基づく学習効果が得にくい」「俯瞰ではないため、見落とし、ミス判断をしかねない」といった問題が挙げられていました。Webサイトのボトルネック発見に着目した分析を行うことで、分析視点を目的に即して整理・網羅し、PDCAを着実に実行できる、継続的な改善行動へつなげていきたいと考えていました。

観測仕様の策定

　データの観測や分析は、次の仕様で行うことと事前に取り決めを行いました。対象データは、当該サイトのアクセスログ2週間分のデータ、及び会員登録者情報です。

- 実施フローはデータ取得期間の2週間をはさみ、次のような流れ
  ・月曜日：直近2週間分のデータを観測フォーマット上で共有
  ・木曜日：定期MTGの開催（分析結果の共有と対策立案）
  ・金曜日：定期MTGを踏まえた報告書の共有

- 分析視点は次のポイントを事前に協議し決定
- ゴールは「サイト経由での来場予約完了数の増加」
- 比較対象は「直前の2週間」と「昨年同時期」のデータ
- 単純比較し10%以上の差があればシグナルとする
- 見るべきデータはPVやUUではなく訪問数とする

観測用フォーマットの策定

観測用フォーマットへは次の内容を盛り込みました。

(1) 対象期間の概況
- 広告、イベント、Webサイト内のリリースや改修

(2) 重要指標一覧、日別推移グラフ
- 総訪問数、直帰率、平均滞在時間、訪問あたりPV、新規会員数、来館予約完了数
- 日別推移グラフは、総訪問数、新規会員数、来場予約完了数

(3) コンテンツ閲覧状況の俯瞰
- リファラーTOP5（新規訪問ベース）
- 入口ページTOP5
- コンテンツ別閲覧数（HOME訪問を100%とした割合）
- フェア別閲覧数とコンバージョン数

(4) フォームファネル分析
- 入力、確認、完了の訪問数推移
- フォームエラーの内容

(5) 今後の方針
- 特記事項の抜出
- 仮説と問題点の抽出
- 対策

図5-9-01　観測用フォーマットの具体例

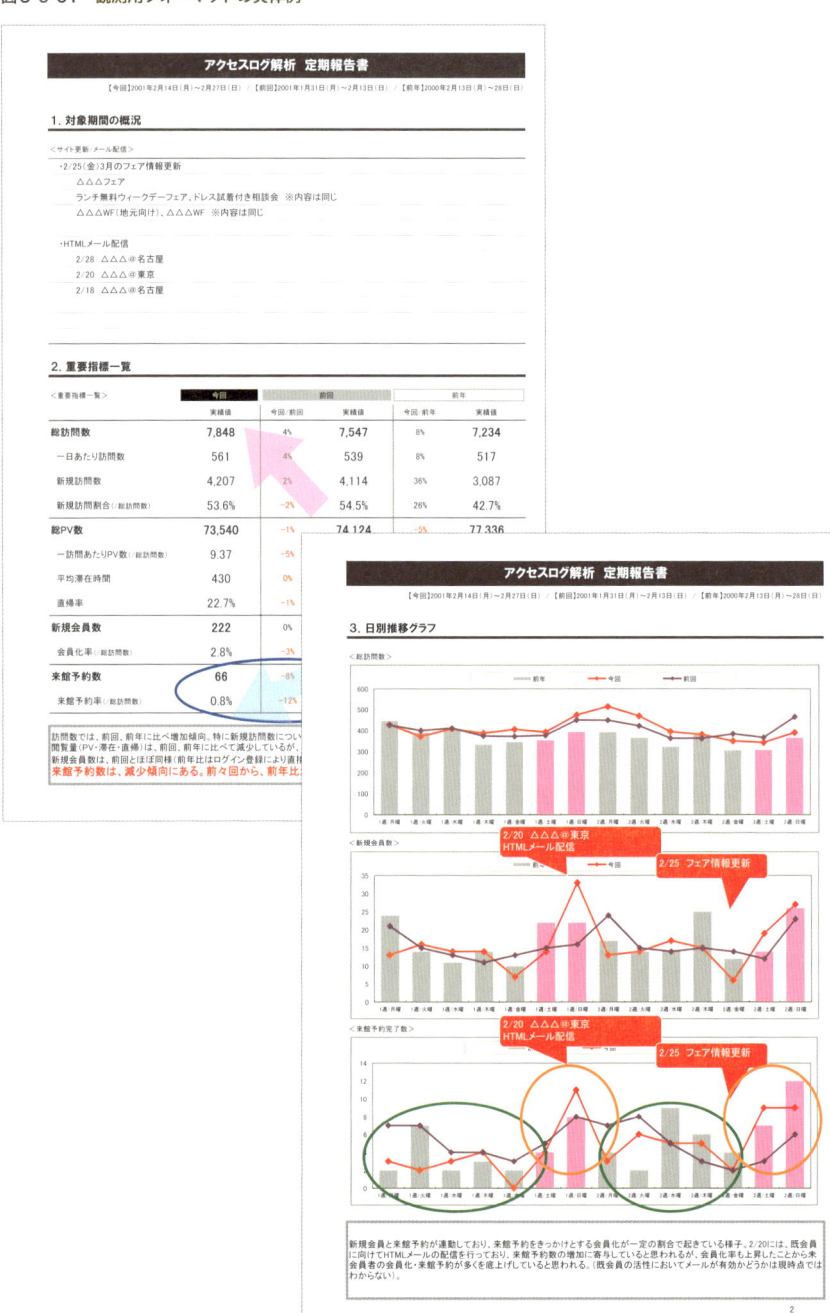

アクセスログ解析 定期報告書

【今回】2001年2月14日(月)~2月27日(日)　【前回】2001年1月31日(月)~2月13日(日)　【前年】2000年2月13日(月)~26日(日)

4. コンテンツ閲覧状況の俯瞰

主要リファラー	今回 訪問数	総訪問割合	ラシオ	前期 訪問数	総訪問割合	ラシオ	前年 訪問数	総訪問割合
[内部]サイトA	457	5.8%	0%	457	6.1%	11%	411	5.7%
[内部]サイトB	87	1.1%	-19%	107	1.4%	12%	78	1.1%
[内部]サイトC	1,826	23.3%	2%	1,784	23.6%	38%	1,321	18.3%
広告出稿サイトD	1,152	14.7%	9%	1,061	14.1%	52%	757	10.5%
広告出稿サイトE	52	0.7%	24%	42	0.6%	-49%	101	1.4%

■＊＊＊＊＊サイト

HOME	5,613	71.5%	4%	5,379	71.3%	4%	5,376	74.3%
<紹介系コンテンツ>								
＊＊＊＊＊TOP	628	8.0%	0%	627	8.3%	-24%	829	11.5%
＊＊＊TOP	1,288	16.4%	4%	1,242	16.5%	-12%	1,470	20.3%
＊＊＊＊＊TOP	1,303	16.6%	7%	1,218	16.1%	-5%	1,372	19.0%
＊＊＊＊＊TOP	1,105	14.1%	6%	1,038	13.8%	─	─	─
<会員登録系コンテンツ>								
＊＊＊＊＊＊TOP	1,329	16.9%	0%	1,328	17.6%	-14%	1,538	21.3%
＊＊詳細合計	1,573	20.0%	-8%	1,719	22.8%	-13%	1,799	24.9%
＊＊詳細1Pあたり	262	3.3%	7%	246	3.3%	-42%	450	6.2%
＊＊＊＊＊＊	468	6.0%	2%	461	6.1%	-1%	475	6.6%
＊＊＊＊＊TOP	939	12.0%	-4%	980	13.0%	-6%	999	13.8%
資料請求	23	0.3%	-4%	24	0.3%	-21%	29	0.4%
<来館系コンテンツ>								
＊＊＊＊＊TOP	931	11.9%						
＊＊詳細合計	2,395	30.5%	10%					
＊＊詳細1Pあたり	141	1.8%	-22%					
＊＊＊＊＊TOP	579	7.4%						
＊＊詳細合計	1,335	17.0%	-6%					
＊＊詳細1Pあたり	167	2.1%	-6%					
＊＊特集	135	1.7%						

集客状況は堅調、サイトBからの遷移は減少しているが、現在…
会員登録系コンテンツでは、＊＊＊＊＊トップの誘導は前回…
たり数は変わらないことから、端的に＊＊＊をそのものが減少…
ブリッジが多いだろうと考えられるため、＊＊＊＊＊の減少は…
来館系コンテンツでは、＊＊＊関連は前回同様だが、＊＊＊…
ことから、＊＊＊＊＊自体への橋渡しが未達になった様子…

アクセスログ解析 定期報告書

【今回】2001年2月14日(月)~2月27日(日)　【前回】2001年1月31日(月)~2月13日(日)　【前年】2000年2月13日(月)~26日(日)

5. 今後の方針

<特筆事項の抜き出し>

●訪問数(新規含む)は前回比で増加傾向にあり、堅調。
●閲覧量は、ところどころでシグナルがある
 - ＊＊詳細の提示数減少により、＊＊＊の閲覧に影響
   (会員数に間接的に影響)
 - ＊＊トップ・詳細の閲覧量の減少により、＊＊予約が減
   (推移の割合は変わらないことから)

●＊＊自体の魅力UP、＊＊の申込フォームに改善が必要か
 - 詳細の閲覧量はUPしているが、予約に達していない
   (詳細確認後、ノーアクションが多い)
 - 申込フォーム表示→確認への離脱の増加
   (＊＊に比べ、離脱が明らかに高い)
   日時の自由度や申込内容のボリューム)

<仮説と問題点の抽出>

(1) ＊＊トップへの閲覧量が減少したことにより、＊＊来場予約が減少した。
なぜか？ → 全体の閲覧時間・閲覧数は変わらないが、＊＊詳細の閲覧数が増加した。
  → ＊＊での歩どまりが高いため、＊＊までの流し見が誘発されなかった。

(2) 詳細ページで、＊＊の魅力が伝え切れていないため、ノーアクションが多く、＊＊申込にコンバージョンしない。
なぜか？ → ＊＊の売りや特徴が明確になっていなため魅力訴求が不十分で、ユーザーの期待がない。
  例えば、＊＊＊は、消費者が＊＊に参加するメリットが分かりづらい(案内であれば＊＊OKかもしれない)

※＊＊＊の作りこみにおいて、ユーザー調査を行い「求めていること」「提示内容の期待・魅力ポイント」を
明らかにしたほうが良いかもしれません。

(3) ＊＊の申込フォーム(にえ凸がある)ため、表示→確認の離脱が高い。
なぜか？ → ＊＊に比べ、申込部分のボリュームが多く、文字の強調(ボールド・サイズ)が散漫として見やすさに欠る
  → 宿泊オプションについて、冒頭に金額「10,000円」が表示されるが、認知していない場合「？」となりやすい

<対策>

(1) HOMEの改訂により、アクセス地点からの＊＊がダイレクトに紹介される。
それにより、＊＊ページへの基本的な誘導が図れる。公開後の効果検証を待つ。

(2) 時節による提示内容の変わり目のため、＊＊内容を変更し、再度効果を検証。
＊＊自体の見直しを検討。

(3) ＊＊オプションの案内を調整(次ページ参照)。文字組みの調整はシステム調整側に打診(調整時期を確認)。

フォーマットを用いた運用を開始、問題の発見に

　観測用フォーマットを用いてデータを観察したところ、申込みフォームにおける「入力 ➡ 確認」の遷移が前回に比べて10%以上低いことが判明しました。申込みフォームはWebサイト内で複数のウェディングフェアで流用して使えるようCMS化されており、入力フォームのページ上部に入る告知エリアやフォームの項目は、担当者が自由に設定できる仕様となっていました。「入力 ➡ 確認 ➡ 完了」の遷移数をフェア別に再集計したところ、特定のフォームのみで、入力 ➡ 確認の遷移が著しく低いことが判明しました。そのフォームに該当するウェディングフェアは、その期間の目玉フェアとして打ち出しており集客力も高かったことから多くの見込み客を集客し、Webサイト全体のフォーム遷移数に大きな影響を及ぼしていました。

問題解決と抜本的改善へ向けて

　特定のウェディングフェアの入力フォームに問題があることがアクセスログの数値から特定できたので、あとはフォームの何が問題なのかを具体的に明らかにする作業になります。プロジェクトメンバー数名で問題のあるフォームと問題のないフォームをじっくりと比較して観察したところ、ユーザビリティ上の問題となる可能性がある個所がいくつか指摘されました。

・入力すべき項目数が多い
・全ての自由回答が必須入力となっている
・フォーム上部に記載されていたフェア告知情報が誤っている
・入力を指示する文章が分かりづらい

　今回使用されたフォームはCMSにより社内担当者が自由に制作できる便利さがありましたが、一方で、フォームのユーザビリティにおいて気をつけるべきポイントが担当者間に浸透していない状況でした。今回は対処療法として該当のフォーム改善で全体の数値改善となりましたが、今後も同様のことが起きかない状況だったため、抜本的な対策としてフォーム制作時の注意事項をとりまとめ、社内説明会を通じた認知とフォーム作成マニュアルへの反映を行いました。

Chapter 6

広告効果測定

Chapter6では、広告集客をする上で必要とされる広告コミュニケーションの全体像と広告メニュー、広告配信手法、広告指標について理解しましょう。また、リスティング広告・ディスプレイ広告の広告運用を行うために必要とされる基本知識と、広告運用後の分析と改善方法から広告効果測定の基本となる直接効果と間接効果の基本を体系的に理解できるよう、ケーススタディやシミュレーションなど具体例を交えながら解説します。

- 6-1　広告による集客と効果測定指標の基本
- 6-2　リスティング広告　基礎編
- 6-3　リスティング広告　準備計画編
- 6-4　リスティング広告　分析と改善の導き方
- 6-5　リスティング広告　ケーススタディ
- 6-6　ディスプレイ広告　基礎編
- 6-7　ディスプレイ広告　準備計画編
- 6-8　ディスプレイ広告　分析と改善の導き方
- 6-9　ディスプレイ広告　ケーススタディ
- 6-10　広告の分析とレポーティング
- 6-11　広告の直接効果と間接効果について
- 6-12　広告の間接効果測定と貢献度評価
- 6-13　広告の間接効果測定と貢献度評価　準備計画編
- 6-14　広告の間接効果測定と貢献度評価　実践編

6-1 広告による集客と効果測定指標の基本

ここではまず、ペイドメディア(インターネット広告)を中心とした広告コミュニケーションの全体像、広告メニューと広告配信の違いを整理します。それから、広告効果測定指標、広告費用効果の考え方について解説していきます。

広告コミュニケーションの全体像

インターネット広告の特長として、新聞や雑誌など他の広告メディアと比較して幅広いリーチ[※1]が可能です。広告の活用する目的と広告効果の違いを本質的に理解しユーザー属性に応じた広告配信(掲載)を行っていくことが大切です。

例えば、ユーザーがバナー広告を見てサイトへ遷移した場合は、ユーザーへの認知とサイトへの誘導を行うことができるため、広告効果として、インプレッション効果やトラフィック効果が得られたといえます(図6-1-01)。

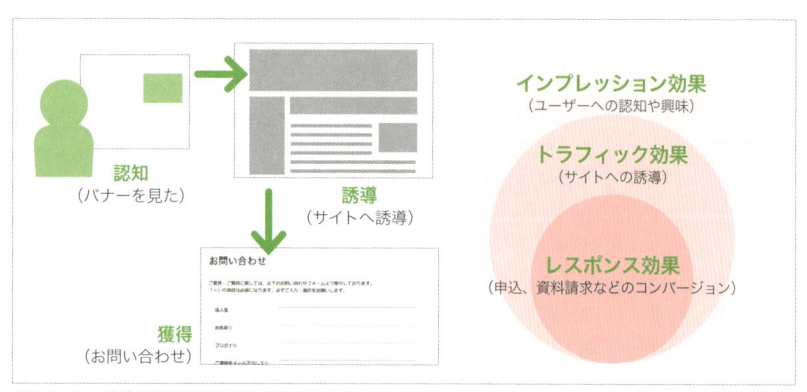

図6-1-01 広告の活用する目的と広告効果の違い

ユーザーを「認知層」「潜在層」「顕在層」とセグメントで分け、どのようなユーザー層に向けてアプローチしていくかで広告メニューを整理してみます(図6-1-02)。

何もターゲティング[※2]をせずにできる限り広く商品を認知してもらう場合と、特定のターゲットに絞り込んで購入や資料請求などコンバージョン[※3]へのアクションにつなげる場合とでは、広告掲載するメニューにも違いが出てきます。自社のビジネスモデルに応じて適切なタイミングで広告施策を実施していくためにも、広告メニューの違いを理解し全体像を把握することが大切です(表6-1-01)。

```
広い ←――――――――――― リーチ ―――――――――――→ 狭い
```

- ■プレミアム広告(純広告)
- ■動画広告
- ■記事広告
- ■ネイティブ広告
- ■アドネットワーク
- ■アフィリエイト(成果報酬型広告)
- ■DSP (Demand Side Platform)
- ■アプリ(CPI広告/リワード広告)
- ■メール広告(メルマガ)
- ■リスティング広告(コンテンツ型広告)
- ■リスティング広告(検索連動型広告)
- ■ソーシャルメディア広告

CV

認知層	潜在層	顕在層
商品やサービスを知らず広告を見てブランド認知	広告を見てサイトへ訪問	広告を見て購入や資料請求などCVへアクション

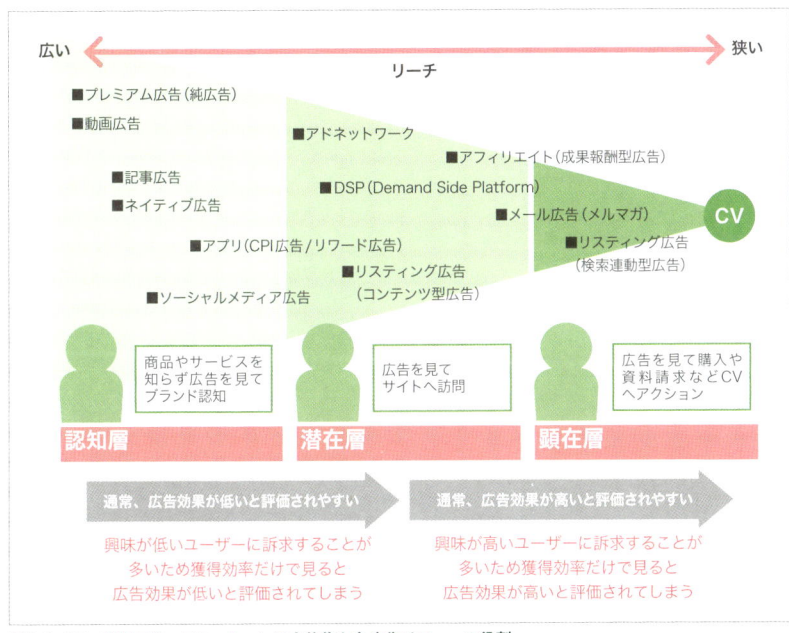

通常、広告効果が低いと評価されやすい
興味が低いユーザーに訴求することが多いため獲得効率だけで見ると広告効果が低いと評価されてしまう

通常、広告効果が高いと評価されやすい
興味が高いユーザーに訴求することが多いため獲得効率だけで見ると広告効果が高いと評価されてしまう

図6-1-02　広告コミュニケーションの全体像と各広告メニューの役割

広告メニュー	特長
プレミアム広告(純広告)	ユーザーが目にしやすい優良な広告枠に広告配信する手法で認知獲得・ブランディングに有効
動画広告	広告として動画配信や、動画コンテンツ内に広告配信する手法
記事広告(ネイティブ広告)	媒体社の編集をもとにサイトの記事やコンテンツとして広告を読ませる手法
ソーシャルメディア広告	広告媒体のフォーマットに合わせ、コンテンツの中に広告をおりまぜユーザーにストレスを与えずに集客する手法
アプリ(CPI広告/リワード広告)	ユーザーが利用中のアプリ内に広告を掲載する手法
アドネットワーク	複数の媒体枠をまとめて(パッケージ化)して広告配信する手法
DSP(Demand Side Platform)	複数の広告配信ネットワークを1imp(インプレッション)単位で入札し広告配信する手法
アフィリエイト(成果報酬型広告)	広告を掲載する複数の媒体枠をまとめて広告配信し、成果が発生した時点で費用を支払
メール広告(メルマガ)	広告文をメールとして送付したり、メールなどのヘッダー部分などに広告文を掲載しEメールで配信する手法
リスティング広告(コンテンツ型広告)	自社の商品やサービスに関連性の高いコンテンツに広告を表示する手法
リスティング広告(検索連動型広告)	検索エンジンに連動したテキスト形式の広告が掲載され管理画面で入札し広告配信する手法

表6-1-01　広告メニューの違いと特長

広告配信設計

広告メニューの違いと合わせてどのユーザーにどういった広告配信(ターゲティング)するか考え広告配信(掲載)することが重要です(図6-1-03、表6-1-02)。

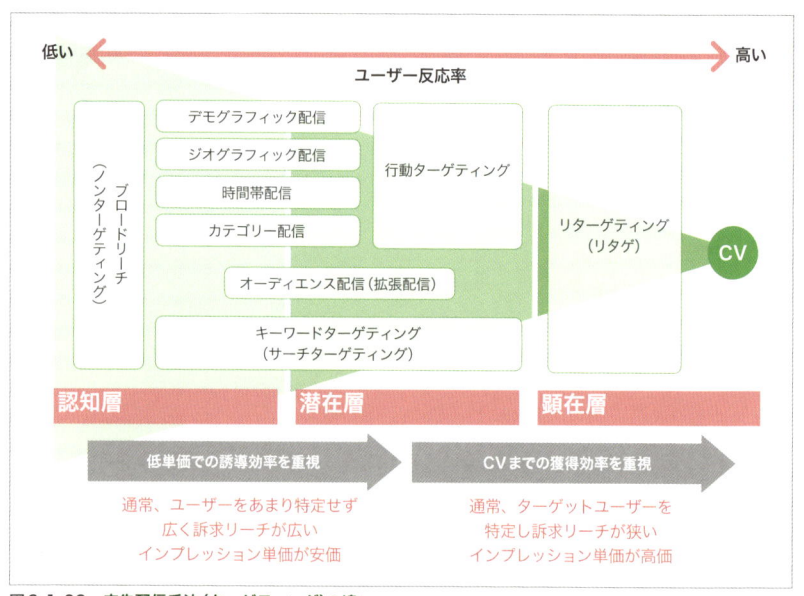

図6-1-03　広告配信手法(ターゲティング)の違い

配信手法(ターゲティング)	特長
ブロードリーチ (ノンターゲティング)	何もターゲットを指定せずに幅広いユーザーへリーチする配信手法
デモグラフィック配信 (デモグラ配信)	デモグラフィック情報(年齢や性別)を指定してターゲティングする手法
ジオグラフィック配信 (エリアターゲティング)	ジオグラフィック情報(都道府県や市区町村)を指定してターゲティングする手法
行動ターゲティング (ビヘイビアターゲティング)	インターネット上の行動履歴からユーザーの興味関心を絞りこんで広告配信する手法
時間帯配信	時間帯を指定してターゲティングする手法
カテゴリー配信	配信先の媒体をカテゴリー単位で指定してターゲティングする手法
オーディエンス配信 (拡張配信)	自社サイトに来訪したユーザーの行動履歴と類似ユーザーと思われるユーザーへ配信する手法
キーワードターゲティング (サーチターゲティング)	ユーザーが検索したキーワードに対してターゲティングを行う手法
リターゲティング (リタゲ)	インターネット上の行動履歴やサイトの閲覧履歴をもとにターゲティングを行い配信する手法

表6-1-02　広告配信手法(ターゲティング)の特長

例えば、できるだけ多くの人に商品やサービスを幅広く知ってもらうのであれば「ブロードリーチ」という配信（ターゲティング）手法を用います。また、女性向けの商品やサービスであればデモグラフィック配信という手法を用います。実際に自社の商品やサービスがどのユーザー層をターゲットとして、どのような広告配信（ターゲティング）手法を用いるかそれぞれの違いを認識した上で広告配信（掲載）することが大切です。

目的に応じた広告効果と指標の理解

広告コミュニケーションの目的により、広告効果やチェックするポイントや指標が異なります（表6-1-03）。

目的	広告効果		チェックポイント例	指標
認知	インプレッション効果	広告を見られたことで得られる効果（表示された広告がユーザーに見られたか）（広告を見てユーザーが内容を理解したか）	・広告認知、ブランド好感度などアクションにつながっているか把握する	Imp、CPM など
誘導	トラフィック効果	広告を見てWebサイトやランディングページへ誘導できたか（ターゲットをどのくらい誘導できたか）	・適切な広告選定とクリエイティブによるクリック数の確保ができたか把握する ・掲載している広告枠（配信面）、投下予算、クリエイティブが適切か確認する	Click、CTR、CPC など
獲得	レスポンス効果	Webサイトへ誘導後、購入や会員登録などコンバージョンへ結びつけることができたか（獲得効率を上げることができたか）	・獲得効率がKPIや目標値の範囲内か把握する ・CPAなど直接的な獲得誘導以外に上限CPCなど確認する	CV、CVR、CPA、CPO など

表6-1-03　目的別に広告効果と指標を使い分ける

例えば、動画広告を掲載することで、<mark>インプレッション効果</mark>が期待できます。また、動画広告を見た後にDSPを経由して、認知した後にWebサイトへ誘導することで、<mark>トラフィック効果</mark>が期待できます。Webサイトへ訪問したユーザーがリスティング広告をクリックし、商品購入や資料請求することで<mark>レスポンス効果</mark>が期待できます。

広告メニューやユーザー心理から目的に応じたメディアプランニングを行うことが大切です。

認知やインプレッション効果を重視する場合の広告指標

　認知を目的とする場合は、どのくらい広告が見られたかが重要となります。インプレッションやインプレッション単価を中心に広告効果を把握してターゲットとしているユーザーにリーチし、適切にフリークエンシー設定することが大切です。

●インプレッション(Imp：impression)

　インプレッションとは、広告が表示された回数を指します。

●インプレッション単価 (CPM：Cost Per Mile)

　広告表示1000回当たりの料金のことをインプレッション単価といいます。

> CPM＝（広告費÷インプレッション数）×1000（円）

　バナーを広告掲載するタイプのディスプレイ広告、動画広告、DSP、アドネットワークでは、インプレッション課金での広告買付が中心となるためCPMは重要な指標となります。

●リーチ(Reach)

　インターネット広告が全インターネットユーザーのうち何割配信されたかを指します（広告を見た人の割合）。バナーの効果を図るためにリーチを用いられる場合が多いです。

> Reach＝インプレッション数÷フリークエンシー数

●フリークエンシー(FQ：Frequency)

　1ユーザーが同じ広告に接触する頻度のことを指します。

誘導やトラフィック効果を重視する場合の広告指標

　誘導を目的とする場合は、どのくらいユーザーをコンテンツへ誘導ができたかが重要です。クリック数、クリック率、クリック単価を中心に広告効果を把握して、広告配信（掲載）しているクリエイティブ（バナー）が期待どおりにランディングページに誘導できているかの視点で確認します。

●クリック数（Click）
　広告が実際にクリックされた回数を指します。数値が高ければサイトへの誘導数が高いといえます。

●クリック率（CTR：Click Through Rate）
　広告がどのくらいクリックされたのかを割合で指します。

> CTR ＝（クリック数÷インプレッション数）×100（％）

　数値が高ければサイトへの誘導率が高いといえます。広告においては、バナーのA/Bテスト（スプリットランテスト）を行ってクリエイティブの検証を行い、サイトへの誘導率を上げることが大切です。

●クリック単価（CPC：Cost Per Click）
　広告費をクリック数で割った値で、金額を指します。

> CPC＝広告費÷クリック数

　一般的に、数値が低ければ、低単価で効率的にサイトへ誘導ができているといえます。

獲得やレスポンス効果を重視する場合の広告指標

獲得を目的とする場合は、コンテンツへ誘導後にどのくらい商品購入や資料請求、会員登録など成果が期待通りのパフォーマンスにつながったのかが重要です。コンバージョン数、コンバージョン率、CPAを中心に広告効果を把握し、獲得効率がKPIや目標値の範囲内かどうかを確認しましょう。

●コンバージョン数（CV：Conversion）

> CV＝広告掲載し広告経由して購入数や申込数など成約に至った件数

コンバージョンは、成約に至る直前の広告が直接的な獲得効果（最終コンバージョン）としてカウントされます。

●コンバージョン率（CVR：Conversion Rate）

広告を経由してサイトを訪れたユーザーの内、実際の成約に至った件数の割合のことをいいます。

> CVR＝コンバージョン数÷クリック数

CVRで成約とされる内容は、BtoC、BtoBなど取扱商材により異なります。また、CVRの平均的な値も商材により大きく異なります。通常、高額商材はCVRが低い傾向になります。

●顧客獲得単価（CPA：Cost Per Acquisition）

1コンバージョンあたりの単価を示し、広告掲載料金を資料請求・会員登録・商品購入の獲得成果件数（コンバージョン数）で割った値で示します。CPAが低ければ一般的に投資効果が高いといえます。

> CPA＝広告費÷獲得成果件数（円）

ただし、CPAの数値だけを判断して広告キャンペーンのPDCAを回していると、直接的な獲得効果（最終コンバージョン）以外の広告掲載が停止してしまう場合があります。それではコンバージョンを生み出す可能性のあるユーザーへリーチできないので、間接効果も含めた評価をすることが大切です。

●オーダー獲得単価（CPO：Cost Per Order）

1注文あたりの広告単価を示し、広告費を注文件数で割った値で示します。

```
CPO＝広告費÷注文件数（円）
```

費用対効果を重視する場合の広告指標

費用対効果を重視する場合は、広告に出稿（投下）した費用に関して自社の利益や売上につながったかを計測する指標として、「ROAS」「ROI」などを活用します。広告費に対して費用対効果が見合うかを取捨選択していくことで、ビジネス全体の効率化につなげていきましょう。

●広告費用対効果（Return On Advertising Spend）

ROASは、広告費に対して得られた売上金額の割合を示します。

```
ROAS＝売上÷広告費×100（％）
```

単純にコンバージョン数があがれば売上が上がるわけではないので、原価や広告費の違いリピート率、リピート数を考慮した上でROASを活用すべきです。

●投資利益率（ROI：Return On Investment）

ROIは投資利益率を指し、投資したコストをその投資によって得られた利益で割ることで算出することができます。

```
ROI＝（利益−広告費）÷広告費×100（％）
利益＝コンバージョン数×利益単価
```

例えば、利益が30万円、広告費が5万円の場合は、ROIは、500％となります。投資したコスト（広告費）に対して「500％＝5倍」の利益が上がったと算出できます。
　つまり、コスト（広告費）1円に対して5円の利益を生んだという投資判断を行うことができます。ROASが1以上でもROIが1未満だった場合は、ビジネス上の投資判断が誤ったといえます。

Glossary
※1　**リーチ**：全インターネットユーザーに占める割合を示しインターネット広告がどれだけの人に配信されたか示す指標です。
※2　**ターゲティング**：広告メニューの違いにより広告配信（掲載）する場合にターゲットの絞り込みを行うことができます。年齢・性別、時間、地域（エリア）、行動履歴、リターゲティングなどのターゲティング手法が一般的です。
※3　**コンバージョン**：広告を掲載し、広告を経由して購入したり、申し込んだり、登録したりといった「成果」に至ることをいいます。通常CVと省略されます。
※4　**顧客獲得単価**：1コンバージョンあたりの単価になります。通常CVRと省略されます。

6-2 リスティング広告 基礎編

　ユーザーが自ら検索エンジンを活用し目的にあった情報を探すマーケティング手法として SEM（Search Engine Marketing）※1 という手法があります。ここでは、リスティング広告（検索連動型広告）の目的と役割を中心に解説していきます。

リスティング広告（検索連動型広告）とは

　リスティング広告には、Yahoo!やGoogleなどの検索結果に広告を表示する「検索連動型広告」※2 と、Webコンテンツの閲覧履歴に訴求できる「コンテンツ型広告（コンテンツ連動型広告や興味関心連動型広告）」※3 があります（図6-2-01）。

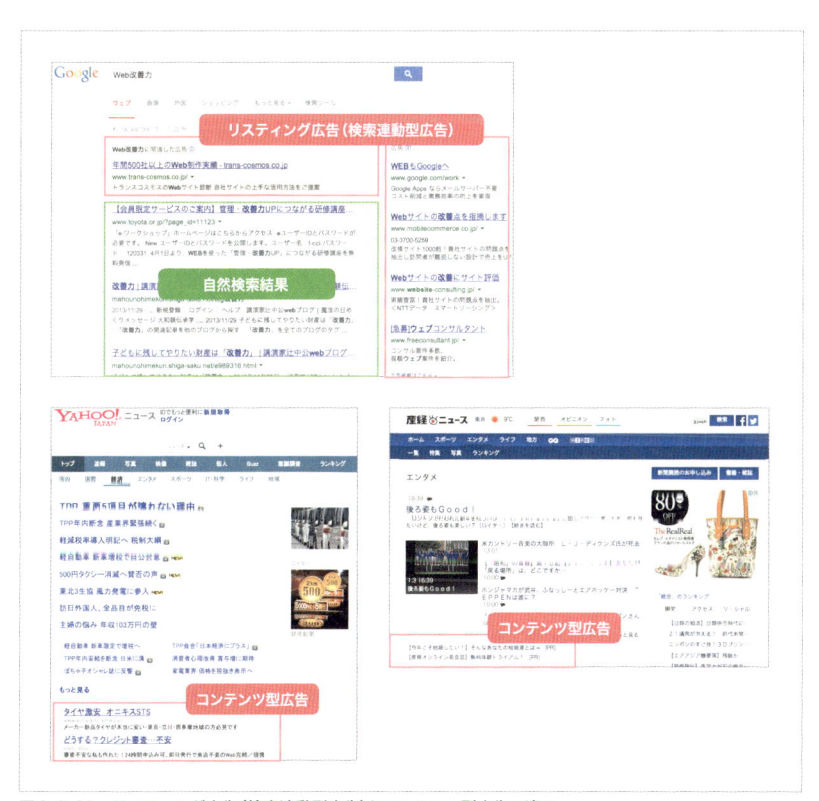

図6-2-01　リスティング広告（検索連動型広告）とコンテンツ型広告の違い

リスティング広告（検索連動型広告）が日本に普及し始めた2000年頃はクリックによって課金されることからPPC（Pay Per Click）広告とも呼ばれました。また、現在はクリック課金以外の課金形態として広告の表示回数ごとに応じて課金されるタイプのインプレッション課金（CPM課金）の形態もあります。

ユーザー目的に応じた活用シーンの使い分け

　リスティング広告は、ユーザーが能動的にWebコンテンツへアクセスし情報を取得する「PULL型」のマーケティング手法です。ユーザーの目的と役割に応じて活用方法を使い分けることが大切です（Chapter6-6の図6-6-05も参照）。

　例えば、自社の商品やサービスがあまり認知されていない状態で、ユーザーが漠然としている場合には「コンテンツ型広告」を中心に潜在層にアプローチしリーチを広げることが有効です（図6-2-02）。

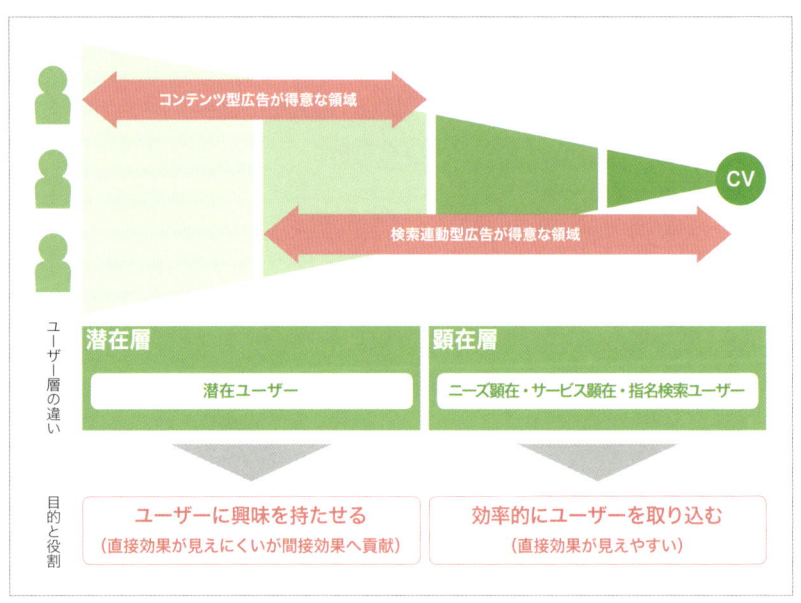

図6-2-02　ユーザー行動から見たリスティング広告の目的と役割

　逆に、商品やサービスをユーザーが認知している場合には「検索連動型広告」で顕在層を中心にコンバージョンへのモチベーションが高いユーザーを効率的にアプローチすることが可能です。このようにユーザー心理やユーザー層など目的や役割に応じて「コンテンツ型広告」と「検索連動型広告」をうまく使い分けることが重要です。

目的と役割を知り戦略ポイントを決め集客する

　マーケティングの課題に対しリスティング広告をどのように活用するのかを決めた上で、ビジネスゴールからユーザー心理やユーザー層などを洗い出して戦略ポイントを決め、リスティング広告における分析・施策設計を行っていきましょう（図6-2-03）。

リスティング広告での集客
（アカウント設計、目標KPIを設計、広告運用計画、広告運用開始、入札調整、アカウント分析）

戦略ポイントを決める
（ビジネスゴールからユーザー心理、ユーザー層の洗い出し）

マーケティング課題の整理
（リスティング広告の活用方法を決める）

図6-2-03　課題整理と戦略ポイントを決めリスティング広告で集客を図る

Glossary
※1　**SEM**：SEM（Search Engine Marketing）とは、広義の意味では、検索エンジンを使ったマーケティング手法としてSEO（Search Engine Optimization）とリスティング広告に分類することができます。また、SEMの狭義の意味合では、リスティング広告のことを指します。
※2　**検索連動型広告**：検索エンジンで検索したキーワードに関連したテキスト広告を検索結果に表示する形式の広告です。
※3　**コンテンツ型広告**：検索結果以外の場所に表示される形式の広告（コンテンツ連動型広告や興味関心連動型広告などの配信手法があります）。また、コンテンツ広告の種類としてテキストタイプのテキスト広告とバナータイプのイメージ広告があります。

6-3 リスティング広告 準備計画編

　ここでは、リスティング広告のデータ分析をするうえで基本スキルとなるキーワード選定、広告クリエイティブ、アカウント構成とキャンペーン管理、データ分析ツールについて紹介します。

キーワード選定は3段階に分けて考える

　キーワード選定は、①ユーザー心理、②検索数（検索ボリューム）、③クリック単価の3段階に分けて考えましょう（表6-3-01）。

	ビッグワード	ミドルワード	スモールワード
ユーザー心理	ニーズ認知 （何となく探している）	比較検討	購買意欲が高い
検索数	多い	中間	少ない
クリック単価	高い（競合が多い）	中間	低い（競合が少ない）

表6-3-01　キーワード選定は3段階に分けて考える

　例えば、ニーズ認知の段階では「ビッグワード」、比較検討や商品検索段階では「ミドルワード」、購買の場合は「スモールワード」でのサイクルを意識したキーワード選びが必要になってきます。

　リスティング広告のキーワード選定には、Yahoo!が提供している「Yahoo! プロモーション広告 キーワードアドバイスツール」やGoogleが提供している「Google AdWords キーワードプランナー」など活用できます。

広告クリエイティブの重要性

　ユーザーが探している情報とマッチさせるためには、広告文、バナー、ランディングページの訴求内容の関連性がとても重要です。

　リスティング広告では、広告配信手法と広告クリエイティブが広告の入札単価や広告の掲載順位にも影響するため、ランディングページと一致しているか注意することが必要です（図6-3-01）。

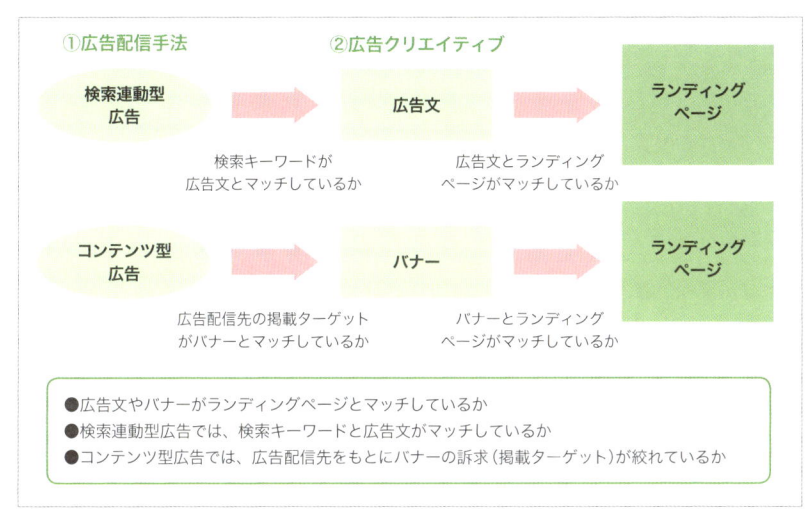

図6-3-01　広告配信手法と広告クリエイティブの重要性

アカウント構成とキャンペーン管理

　リスティング広告の<mark>アカウント構成</mark>[※1]では、「アカウント」という大きな単位があり、その下に「キャンペーン」があります。「キャンペーン」にぶら下がる形で「広告グループ」という階層があり、「広告グループ」の中で、キーワードや広告クリエイティブを管理していく構造になります（図6-3-02）。

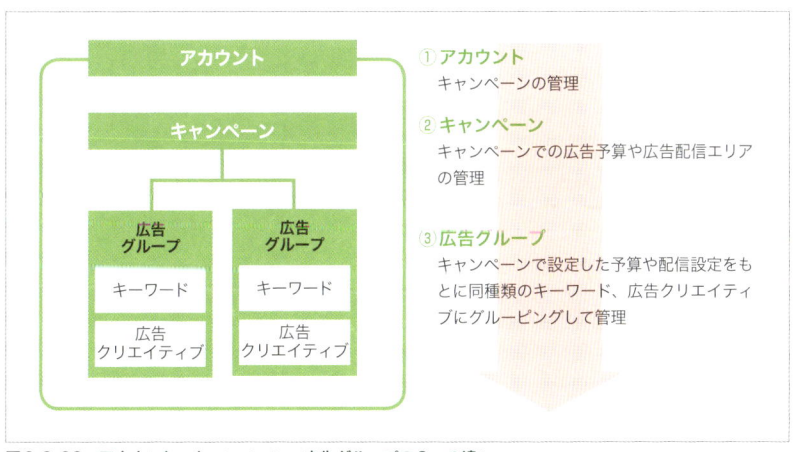

図6-3-02　アカウント、キャンペーン、広告グループの3つの違い

キャンペーン管理で注意しなければいけないのは、同一の商品やサービスの訴求内容が同類のもの同士でグループに分けて管理すること、検索連動型広告とコンテンツ型広告は同一のキャンペーンで管理するのではなく別キャンペーンで設計して管理することです。

データ分析ツール

リスティング広告を分析するツールは、診断ツールと計測ツールの2つに分けられます（表6-3-02）。

分析での利用目的		分析での活用シーン	主なツール
診断ツール	キーワード調査ツール	過去実績から月間検索数や推定コスト、キーワード候補を調査するツールです。	Yahoo! プロモーション広告 キーワードアドバイスツール
			Google AdWords キーワードプランナー
	広告プレビューツール	インプレッションを発生させることなく検索結果ページに広告を表示させ、広告品質に悪影響を与えずにキーワードや地域設定状況を確認することが可能です。	Yahoo! プロモーション広告 広告プレビューツール
			Google AdWords 広告プレビューと診断ツール
	トレンドツール	最新の検索トレンドや急上昇ワードの傾向を把握することで、ユーザーの興味関心や人気度の傾向を調査するために利用します。	Yahoo! 検索データ 急上昇ワード
			Googleトレンド
	サイト診断ツール	サイト内の問題点を把握できます。また、サイトリンクやサイトアクセスにつながった検索キーワードを診断しサイトへのアクセス状況を把握できます。	Google Search Console
計測ツール	広告計測ツール	リスティング広告掲載後に広告閲覧状況とクリック状況をトラッキングしコンバージョン計測や広告効果を把握するために利用します。	広告効果測定ツール/Web解析ツール
			第三者配信ツール(3PAS)

表6-3-02　データ分析は診断ツールと計測ツールの2つ

例えば、過去実績から月間検索数を把握したいのであればキーワード調査ツールなどが有効です。また、広告出稿後にコンバージョン計測や広告効果を把握したいのであれば広告計測ツールが有効です。目的に応じてツールをうまく活用し実際に分析に役立てみましょう。

Glossary
※1　**アカウント構成**：リスティング広告を管理するための設計方法のことです。アカウント、キャンペーン、広告グループという単位で構成されます。

リスティング広告
分析と改善の導き方

リスティング広告（検索連動型広告）の分析に必要なデータの読み取り方と改善策の導き方として「キーワード分析」「クリエイティブ分析（広告文）」「インプレッションシェア」とレポート作成上の注意点について確認していきます。なお、バナータイプの広告に関してはディスプレイ広告の節で解説します。

マクロからミクロの視点でデータを分析

Chapter6-3でリスティング広告のアカウント構成について解説しましたが、リスティング広告の分析と改善では、マクロからミクロ[※1]の視点で結果の読み取りをすることが大切です（図6-4-01）。

リスティング広告　データ分析の基本手順

結果の読み取り

マクロからミクロの視点で結果を見る
①アカウント ➡ ②キャンペーン ➡ ③広告グループ ➡ ④広告文/キーワードから分析しデータ変化を把握する。

改善策の導き方

A：結果はどうなのか
➡前月と比較して、結果が良かったのか、悪かったのか、見る（①アカウント、②キャンペーン単位で見る。マクロの視点で結果を見る）。

B：要因はどこにあるのか
➡広告グループ、広告文/なぜ良かったのか、悪かったのか、を深堀する（③広告グループ、④広告文/キーワードなどを深堀して見る。ミクロの視点で結果を見る）。

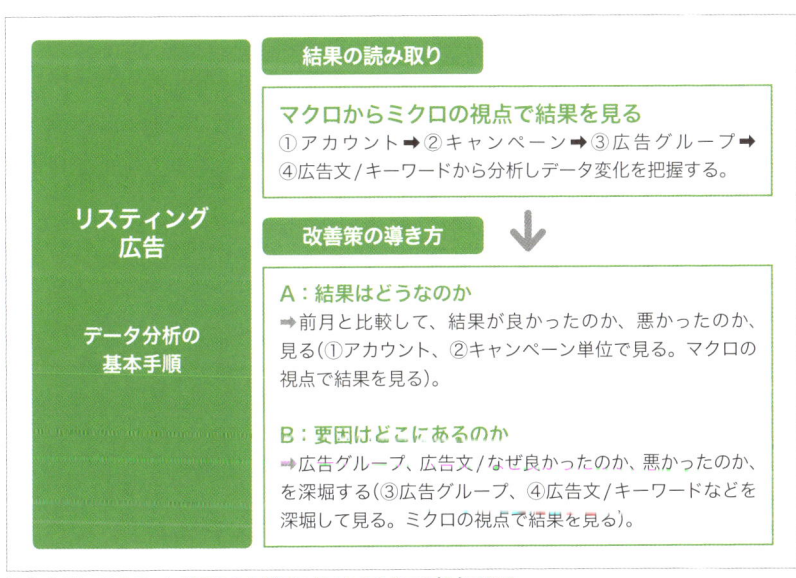

図6-4-01　リスティング広告の分析はマクロからミクロの視点で見る

まず、結果がどうだったのか、前月と比較して良かったのか、悪かったのか、をマクロの視点で分析します。次に要因はどこにあるのか、なぜ結果が良かったのか、悪かったのか、をミクロの視点で分析していきます。

キャンペーン別に全体像を把握する

　全体像を把握するため、キャンペーン別の広告効果を把握した上で目標ゴール（目標KPI）と実績値の数値と比較し、ボトルネックになっている箇所を特定することからはじめましょう（図6-4-02）。

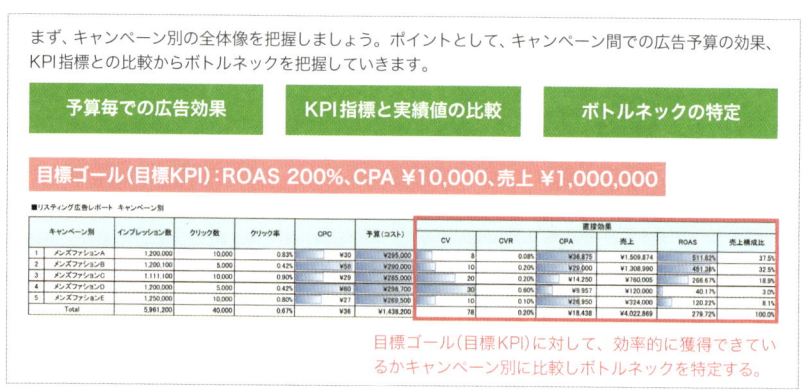

図6-4-02　キャンペーン別に全体像を把握する

　キャンペーン別にKPI指標と実績値の数値を比較します。ボトルネックの特定ができない場合は複数の条件をいくつか組み合わせてクロス分析（クロス集計）しましょう（図6-4-03）。

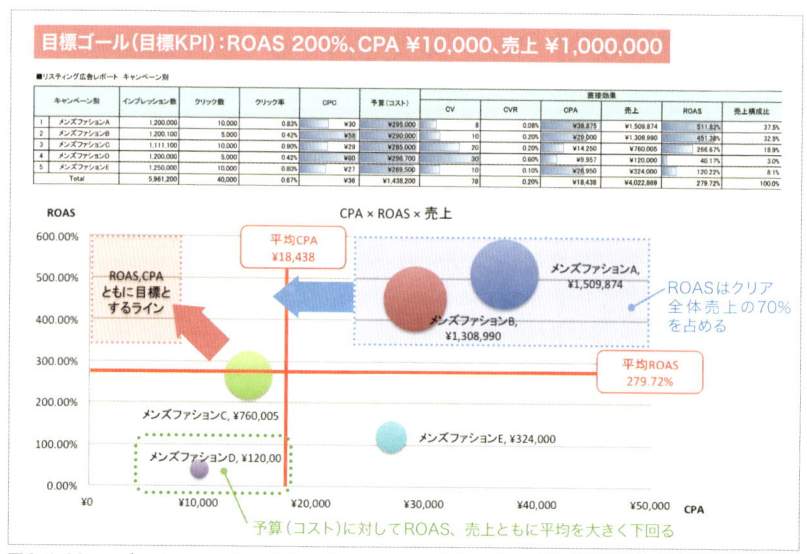

図6-4-03　バブルチャートで複数の条件を組み合わせクロス分析（クロス集計）

6　広告効果測定

図6-4-03の例では、リスティング広告経由の広告費用対効果とKPIのギャップを、CPA、ROAS、売上の3つの指標を組み合わせることで把握しています。

キーワード分析

キーワード分析では、アカウントやキャンペーンの目標値（KPI）と実績値の数値を把握した上で、広告グループ内での各キーワードの傾向や獲得効率を確認します。キーワードの入札単価の調整や広告の掲載停止などコストに見合った広告運用を調整することが大切です（図6-4-04）。

リスティング広告でのキーワード分析のポイントとして、キーワード毎の傾向や獲得効率、入札などの見直しにつながる視点で分析してみましょう。

広告掲載後の獲得効率　**上位・下位トレンド**　**入札単価の見直し**

■リスティング広告レポート　キーワード別（ランキング形式）　　※予算（コスト）⇒クリック数を降順に表示

NO	キーワード	インプレッション数	クリック数	クリック率	CPC	予算（コスト）	CV	CVR	CPA
1	キーワードA	12,638	450	3.56%	¥45	¥20,332	0	0.00%	¥0
2	キーワードB	40,213	414	1.03%	¥30	¥12,410	0	0.00%	¥0
3	キーワードC	4,907	159	3.24%	¥32	¥5,028	0	0.00%	¥0
4	キーワードD	3,231	142	4.39%	¥29	¥4,061	0	0.00%	¥0
5	キーワードE	6,567	125	1.90%	¥31	¥3,839	1	0.80%	¥3,839
6	キーワードF	4,160	118	2.84%	¥25	¥2,911	0	0.00%	¥0
7	キーワードG	6,053	113	1.87%	¥30	¥3,400	0	0.00%	¥0
8	キーワードH	2,304	111	4.82%	¥33	¥3,665	0	0.00%	¥0
9	キーワードI	3,692	104	2.82%	¥34	¥3,586	0	0.00%	¥0
10	キーワードJ	21,312	102	0.48%	¥27	¥2,776	0	0.00%	¥0
	Total	105,077	1,838	1.75%	¥34	¥62,008	1	0.05%	¥62,008

予算（コスト）とCVの比較では、ランキング上位、下位での獲得効率を把握しKPIに対して効率的獲得できているか分析

目標CPAを超過
↓
入札単価の見直しを検討

目標ゴール（目標KPI）：CPA ¥50,000、CVR：0.06%

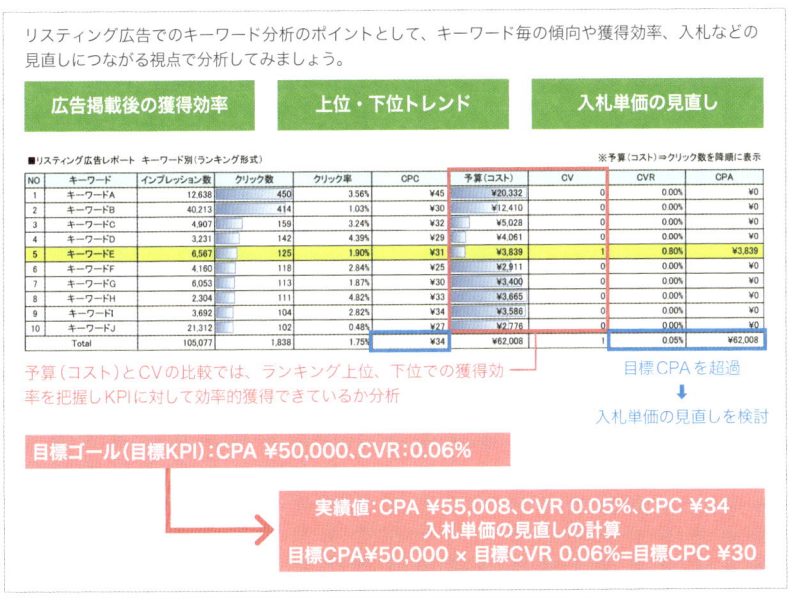

実績値：CPA ¥55,008、CVR 0.05%、CPC ¥34
入札単価の見直しの計算
目標CPA¥50,000 × 目標CVR 0.06%＝目標CPC ¥30

図6-4-04　キーワード分析し獲得効率や入札調整を検討し広告運用調整に活かす

図6-4-04の例では、広告グループでの目標値がCPA¥50,000、CVR0.06%で実績値と比較し広告掲載停止や入札単価を見直すことができます。キーワードAに関しては、クリック数やクリック率が高くサイトへの誘導はできているが、コストが全体の33%を占めているため広告掲載停止を行うことが必要と判断できます。

また、広告グループでの実績値のCPCが¥34で、目標ゴールから逆算した目標CPCが¥30となります。このように広告掲載後の獲得効率[※2]を把握し、入札単価を見直すことで改善に結びつけることもできます。

クリエイティブ分析(広告文/T&D検証)

クリエイティブ分析では、広告文(タイトルとテキスト(ディスクリプション))を検証します。広告掲載後にCTRやCVRが期待通りの効果があったか検証を行います(図6-4-05)。

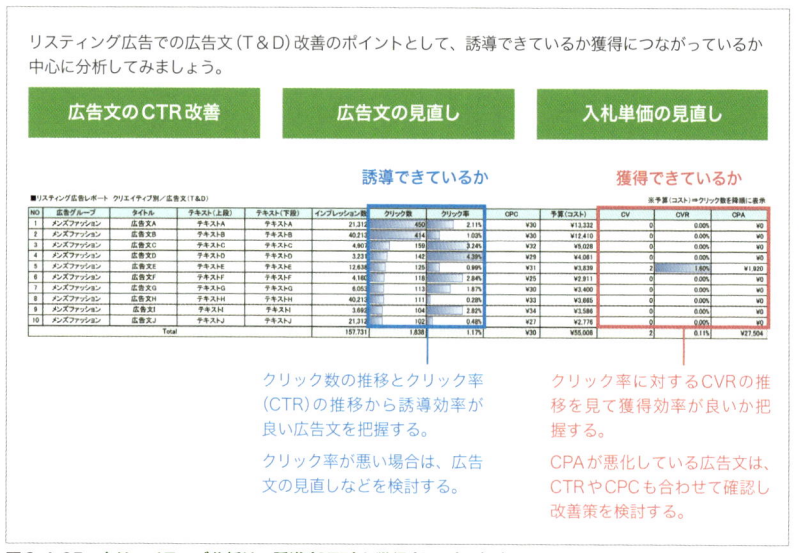

図6-4-05 クリエイティブ分析は、誘導(CTR)と獲得(CVR)の視点で見る

クリエイティブ分析では、ターゲットに合った「誘導」や「獲得」ができているか確認しましょう。CTRを改善していくためには、ターゲットに合わせた広告文作成と訴求を早いサイクルで回し検証していくことが重要です。

例えば、「吉祥寺 賃貸」で検索しているユーザーに検索結果に「吉祥寺 賃貸」という広告文を一致させることによりユーザーに内容をアピールすることができます。

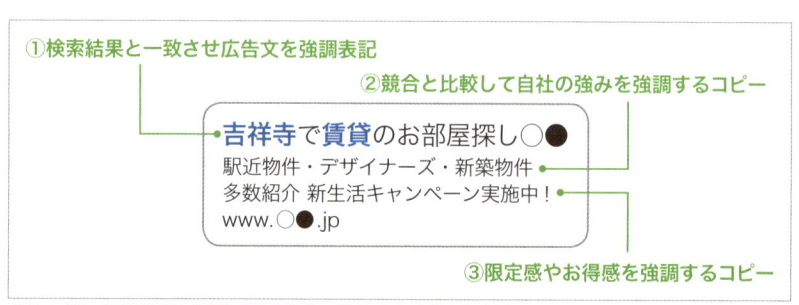

図6-4-06 CTR改善に必要な広告文作成のポイントと広告文作成例

競合他社がどのような訴求をしているか実際に調べて比較し、自社の強みになるセールスポイントを訴求して、ユーザーへメリットを伝えることを意識する必要があります[※3]。また、「限定感やお得感を強調するコピー」の場合は、「期間限定」「数量限定」「対象者限定（女性や男性）」「希少性」をアピールしてお得感を強調することが有効です（図6-4-06）。

インプレッションシェア分析

インプレッションシェアは、広告が表示される可能性があった回数から実際の広告表示回数（インプレッション数）を割った数値になります[※4]。インプレッションシェアで、自社の広告掲載に機会損失を招いていないか把握することが可能です。

インプレッションシェアの分析方法として、以下の3点を紹介します。

①予算によって損失した率
②広告ランクによって損失した率
③完全一致のインプレッションシェア

①予算によって損失した場合

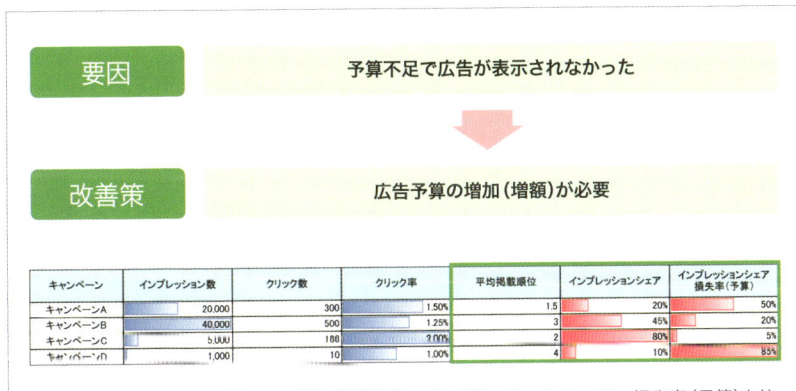

キャンペーン	インプレッション数	クリック数	クリック率	平均掲載順位	インプレッションシェア	インプレッションシェア損失率（予算）
キャンペーンA	20,000	300	1.50%	1.5	20%	50%
キャンペーンB	40,000	500	1.25%	3	45%	20%
キャンペーンC	5,000	100	2.00%	2	80%	5%
キャンペーンD	1,000	10	1.00%	4	10%	85%

掲載中のキャンペーンに対して、平均掲載順位、インプレッションシェア、損失率（予算）を比較する。

インプレッションシェアが高い場合は、機会損失が少ない。損失率（予算）が高い場合は、キャンペーンに対する広告予算が不足しているといえます。

図6-4-07　広告予算の不足を把握し広告表示機会の損失を防ぐ

②広告ランクによって損失した率

要因: 広告ランクが低いため表示されなかった

改善策: 広告品質の改善、入札単価の引き上げが必要

キャンペーン	インプレッション数	クリック数	クリック率	平均掲載順位	インプレッションシェア	インプレッションシェア損失率（掲載順位）
キャンペーンA	20,000	300	1.50%	1.5	20%	20%
キャンペーンB	40,000	500	1.25%	3	45%	40%
キャンペーンC	5,000	100	2.00%	2	80%	10%
キャンペーンD	1,000	10	1.00%	4	10%	10%

掲載中のキャンペーンに対して、平均掲載順位、インプレッションシェア、損失率（掲載順位）を比較する。

インプレッションシェアが高い場合は、機会損失が少ない。また、損失率（掲載順位）が高い場合は、キャンペーンに対する広告品質の改善、入札単価の引き上げが必要といえます。

図6-4-08　広告ランク（広告品質）を改善し広告表示機会の損失を防ぐ

③完全一致のインプレッションシェア

要因: キーワードが完全一致でないことによって広告表示されなかった

改善策: キーワードのマッチタイプを完全一致に変更

キャンペーン	インプレッション数	クリック数	クリック率	平均掲載順位	インプレッションシェア	完全一致のインプレッションシェア
キャンペーンA	20,000	300	1.50%	1.5	20%	30%
キャンペーンB	40,000	500	1.25%	3	45%	75%
キャンペーンC	5,000	100	2.00%	2	80%	95%
キャンペーンD	1,000	10	1.00%	4	10%	10%

掲載中のキャンペーンに対して、平均掲載順位、インプレッションシェア、完全一致のインプレッションシェアを比較する。

インプレッションシェアが高い場合は、機会損失が少ない。完全一致のインプレッションシェアが低い場合は、広告スコアや入札単価に問題があり、完全一致にすることで十分に広告が表示される可能性が高い。

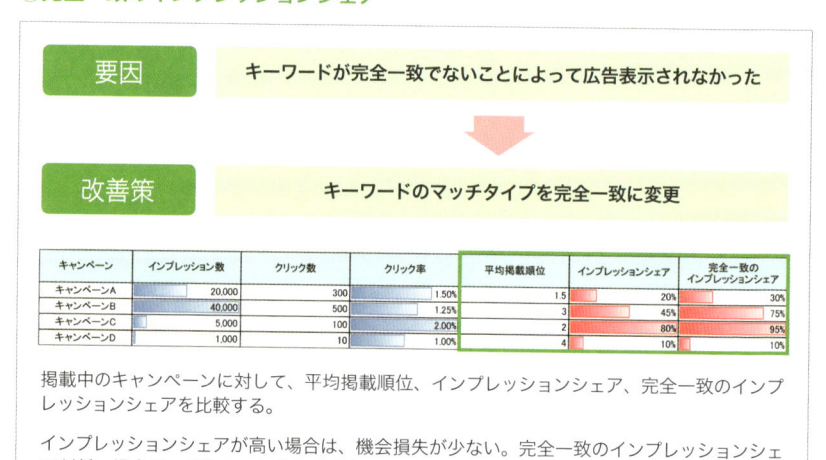

図6-4-09　マッチタイプを完全一致にすることで広告表示機会の損失を防ぐ

インプレッションシェアを把握することで、適切な広告掲載を行い、機会損失を減少させることが大切です。また、単純にインプレッションシェアの数値だけを見て改善を実施するのではなく、数字の意味合いを正しく理解した上で活用することが重要です。

レポート作成は結果・要因・施策を提示する

リスティング広告のレポートは、①結果、②要因、③施策の流れに沿って作成していきます（図6-4-10）。

結果
Step1：マクロ視点でのサマリーをまとめる
①アカウント、②キャンペーンの全体の概況（サマリー）を分析し結果が良かったのか、悪かったのか、を中心にレポートを作成

要因
Step2：ミクロ視点で要因を深堀しファインディングスを導出
③広告グループ、④広告文/キーワードなどを深堀し傾向や問題の要因を特定しレポートする

施策
Step3：改善施策の提示と今後の進め方をまとめる
問題点と改善点を簡素にまとめ改善施策として提示する
また、今後のリスティング広告での運用方針や改善施策の実施のスケジュールを明記する

※Step1～Step3の流れをレポート項目としてまとめレポート作成を行います。

図6-4-10　リスティング広告のレポート作成と分析・改善ポイント

リスティング広告を実施し単純に結果が良かった、悪かった、などのレポートではなく、結果から要因を特定し次の施策につながるレポートを作成していきましょう。レポート作成後、改善施策と今後の進め方を確認して改善施策を実施していきましょう。特に改善することでインパクトが高い所から優先順位をつけて、施策実施の作業工数をスケジューリングして、改善施策の実施前と実施後でどのような変化が見られたかを検証していくことが大切です。

Glossary
※1　**マクロからミクロ**：樹木と同じようにまずは木の根っこの部分から見ていくことがリスティング広告の分析では大切です。ミクロ部分を局部的にとらえずにマクロ部分を大局的に捉えていくことが重要です。
※2　**獲得効率**：コスト（予算）に対するCVやCVRなどを示します。広告掲載後の獲得効率を把握し入札単価の見直しや上位・下位トレンドに変化がないか確認しましょう。
※3　**USP（Unique Selling Proposition）**：競合他社と比較し、自社の強みを明確にして、ユーザーへ訴求していくことが大切です。
※4　**インプレッションシェア**：インプレッションシェア＝広告表示回数（インプレッション数）÷広告が表示される可能性があった回数です。

6-5 リスティング広告ケーススタディ

ここでは、リスティング広告でのキーワードと広告文の見直しによる効果改善の例について見ていきます。

運用課題 ── 短期間で顕在ユーザーの新規獲得

ビジネスマン向けのホテル予約サイトを扱い新規獲得の向上が直近の課題です。サイトへの誘導はリスティング広告で実施している状況です（表6-5-01）。

ターゲット	30代〜50代のビジネスマン
広告の目的	ビジネスマン向けのホテル予約サイト
KPI	ホテルへの予約
サイト構成	トップページ、キャンペーン情報、詳細ページ、予約画面、運営会社情報
広告配信メニュー	リスティング広告（検索連動型広告）

表6-5-01　ビジネスホテルのリスティング広告のKPI

広告を掲載しコンバージョン獲得につなげていくためにもユーザーのニーズや目的に応じた新規獲得が課題となっていました。新規獲得に向けて、下記2点が課題として挙げられています。

> **運用課題**
> ・広告を掲載したが、コンバージョンに応じたキーワード運用ができていなかった。
> ・検索連動型広告では、キーワードと広告文の関係性やユーザー目的ごとの訴求がいまひとつだった。

施策改善 ── キーワード分析と広告文の見直し

ビジネスユーザーの関心度に合わせたキーワード運用を行うため、キーワードの見直しを行うことにしました（図6-5-01）。

施策改善

・潜在層、顕在層、コンバージョンに至るまで、ユーザーの関心度に合わせたキーワードと広告文の見直しを検討する。

	ユーザーの種類	キーワードタイプ	改善ポイント
顕在層 ↑ CV	ホテル名を検索しているユーザー（指名検索ユーザー）「ホテル○×」など 具体的な宿泊先を検討しているユーザー	ホテル名	ロングテールキーワードの網羅
	地名を検索しているユーザー（ニーズ顕在ユーザー）「新宿　ビジネスホテル」など 宿泊エリア（地域）を探しているユーザー	エリア（地域）季節 目的 シーン	広告グループと広告文の組み合わせを改善
潜在層	ぼんやりしているユーザー（潜在ユーザー）「ビジネスホテル」など 具体的に決められていないユーザー	価格 種類	広告文やサイトリンクで差別化

図6-5-01　ユーザーの関心度に合わせたキーワードと改善ポイント

　ユーザーの種類をぼんやりしているユーザー（潜在ユーザー）、地名を検索しているユーザー（ニーズ顕在ユーザー）、ホテル名を検索しているユーザー（指名検索ユーザー）と区別し、キーワードタイプと改善ポイントをそれぞれ検討して、キーワード運用と広告文を見直すことにしました（図6-5-02）。

図6-5-02　顕在層（ニーズ顕在ユーザー）向けの広告文のサンプル

リスティング広告　ケーススタディ

施策の実施前後を比較し効果を検証

施策実施前と実施後の「キーワード」「広告文」を比較した結果、広告文をユーザーの目的に応じた内容にすることで、ユーザー関心度に合わせた誘導を行うことができ、レスポンス改善につながりました。

リスティング広告　キーワード分析　施策検証結果

・施策実施前　「キーワード」「広告文」

施策実施前
CTR 0.5%　CVR 0.7%

・施策実施後　「キーワード」「広告文」

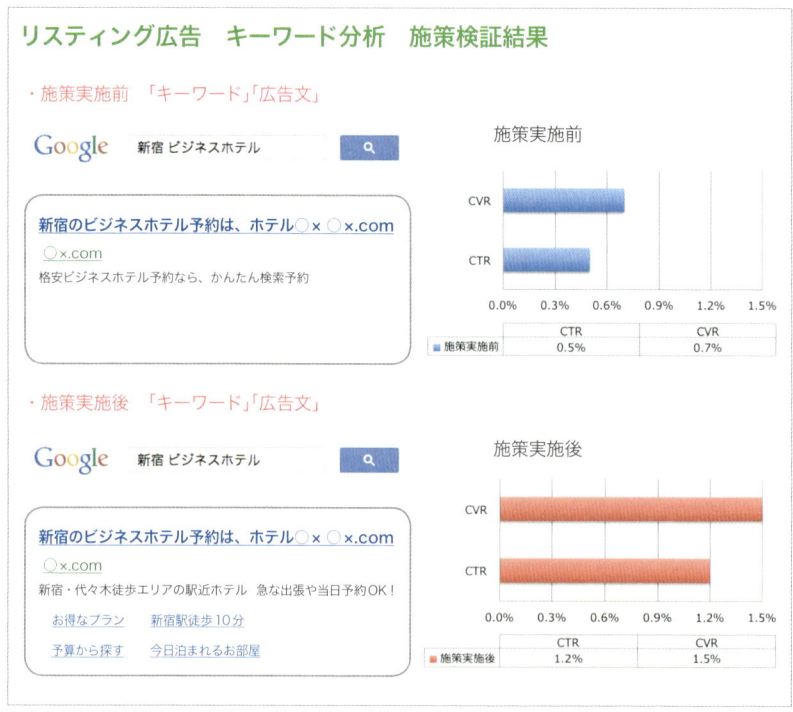

施策実施後
CTR 1.2%　CVR 1.5%

図6-5-03　顕在層（ニーズ顕在ユーザー）向けの広告文

図6-5-03の例を見ると、ユーザーの目的にあった誘導ができていなかったことが要因として考えられます。キーワード運用と、広告文にサイトリンク[※1]の登録を行うことで、サイトへの誘導と獲得効率の改善につなげることができたケースとなります。

Glossary
※1　**サイトリンク**：リスティング広告の広告文の下にそれぞれ特定のコメントとリンク先を指定してリンク登録することができる機能のことをいいます。サイトリンクを利用することでユーザーへの視認性を高められ目的のページへの誘導を高めることができます。Google AdWordsではサイトリンクと呼ばれ、Yahoo!プロモーション広告ではクイックリンクオプションと呼ばれています。

6-6 ディスプレイ広告 基礎編

　検索エンジン以外の広告の集客手法として、ディスプレイ広告を中心とした広告配信や手法が注目されています。ここでは、ディスプレイ広告の目的と役割を中心に解説していきます。

ディスプレイ広告とは

　ディスプレイ広告とは、①バナー広告、②リッチメディア広告、③テキスト広告、④動画広告・インターネットCMの4つをまとめた総称になります。ディスプレイ広告のそれぞれの違いについて見ていきます。

①バナー広告（図6-6-01）

　ポータルサイトなど特定の広告枠に掲載される画像型の広告をバナー広告といいます。バナーサイズやファイル容量が広告掲載先により異なるため複数のバナーの制作が必要になります。広告配信先もプレミアム広告（純広告）、DSP、アドネットワーク、リスティング広告を中心に複数の広告メニューで広告掲載を行うことができます。

図6-6-01　バナー広告の広告掲載イメージ

②**リッチメディア広告**（図6-6-02）

　通常のバナー広告とは異なり、表現が多彩でインパクトをもたらす広告です。主に「フローティング」「ポップアップ」「エキスパンド」「フルスクリーン」の4つがリッチメディア広告の代表的な種類です（表6-6-01）。

図6-6-02　リッチメディア広告の種類と広告掲載イメージ

フローティング	Webページのコンテンツの上に覆いかぶさる広告
ポップアップ	Webページへアクセスし閲覧した際に自動的にブラウザを立ち上げ広告を別ウィンドウで表示する広告
エキスパンド	バナーにオンマウスするとバナーが拡大されて表示される広告
フルスクリーン	一時的にブラウザの全面を覆って表示される広告

表6-6-01　リッチメディア広告の種類と特長

③**テキスト広告**（図6-6-03）

　バナー広告やリッチメディア広告など画像系のものとは異なり、通常の記事やコンテンツ中にテキスト形式で掲載される広告です。また、リスティング広告のコンテンツ型広告もテキスト広告の一種です。

図6-6-03　テキスト広告の広告掲載イメージ

④動画広告・インターネットCM（図6-6-04）

　Webサイトの広告枠にテレビCMのように一定時間動画を表示する広告です。バナー広告と比較してCTRは高い傾向にあり、企業のブランディングに活用される場合が多いです。

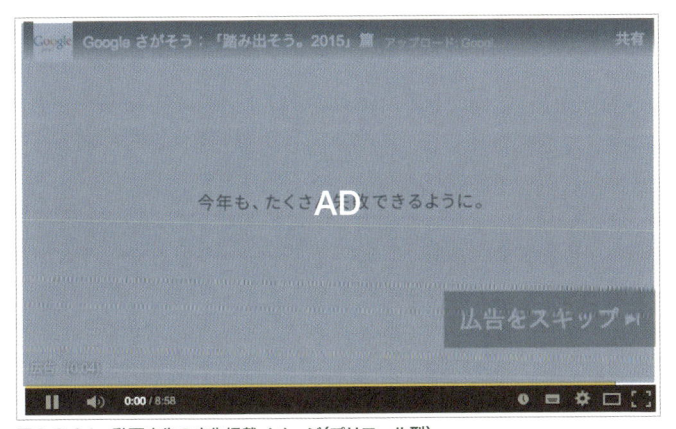

図6-6-04　動画広告の広告掲載イメージ（プリロール型）

　動画の配信形態としては、YouTubeやGYAOなど動画サイトに広告として動画を配信するプリロール型と、従来のバナー広告枠に動画が広告配信されるインディスプレイ型などがあります。

ディスプレイ広告は認知や興味喚起に有効な手段

　Chapter6-1で解説しましたが、ディスプレイ広告の対応できる範囲は広く、認知層、潜在層を中心に企業ブランディングやユーザー認知を上げることでサイトへの誘導に適しています。

　ディスプレイ広告は、ユーザーが能動的に情報を探すPULL型[※1]の手法と異なり、広告主自ら一方的に情報を配信してユーザーと接点を持つPUSH型[※2]の手法のため幅広いユーザーへ訴求することが可能でありリーチを広げることが可能です。また、サイトの掲載面や様々な広告技術を活用してユーザーの興味関心や行動に合わせた広告配信が大切です（図6-6-05）。

PULL型の集客（待ちの集客）
特定のユーザーが「欲しい情報を探す」 → AD

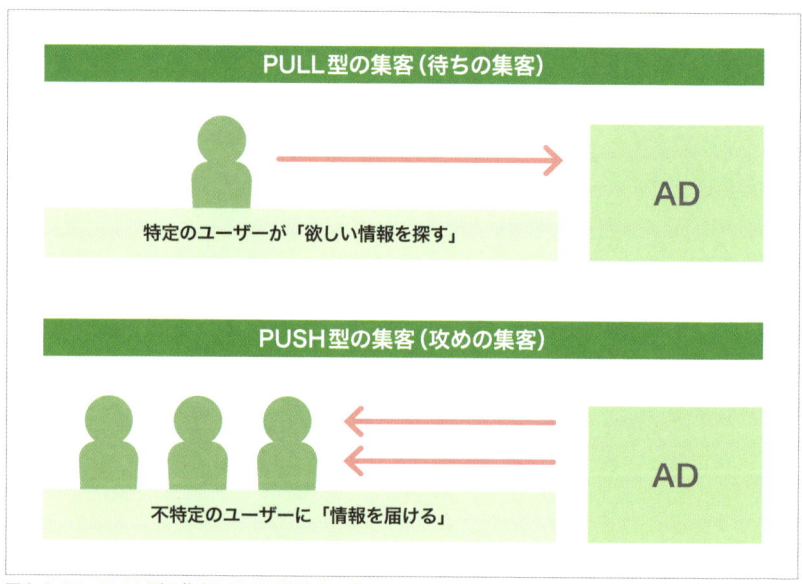

PUSH型の集客（攻めの集客）
不特定のユーザーに「情報を届ける」 ← AD

図6-6-05　PULL型の集客とPUSH型集客の違い

Glossary
※1　**PULL型**：ユーザーが能動的に情報を探しに来たときに興味関心に関係する広告からサイトへ誘導を図る手法。インターネット広告では、リスティング広告がPULL型になります。

※2　**PUSH型**：不特定多数のユーザーへ広く告知してサイトへ誘導を図る手法。インターネット広告では、ディスプレイ広告、スポンサーシップ広告（編集タイアップ広告、記事広告）、メルマガ（メール広告）、アフィリエイトなどがPUSH型になります。

ディスプレイ広告
準備計画編

ここでは、広告分析に求められるメディアプランの策定や広告クリエイティブの規定について解説します。ディスプレイ広告を配信(掲載)した後の分析や検証改善を行うために準備や計画は必要なスキルとなります。

メディアプランの策定とターゲットの確定

ディスプレイ広告を実施するには、①「メディアプランの策定」、②「配信(ターゲティング)手法の確定」を行っていきます。それぞれのポイントを解説します。

①メディアプランの策定

ディスプレイ広告を広告配信(掲載)するには、メディアプランの策定が重要です。まず、ターゲット像を明確にした上で誰に向けて広告配信するか決めることが大切です。

次に、広告クリエイティブ制作や広告が実際に掲載される期間と掲載される掲載面や掲載枠など、表6-7-01のチェックポイントをもとに準備します。

メディアプランの策定	(ディスプレイ広告の広告配信設計)	チェックポイント
1 ターゲット	集客したいターゲット像が決まっているか	男性、女性、20代、30代 など
2 媒体	広告メニュー、広告掲載面、掲載枠は決まっているか	特定のポータルサイトだけに配信するのかネットワークに配信するのか など
3 期間	広告掲載期間、掲載時間は決まっているか	1日、7日、午前、午後 など
4 クリエイティブ	広告クリエイティブが決まっているか	バナー、動画のサイズやフォーマット訴求内容、訴求軸 など

表6-7-01 ターゲット像にもとづいて誰に何を伝えるかメディアプランを策定する

②配信手法(ターゲィング)の確定

メディアプランの策定が終わった段階で、配信手法(ターゲティング)の確認も合わせて行っていきます。実際に自社の商品やサービスがどのユーザー層をターゲットとして、どのような広告配信(ターゲティング)手法を用いるかそれぞれの違いを認識した上で広告配信(掲載)することが大切です。

配信手法の詳細に関しては、Chapter6-1の広告配信設計の項で解説しているので参照してください。

クリエイティブの制作と規定チェック

　ディスプレイ広告では、メディアプランの策定とターゲティング以外に、どんなメッセージを伝えるか、クリエイティブが重要になります。ディスプレイ広告は、静的画像のバナー、動的画像のFLASHバナー、リッチメディア、動画など様々の広告フォーマットに対応したクリエイティブ制作が肝となります（図6-7-01）。また、広告配信（掲載）する各広告メニューの広告入稿規定（レギュレーション）に準拠する必要があります（表6-7-02）。

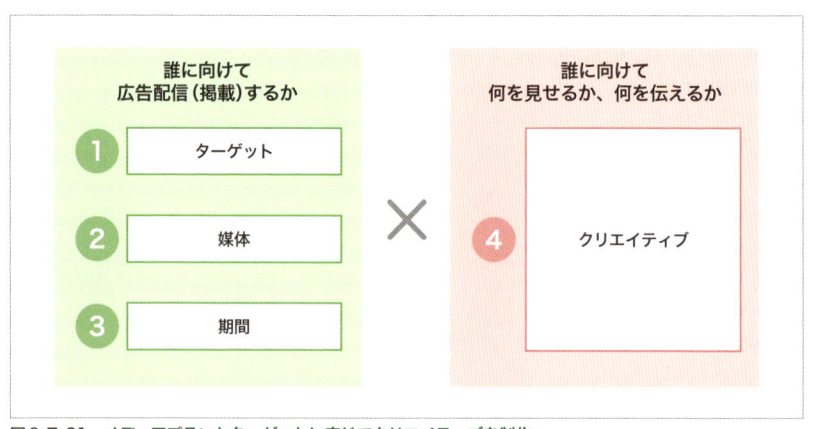

図6-7-01　メディアプランとターゲットに応じてクリエイティブを制作

	静的画像			動的画像		動画	
ファイル拡張子	.gif	.jpg	.png	.gif	.swf	.flv	.wmv
動的表現 （動的画像・動画）	×	×	×	○	○	○	○
画像・動画の 最大色数	256色	約1670万色	約280兆色	256色	制作内容に より変動	制作内容により変動	
保存容量	色数に応じて保存容量が大きくなる			色数と動的表現に応じて 保存容量が大きくなる		音声と動的表現に応じて 保存容量が大きくなる	

表6-7-02　クリエイティブ制作時の素材チェック

　クリエイティブの素材チェックは、広告入稿規定（レギュレーション）にあわせて画像や動画の色数や保存できる容量などを確認しましょう。また、クリエイティブの入稿作業の遅れがプロモーションの広告掲載の遅延につながるため注意が必要です。

6-8 ディスプレイ広告 分析と改善の導き方

　ディスプレイ広告の分析に必要なデータの読み取り方と改善策の導き方として、バナーと動画を中心にレポート作成上の注意点とPDCA設計について確認していきます。

マクロからミクロの視点でデータを分析

　リスティング広告同様にディスプレイ広告においてもマクロからミクロの視点で結果の読み取りが基本です（図6-8-01）。

ディスプレイ広告 データ分析の基本手順

結果の読み取り

マクロからミクロの視点で結果を見る
①アカウント（ディスプレイ広告全体の数値）➡②詳細別（広告メニュー別、広告クリエイティブ別、日別の数値）から分析しデータ変化を把握する。

改善策の導き方

A：結果はどうなのか
➡前月と比較して、結果が良かったのか。悪かったのか。見てあげる（①アカウント、②詳細別の順番で見る。マクロの視点で結果を見る）。

B：要因はどこにあるのか
➡なぜ良かったのか。悪かったのか。を深堀する（②詳細別（広告メニュー別、広告クリエイティブ別、日別）などを深堀して見る。ミクロの視点で結果を見る）。

図6-8-01　リスティング広告同様にディスプレイ広告の分析もマクロからミクロの視点で見る

　まず、結果がどうだったのか。前月と比較して良かったのか。悪かったのか。マクロの視点で分析します。
　次に要因はどこにあるのか。なぜ結果が、良かったのか。悪かったのか。ミクロの視点でデータを分析していきます。

キャンペーン別に全体像を把握する

　リスティング広告同様にディスプレイ広告においても全体像の把握は大切です。ディスプレイ広告のキャンペーン種別ごとに広告効果を把握した上で目標ゴール（目標KPI）と実績値の数値と比較し、ボトルネックになっている箇所を特定することからはじめましょう（図6-8-02）。

まず、キャンペーン別の全体像を把握しましょう。広告予算の効果、KPI指標との比較からボトルネックを把握していきます。

| 配信種別毎での広告効果 | KPI指標と実績値の比較 | ボトルネックの特定 |

目標ゴール（目標KPI）：
DSP/アドネットワーク　リターゲティング配信　CPA ¥50,000 以下　CPC¥500以下
DSP　オーディエンス拡張配信　CPA¥100,000以下　CPC¥300以下
アドネットワーク　ブロードリーチ配信　CPA¥200,000以下　CPC¥200以下

■ディスプレイ広告レポート　キャンペーン別

	キャンペーン別	インプレッション数	クリック数	クリック率	CPC	CV	CVR	CPA	予算（コスト）
1	DSP リターゲティング配信	25,000	250	1.00%	¥800	5	2.00%	¥40,000	¥200,000
2	DSP オーディエンス拡張配信	100,000	800	0.80%	¥313	2	0.25%	¥125,000	¥250,000
3	アドネットワーク リターゲティング配信	50,000	300	0.60%	¥667	4	1.33%	¥50,000	¥200,000
4	アドネットワーク ブロードリーチ配信	200,000	2,500	1.25%	¥100	5	0.20%	¥50,000	¥250,000
	Total	375,000	3,850	1.03%	¥234	16	0.42%	¥56,250	¥900,000

全体像を把握するには広告媒体・ターゲティング別単位の広告効果を把握する。

目標ゴール（目標KPI）に対して、効率的に獲得できているかを配信種別に比較しボトルネックを特定する。

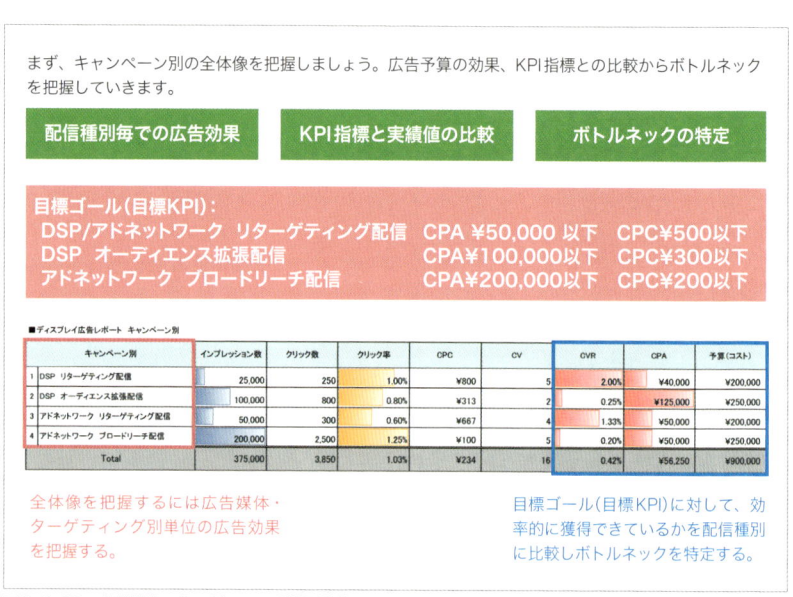

図6-8-02　広告媒体・ターゲティング種別単位でキャンペーン全体を把握する

クリエイティブ分析（バナー）

　バナーのクリエイティブ分析では、広告掲載後のバナーの効果検証を行っていきます。広告の出稿後に広告メニューとバナーのサイズ別にデータ整形して分析し「クリック率の高低」「コンバージョン率の高低」を把握し、改善策の特定をしていきます（図6-8-03）。

　また、バナーでのCTR改善を進めていくためには、ターゲットユーザーに合わせた効果を検証していくことが重要です。バナーのクリエイティブのCTRを改善するために、バナーの各パーツを要素分解して効果検証を行い、CTR改善につなげることが必要です（図6-8-04）。

広告クリエイティブ(バナー)改善のポイントとして、誘導ができ獲得につながっているかを中心に分析してみましょう。

クリック率の高低 — 誘導できているか
コンバージョン率の高低 — 獲得できているか

広告メニュー別(バナーサイズ)	クリエイティブNO	クリエイティブイメージ	インプレッション数	クリック数	クリック率	CPC	予算(コスト)	CV	CVR	CPA
メニューA レクタングル (300×250)	AD_001	AD	50,000	250	0.50%	¥81	¥20,332	2	0.80%	¥10,166
	AD_002	AD	50,000	500	1.00%	¥25	¥12,410	5	1.00%	¥2,482
Total			100,000	750	0.75%	¥44	¥32,742	7	0.93%	¥4,677

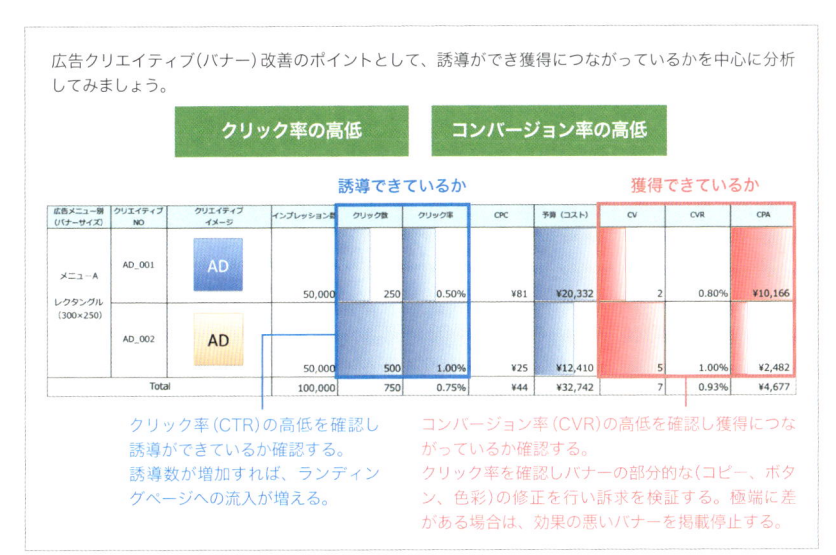

クリック率(CTR)の高低を確認し誘導ができているか確認する。誘導数が増加すれば、ランディングページへの流入が増える。

コンバージョン率(CVR)の高低を確認し獲得につながっているか確認する。クリック率を確認しバナーの部分的な(コピー、ボタン、色彩)の修正を行い訴求を検証する。極端に差がある場合は、効果の悪いバナーを掲載停止する。

図6-8-03　バナーは、誘導(CTR)と獲得(CVR)の視点で見る

	バナーの効果改善につなげる分析ポイント
1	バナーの各パーツを要素分解し検証 (ボタン、コピー、テキスト、ロゴ、メインビジュアルなど)
2	バナーとフリークエンシー(接触頻度)の関連性 (クリック率、コンバージョンとフリークエンシーなど)
3	競合のバナーと比較して自社の強みを強調できるか (競合比較など)

Sample Banner
コピー
メインビジュアル　テキスト
ロゴ&ボタン

バナーの各パーツを要素分解し効果検証を行いCTR改善

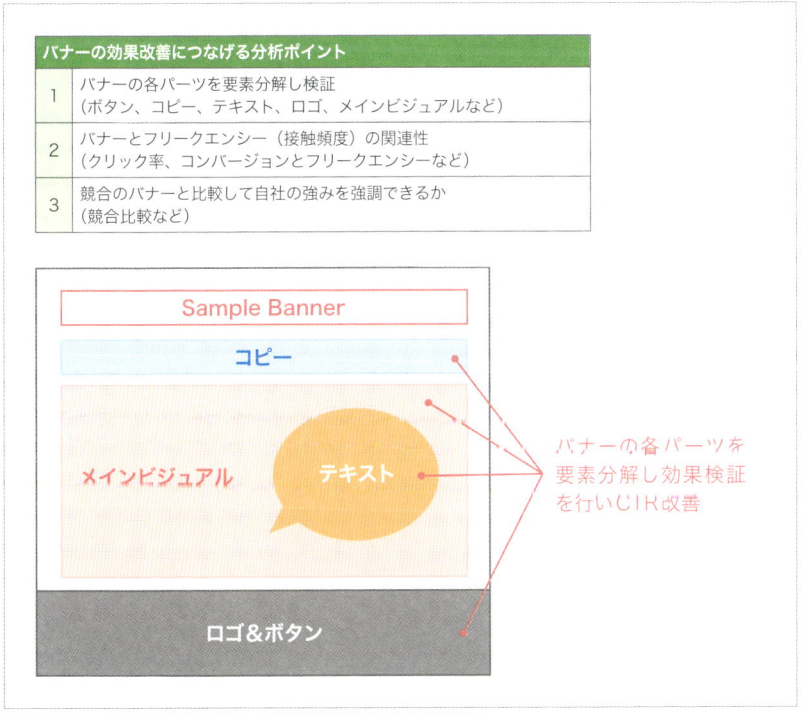

図6-8-04　バナーの効果改善につなげる分析ポイントと検証項目

ディスプレイ広告　分析と改善の導き方

さらにバナーの効果検証を深堀した場合にフリークエンシー（接触頻度）[※1]とコンバージョンとの関連性を見ることで、広告配信（掲載）時に適切なフリークエンシーコントロール[※2]を行い、ユーザーへのリーチ[※3]を広げることなども可能です（図6-8-05）。

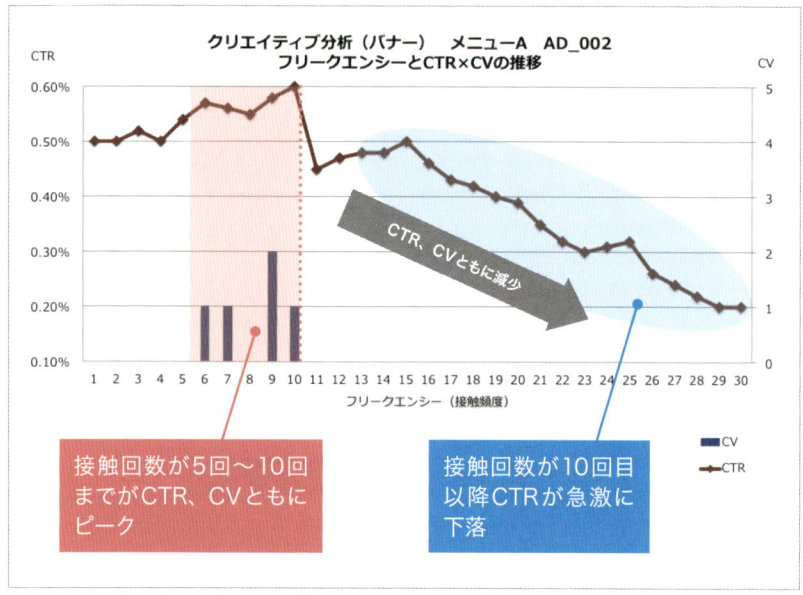

図6-8-05　バナーはフリークエンシー（接触頻度）も合わせて分析する

その他に競合他社の広告配信（掲載）状況を確認し競合のバナーと比較して自社の強みが訴求できているか確認することも必要です。

クリエイティブ分析（動画）

動画のクリエイティブ分析では、バナー同様に広告の出稿後に動画のキャンペーン単位に各訴求ごとにデータを分析します。

動画特有の指標である「視聴回数（再生回数）」「視聴率」「視聴時間」「視聴属性」を中心に分析し改善につなげていきます。

●視聴回数と視聴率を分析

ディスプレイ広告（動画）の分析は、視聴回数と視聴率を中心にリーチと獲得を分析してみましょう。

視聴回数（再生回数）　　**視聴率**

視聴率＝視聴回数÷インプレッション数

リーチできているか　　　　　　　　獲得できているか

NO	キャンペーン別	インプレッション数	視聴回数	視聴率	CPC	予算（コスト）	CV	CVR	CPA
1	動画A（認知層向け訴求）	100,000	50,000	50.00%	¥10	¥500,000	2	0.00%	¥250,000
2	動画B（潜在層向け訴求）	100,000	25,000	25.00%	¥10	¥250,000	2	0.01%	¥125,000
3	動画C（顕在層向け訴求）	100,000	5,000	5.00%	¥10	¥50,000	1	0.02%	¥50,000
	Total	300,000	80,000	26.67%	¥10	¥800,000	5	0.01%	¥160,000

視聴回数では、適切にリーチできているか確認する。

視聴率では、訴求やターゲットの違いなど動画素材の違いにより変化がないか確認する。

CV、CVRでは、動画視聴後が獲得につながっているか確認する。

動画視聴後のCVと視聴率の数値を合わせて見ていくことで変化を見る。

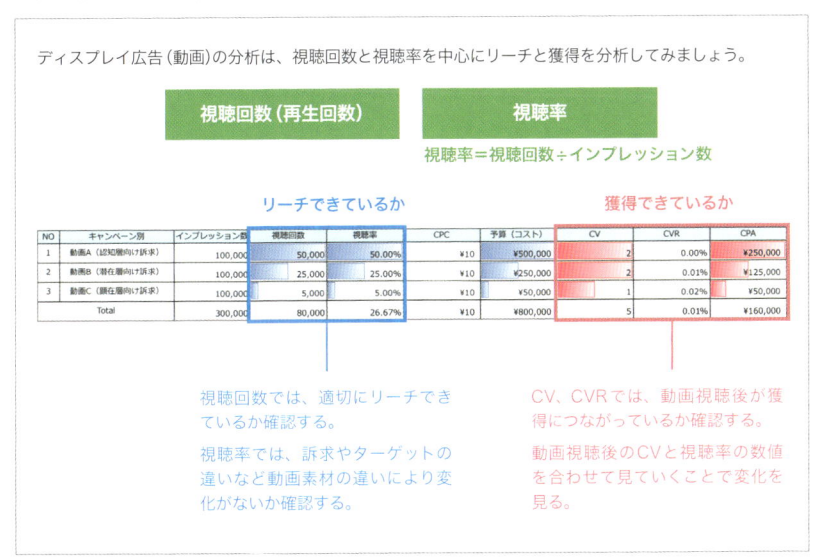

図6-8-06　動画は、視聴回数と視聴率の視点で見る

　また、「視聴回数（再生回数）」「視聴率」を把握しターゲットユーザーに合わせた効果を検証していくことが大切です（表6-8-01）。

動画の視聴改善に必要な効果検証ポイント	
1	動画の視聴時間を検証 （平均視聴時間、平均再生時間（視聴維持率）、スキップ率など）
2	ユーザー層に応じた訴求ができているか （目的が明確か、簡潔に伝えられているか）
3	動画視聴者の属性を検証 （年齢性別の特定し目的にあった効果が得られているか）

表6-8-01　動画の視聴改善に必要な効果検証ポイント

　例えば、図6-8-06の動画A、動画B、動画Cそれぞれの動画がどこまで視聴（再生）され動画をスキップせずに最後まで視聴（再生）されているか、クリエイティブの効果検証を行い視聴改善につなげることが可能です。

●視聴時間を分析

次に動画の視聴時間の分析方法を解説します。視聴時間の分析では、動画素材が訴求別にどこまで再生されたか分析しましょう。

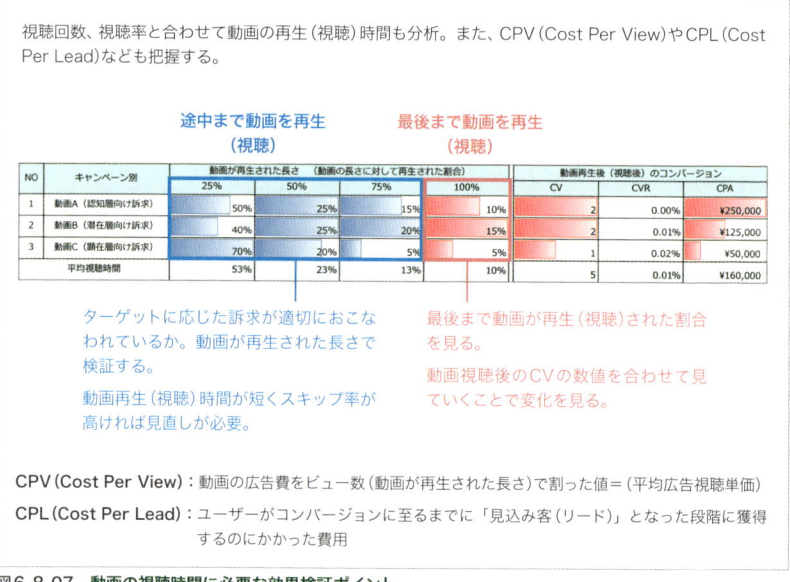

視聴回数、視聴率と合わせて動画の再生（視聴）時間も分析する。また、CPV（Cost Per View）やCPL（Cost Per Lead）なども把握する。

		途中まで動画を再生（視聴）			最後まで動画を再生（視聴）	動画再生後（視聴後）のコンバージョン		
NO	キャンペーン別	動画が再生された長さ（動画の長さに対して再生された割合）				CV	CVR	CPA
		25%	50%	75%	100%			
1	動画A（認知層向け訴求）	50%	25%	15%	10%	2	0.00%	¥250,000
2	動画B（潜在層向け訴求）	40%	25%	20%	15%	2	0.01%	¥125,000
3	動画C（顕在層向け訴求）	70%	20%	5%	5%	1	0.02%	¥50,000
	平均視聴時間	53%	23%	13%	10%	5	0.01%	¥160,000

ターゲットに応じた訴求が適切におこなわれているか、動画が再生された長さで検証する。

動画再生（視聴）時間が短くスキップ率が高ければ見直しが必要。

最後まで動画が再生（視聴）された割合を見る。

動画視聴後のCVの数値を合わせて見ていくことで変化を見る。

CPV（Cost Per View）：動画の広告費をビュー数（動画が再生された長さ）で割った値＝（平均広告視聴単価）
CPL（Cost Per Lead）：ユーザーがコンバージョンに至るまでに「見込み客（リード）」となった段階に獲得するのにかかった費用

図6-8-07　動画の視聴時間に必要な効果検証ポイント

図6-8-07で、訴求内容別に動画の再生された長さ（動画の長さに対して再生された割合）を見た場合に動画C（顕在層向け訴求）は、動画素材を25%以上再生したユーザーが70%占めています。

一方で、動画B（存在層向け訴求）では動画素材を100%（最後まで視聴した）ユーザーが15%占めており、動画Bは動画の再生された長さが多くスキップ率が低い傾向であるためユーザーにより視聴され動画が認知されたといえます。

また、動画視聴後のコンバージョンも合わせて把握することで、動画配信が狙い通り役割を果たしているか見ていくことも大切です。動画視聴後のコンバージョン（CV）以外にCPAを下げていくためにCPVを把握することで、見込み客の獲得コストを算出するためにCPLを活用することもできます。

● 視聴属性を分析

　動画視聴者の属性(年齢、性別)を把握し、動画視聴ユーザーとインサイト[※4]を知ることで、年齢や性別をもとに広告クリエイティブの改善につなげましょう(図6-8-08)。

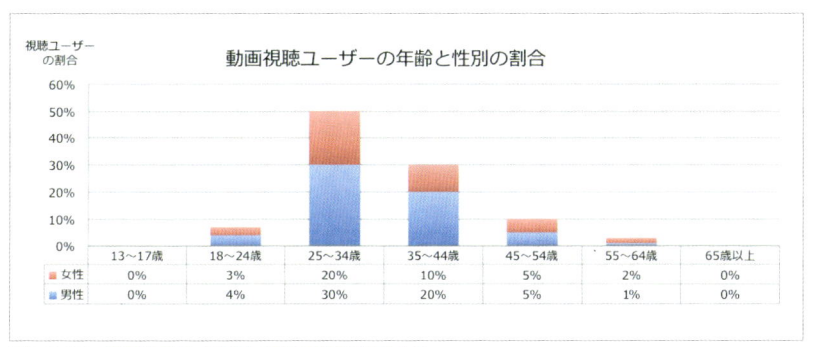

図6-8-08　CPVやCPLを活用し動画の視聴属性を分析

● 動画分析にYouTubeアナリティクスを活用する

　動画の分析をより深く進めていくためには、広告配信のレポート以外に動画分析ツールを活用することで、より深掘りした分析を行うことが可能です(図6-8-09)。

図6-8-09　YouTubeアナリティクスを活用してユーザーを深掘りする

ディスプレイ広告　分析と改善の導き方　167

レポート作成は結果・要因・施策を提示する

ディスプレイ広告のレポートは、①結果、②要因、③施策の流れに沿って作成していきます（図6-8-10）。

```
結果  →  Step1：マクロ視点でのサマリーをまとめる
         ①キャンペーン別の概況（サマリー）を分析し、結果が良かったのか、悪かったのかを中心にレポートを作成

要因  →  Step2：ミクロ視点で要因を深堀しファインディングスを導出
         ②詳細別（バナーや動画の広告クリエイティブ別）の内容を深堀し、傾向や問題の要因を特定しレポートする

施策  →  Step3：改善施策の提示と今後の進め方をまとめる
         問題点と改善点を簡素にまとめ改善施策として提示する
         また、今後のディスプレイ広告での広告配信（掲載）方針や運用改善施策の実施のスケジュールを明記する
```

※Step1〜Step3の流れをレポート項目としてまとめレポート作成を行います。

図6-8-10　ディスプレイ広告のレポート作成と分析・改善ポイント

ディスプレイ広告を実施し、単純に結果が良かった、悪かった、などのレポートではなく、結果から要因を特定し次の施策につながるレポートを作成しましょう。

Glossary
- ※1　**フリークエンシー**：1ユーザーが同じ広告に接触する頻度のことを指します。
- ※2　**フリークエンシーコントロール**：同一ユーザーに任意の期間で何回まで広告を表示させるかを制御する広告配信機能のことを指します。例えば、リターゲティングなど同じ広告に何度も追いかけられてブランドイメージの低下やユーザーを不快にさせないためにも適切な広告接触回数の設定（フリークエンシーキャップ）を広告管理画面上から設定を行うことが可能です。
- ※3　**リーチ**：インターネット広告が全インターネットユーザーのうち何割配信されたかを指します（広告を見た人の割合）。Chapter6-1の「広告集客の全体像と広告指標の理解」の項も合わせて参照ください。
- ※4　**インサイト**：英語では、「洞察」や「発見」という意味合いです。動画広告では、ユーザーへの訴求効果が大きいクリエイティブを発見し検証していくことが大切です。

> # 6-9 ディスプレイ広告 ケーススタディ

ここでは、ディスプレイ広告でのクリエイティブの見直しと配信面の精査による効果改善の例について見ています。

運用課題：想定のサイト誘導数（流入）と乖離

業種は不動産でポータルサイトを運営しています。ディスプレイ広告（アドネットワーク）で広告配信（掲載）を実施し潜在層を中心にリーチしサイトへのサイト誘導を行うことで、物件への問い合わせにつなげることがゴールです。

ターゲット	20代後半〜40代のユーザー
広告の目的	不動産ポータルサイトへの誘導数の増加
KPI	サイトへのアクセス数、PV数、物件問い合わせ
サイト構成	トップページ、キャンペーン情報、物件紹介ページ、物件問い合わせ、エリア別物件ページ、運営会社情報
広告配信メニュー	ディスプレイ広告（アドネットワーク）

表6-9-01　不動産ポータルサイトのディスプレイ広告のKPI

広告配信後に広告配信種別にキャンペーンを分析した結果、インプレッション数の増減はないものクリック数、CTRが低く大幅に乖離がありました（図6-9-01、図6-9-02）。

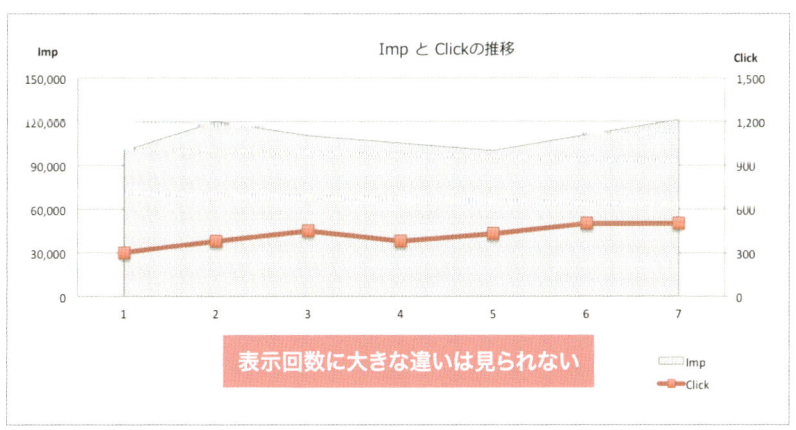

図6-9-01　広告配信後のインプレッション数、クリック数の推移

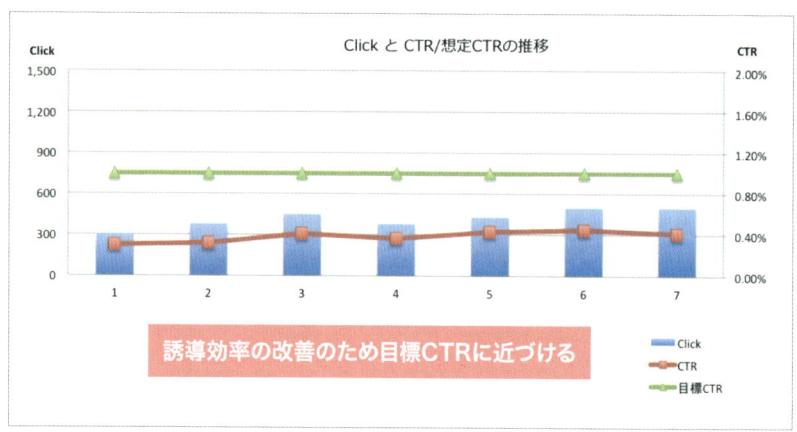

図6-9-02　広告配信後のクリック数、クリック率の推移

　広告を掲載しサイトへの誘導を増やしていくために、下記の点が課題として挙げられました。

> **運用課題**
> ・サイトへの誘導数が想定値と乖離

施策改善：CTR改善の配信面の精査

　広告配信した結果から1週目にクリック率の実績値とKPIに大きな乖離が見られたため、2週目からクリエイティブの見直しを検討。また、決められた広告予算の中で運用最適化していくために、クリエイティブの変更以外に広告管理画面を確認し配信面の精査を実施しました（図6-9-03）。

> **施策改善**
> ・広告クリエイティブの見直しと広告配信面の精査

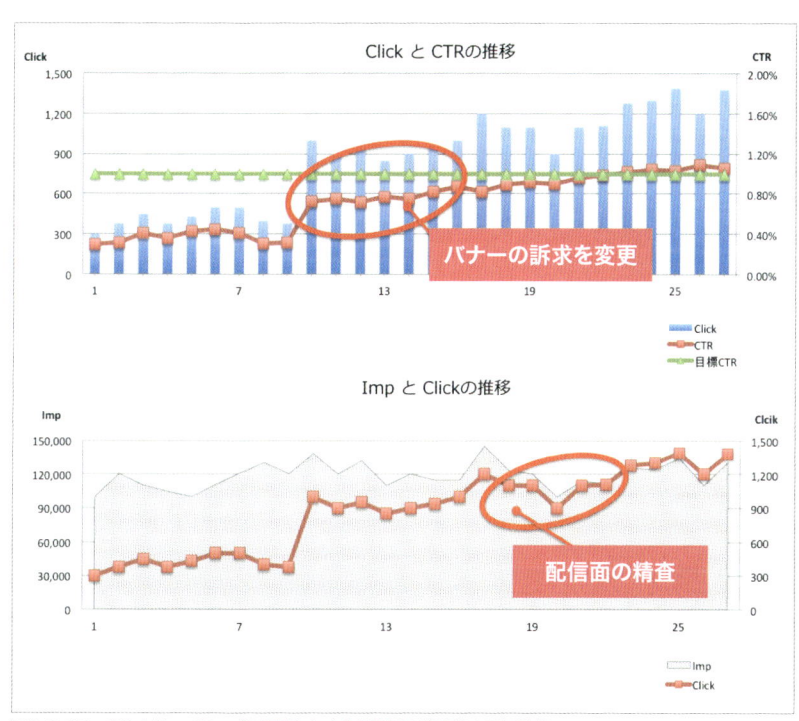

図6-9-03　広告クリエイティブの見直しと広告配信面の精査後の運用改善

　広告メニューごとにクリエイティブ検証を行い、サイト誘導の効率が悪いカテゴリーへの広告配信を停止し、サイト誘導が見込める配信カテゴリーに広告予算を移行するなどの施策をとります。このように広告配信面を精査することで、パフォーマンスの改善が可能です。

6-10 広告の分析とレポーティング

ここでは、広告の分析とレポーティングについて解説します。広告配信結果をまとめた配信レポートと月次の報告会に活用する報告レポートの使い分けなどについて紹介します。

広告の分析とレポートは2つ

リスティング広告、ディスプレイ広告など各施策単位で広告配信（掲載）結果をまとめ、考察し、次の広告運用に活かすためにレポーティングをする必要があります（表6-10-01）。

	配信レポート	報告レポート
目的	広告配信結果を集計し、広告運用状況を確認する	配信レポートの内容から広告運用のポイントをピックアップし施策や改善提案につなげる
アウトプット	Excelで作成しアウトプット	PowerPointで作成しアウトプット
レポート作成項目	●広告施策単位での分析 媒体別、広告配信種別（広告メニュー別）で作成 ●時系列での分析 日別、週別、月別、曜日別の単位で作成 ●広告クリエイティブ別での分析 テキスト（広告文）の訴求軸単位で作成 バナー/動画のサイズや訴求軸単位で作成	●施策全体のサマリ 配信レポートから施策全体の結果をサマリとして作成 ●広告施策単位での比較分析（媒体別の比較） 媒体や広告配信種別（広告メニュー別）で施策単位で比較し傾向や違いを把握する ●コンバージョン（獲得）分析 媒体ごとのコンバージョンの内訳（直接CVや間接CV）やコンバージョンまでのリードタイムなど分析 ●広告クリエイティブ別の分析 テキスト（広告文）の訴求軸単位で作成 バナー/動画のサイズや訴求軸単位で作成 ●改善ポイントや施策の提示 レポート結果から良かった所、悪かった所をまとめ改善ポイントを明示し施策案を提示
類異点	imp、Click、CTR、CV、CVR、CPC、COSTなどの広告配信後の広告効果を集計しレポートとしてまとめる	施策全体の考察を行い運用改善の提案をレポートとしてまとめる

表6-10-01　広告分析のレポートは、配信レポートと報告レポート

広告配信した結果の広告効果がどうだったか。広告配信した媒体種別（広告メニュー）、広告クリエイティブ（バナー、動画、テキスト）ごとの違いはあるのか。広

告配信した結果を日別、週別、月別の単位で時系列に広告コストや広告運用した結果を振り返り、レポート結果から改善ポイントを見つけ施策全体の考察を行い改善することが大切です。

配信レポート

　広告の配信結果をまとめたものが、配信レポートになります。配信レポートは、①広告施策単位での分析、②時系列での分析、③広告クリエイティブ別での分析になります。配信後の広告効果を把握するために、広告施策単位の詳細な内訳から数値の変化やその原因を見つけることが重要です。また、広告予算消化の進捗確認に活用します。

①広告施策単位での分析

　広告掲載している媒体をディスプレイ広告やリスティング広告などの単位でまとめます。また、掲載媒体している媒体の広告配信種別もブロードリーチ、オーディエンス拡張配信、リターゲティング配信など配信メニュー単位でまとめ広告施策単位での傾向を把握します（図6-10-01）。

掲載媒体	配信メニュー	インプレッション数	クリック数	クリック率	CPC	CV	CVR	CPA	予算（コスト）
ディスプレイ広告 / DSP	ブロードリーチ	1,000,000	8,000	0.80%	¥125	25	0.31%	¥40,000	¥1,000,000
	オーディエンス拡張配信	900,000	7,000	0.78%	¥129	50	0.71%	¥18,000	¥900,000
	リターゲティング配信	800,000	6,000	0.75%	¥133	100	1.67%	¥8,000	¥800,000
アドネットワーク	ブロードリーチ	700,000	5,000	0.71%	¥140	25	0.50%	¥28,000	¥700,000
	オーディエンス拡張配信	600,000	4,000	0.67%	¥150	50	1.25%	¥12,000	¥600,000
	リターゲティング配信	500,000	3,000	0.60%	¥167	100	3.33%	¥5,000	¥500,000
	Total	4,500,000	33,000	0.73%	¥136	350	1.00%	¥12,857	¥4,500,000

掲載媒体と配信メニュー単位でまとめる

広告掲載している媒体と配信メニューをまとめる。ディスプレイ広告、リスティング広告など掲載媒体、配信メニュー単位で施策でまとめて分析する。

ディスプレイ広告の掲載媒体が2つある場合は2つに分ける。
配信種別も配信メニュー単位で分ける。

図6-10-01　広告施策単位での分析　媒体別、広告配信種別（広告メニュー別）で作成

②時系列での分析

　広告掲載している媒体単位やメニュー単位で日別や曜日での変化を把握します。広告予算に対するインプレッションの急増・急減による広告配信ボリュームの調整やクリック数の減少などを時系列で見ることで、日別や曜日別の傾向を分析することができます（図6-10-02）。

広告掲載している媒体単位やメニュー単位で時系列の推移を把握する。日別や曜日での変化や広告予算に対する配信ボリュームや誘導獲得での増減ポイントを分析する。

- 日別・曜日の推移を確認
- 配信ボリュームを確認
- 誘導獲得の増減ポイントを確認

■配信レポート 時系列での分析 （日別レポート）

月日	曜日	インプレッション数	クリック数	クリック率	CPC	CV	CVR	CPA	予算(コスト)
1/1	木	100,000	300	0.30%	¥333	5	1.67%	¥20,000	¥100,000
1/2	金	100,000	380	0.38%	¥263	2	0.53%	¥50,000	¥100,000
1/3	土	110,000	450	0.41%	¥222	3	0.67%	¥33,333	¥100,000
1/4	日	105,000	380	0.36%	¥263	5	1.32%	¥20,000	¥100,000
1/5	月	100,200	430	0.43%	¥233	2	0.47%	¥50,000	¥100,000
1/6	火	111,111	500	0.45%	¥200	3	0.60%	¥33,333	¥100,000
1/7	水	121,111	500	0.41%	¥200	4	0.80%	¥25,000	¥100,000
1/8	木	130,000	400	0.31%	¥250	1	0.25%	¥100,000	¥100,000
1/9	金	120,038	380	0.32%	¥263	2	0.53%	¥50,000	¥100,000
1/10	土	138,000	1,000	0.72%	¥100	5	0.50%	¥20,000	¥100,000
1/11	日	120,000	900	0.75%	¥111	10	1.11%	¥10,000	¥100,000
1/12	月	132,000	950	0.72%	¥105	10	1.05%	¥10,000	¥100,000
1/13	火	110,000	850	0.77%	¥118	10	1.18%	¥10,000	¥100,000
1/14	水	120,000	900	0.75%	¥111	10	1.11%	¥10,000	¥100,000
1/15	木	114,500	940	0.82%	¥106	10	1.06%	¥10,000	¥100,000
1/16	金	114,567	1,000	0.87%	¥107	10	1.00%	¥10,000	¥100,000
1/17	土	145,289	1,200	0.83%	¥83	10	0.83%	¥10,000	¥100,000
1/18	日	123,000	1,100	0.89%	¥91	10	0.91%	¥10,000	¥100,000
1/19	月	120,000	1,100	0.92%	¥91	10	0.91%	¥10,000	¥100,000
1/20	火	100,000	900	0.90%	¥111	10	1.11%	¥10,000	¥100,000
1/21	水	114,300	1,100	0.96%	¥91	10	0.91%	¥10,000	¥100,000
1/22	木	112,000	1,110	0.99%	¥90	10	0.90%	¥10,000	¥100,000
1/23	金	100,000	1,280	1.28%	¥78	10	0.78%	¥10,000	¥100,000
1/24	土	100,000	1,300	1.30%	¥77	10	0.77%	¥10,000	¥100,000
1/25	日	100,000	1,390	1.39%	¥72	10	0.72%	¥10,000	¥100,000
1/26	月	10,000	1,200	12.00%	¥83	10	0.83%	¥10,000	¥100,000
1/27	火	129,990	1,380	1.06%	¥72	10	0.72%	¥10,000	¥100,000
1/28	水	100,000	1000	1.00%	¥100	10	1.00%	¥10,000	¥100,000
1/29	木	123,000	1200	0.98%	¥83	10	0.83%	¥10,000	¥100,000
1/30	金	150,000	800	0.53%	¥125	10	1.25%	¥10,000	¥100,000
1/31	土	120,000	800	0.67%	¥125	10	1.25%	¥10,000	¥100,000
Total		3,494,106	27,120	0.78%	¥114	242	0.89%	¥12,810	¥3,100,000

曜日別 Imp × CTR 推移

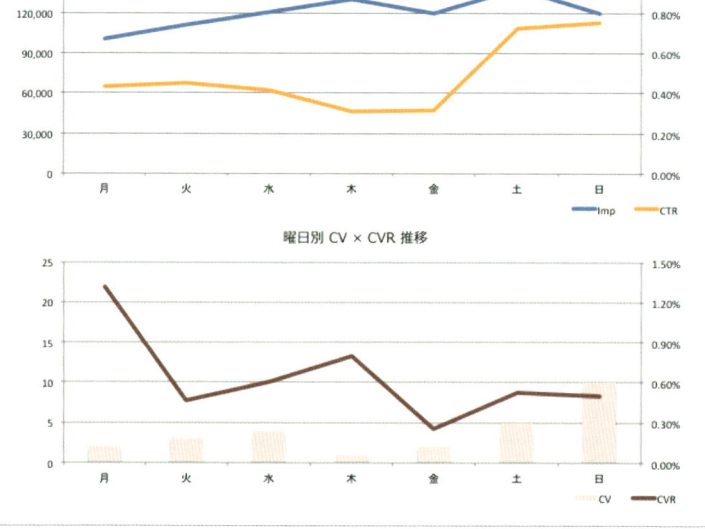

曜日別 CV × CVR 推移

図6-10-02 時系列での分析　日別、曜日別で作成

③広告クリエイティブ別での分析

リスティング広告のテキスト（広告文/T&D）やディスプレイ広告（バナー、動画）などクリエイティブの訴求軸やサイズ別に分けてクリエイティブごとのパフォーマンス改善に役立てます。

報告レポート

配信レポートを作成した後に、施策の運用改善につなげるために関係者での定例会や月次報告用に作成するレポートです。

報告レポートは、①施策全体のサマリ、②広告施策単位での比較分析（媒体別の比較）、③コンバージョン（獲得）分析、④広告クリエイティブ別での分析、⑤改善ポイントや施策案の提示という内容になります。これを活用して、広告運用や施策の改善につなげていきます。

①施策全体のサマリ

広告施策全体の結果や広告効果の要因をサマリとしてまとめます。広告配信実績をキャンペーン単位でまとめます。広告配信後に良かった点と悪かった点をコメントとして記載します。結果と要因がサマリで分かりやすいように作成することが必要です。

②広告施策単位での比較分析（媒体別の比較）

配信レポートで作成した広告施策単位での分析した内容をベースに媒体間での比較を行います。誘導できているか、獲得につながっているかを中心に、広告配信した媒体や広告メニュー単位で比較し評価します。

③コンバージョン（獲得）分析

広告配信後にユーザーのコンバージョンまでのアクションを時間軸で分析し評価します。媒体別のコンバージョンの内訳やバナーの広告接触のタイミングと獲得状況を分析するのであれば、フリークエンシーを見ることも有効な手段です。

また、広告に接触した後にコンバージョンするまでの期間を見るのであれば、コンバージョンリードタイムを把握しユーザーの傾向を知ることも必要です（図6-10-03）。

広告に接触してからコンバージョンまでのユーザーのアクションを時間軸で把握する。媒体獲得状況の内訳以外にフリークエンシーやリードタイムなどを合わせて分析する。

コンバージョンまでのフリークエンシーを把握する

コンバージョンまでのリードタイムを把握する

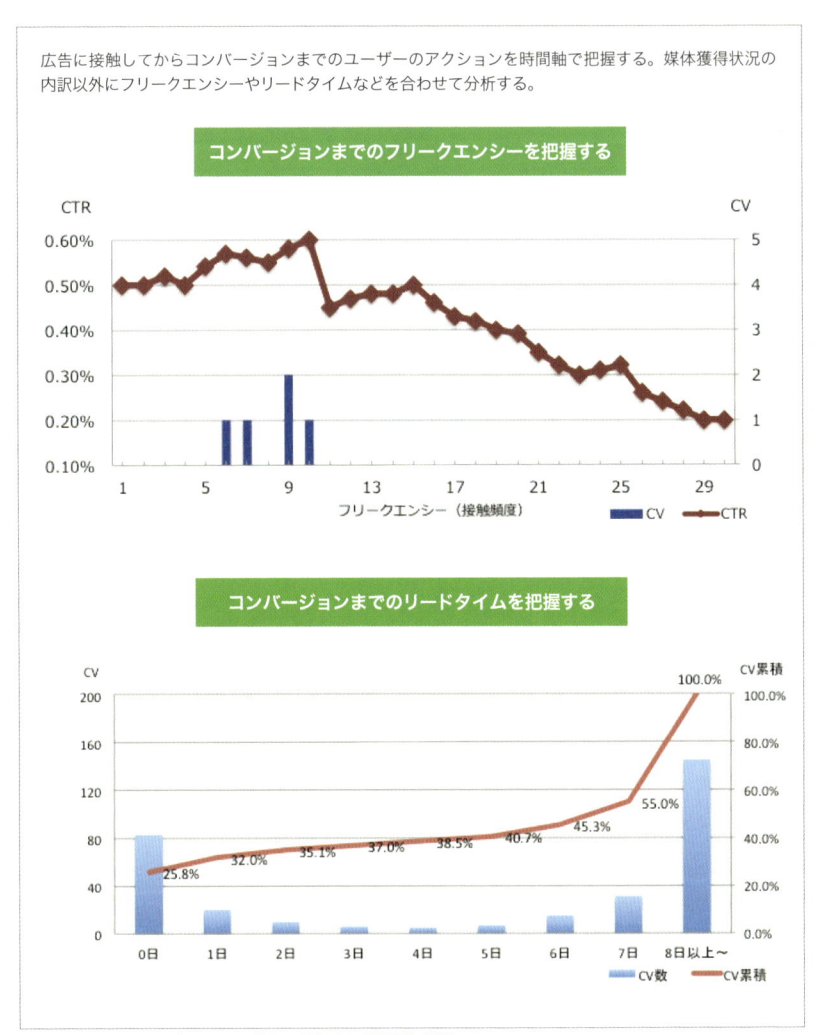

図6-10-03　フリークエンシーやリードタイムを把握し分析

④広告クリエイティブ別での分析

広告配信後に、クリエイティブを広告配信種別ごとに訴求別やサイズ別に作成します。クリエイティブが誘導につながったか、獲得につながったか、という視点からクリック率（CTR）とコンバージョン率（CVR）で評価します（図6-10-04）。

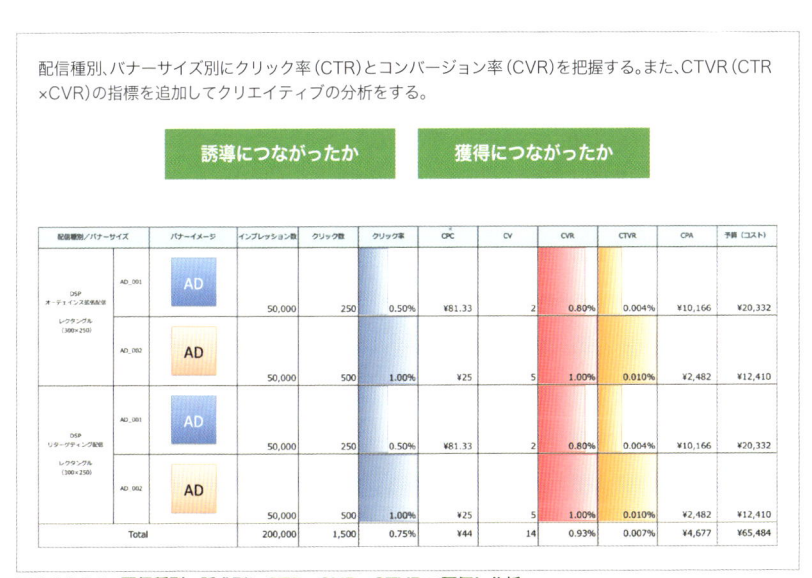

配信種別、バナーサイズ別にクリック率（CTR）とコンバージョン率（CVR）を把握する。また、CTVR（CTR×CVR）の指標を追加してクリエイティブの分析をする。

配信種別/バナーサイズ		バナーイメージ	インプレッション数	クリック数	クリック率	CPC	CV	CVR	CTVR	CPA	予算（コスト）
DSP オーディエンス配信	AD_001	AD	50,000	250	0.50%	¥81.33	2	0.80%	0.004%	¥10,166	¥20,332
レクタングル (300×250)	AD_002	AD	50,000	500	1.00%	¥25	5	1.00%	0.010%	¥2,482	¥12,410
DSP リターゲティング配信	AD_001	AD	50,000	250	0.50%	¥81.33	2	0.80%	0.004%	¥10,166	¥20,332
レクタングル (300×250)	AD_002	AD	50,000	500	1.00%	¥25	5	1.00%	0.010%	¥2,482	¥12,410
Total			200,000	1,500	0.75%	¥44	14	0.93%	0.007%	¥4,677	¥65,484

図6-10-04　配信種別・訴求別にCTR、CVR、CTVRで評価し分析

具体的な分析方法の解説として、リスティング広告はChapter6-4を、ディスプレイ広告はChapter6-8を合わせて参照してください。

⑤改善ポイントや施策案の提示

全体像を把握した上で、①〜④を振り返り改善ポイントをまとめ施策案を提示します。また、次月の広告配信のスケジュールや広告予算に関して目標ゴールと比較し、予算配分は適切かどうかも合わせて確認することが必要です。

6-11 広告の直接効果と間接効果について

従来は、コンバージョン（成果）につながった直前の広告を評価する直接効果による広告の効果測定が一般的でした。しかし、ユーザーは複数の広告に接触してコンバージョンに至るケースもあります。ここでは、広告の直接効果だけでは把握できない広告の間接効果測定の目的と役割を中心に解説していきます。

広告の直接効果と間接効果の違い

例えば、とあるユーザーがディスプレイ広告に接触して、複数回サイトへ来訪し最終的にリスティング広告に接触しコンバージョンに至ったと仮定します。この場合、コンバージョン直前に最終接触（クリック）した広告が直接効果としてコンバージョンにカウントされます（図6-11-01）。

間接効果の評価とは、ユーザーが複数回サイトに訪問しコンバージョンに至る全ての広告接触を評価する方法です。

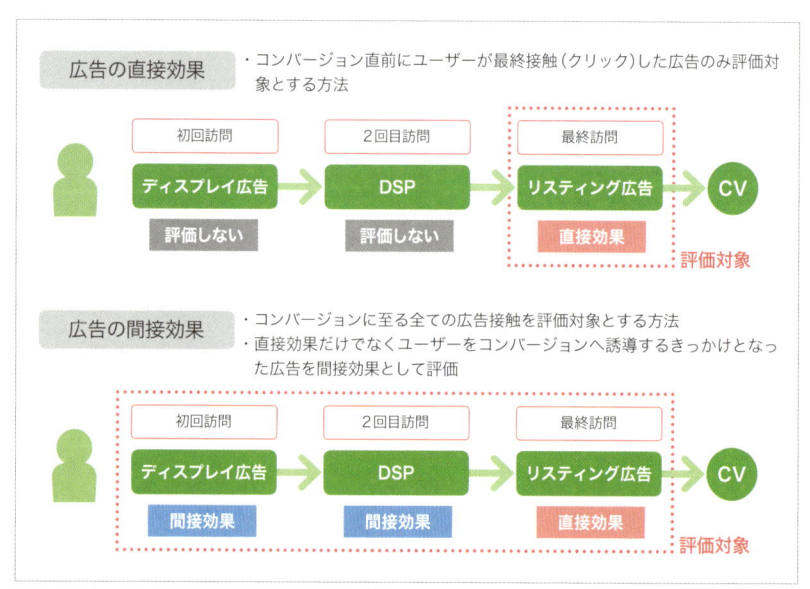

図6-11-01　広告における直接効果と間接効果の違い

広告の間接効果（ポストクリック効果）とは

図6-11-02の例では、ディスプレイ広告とDSPに広告を掲載したことで、ユーザーがサイトに訪問するきっかけづくりとなり、検索エンジンでキーワードを検索しリスティング広告に接触しコンバージョンの獲得につながったといえます。

間接効果（ポストクリック効果）とは
・広告にクリックして直接コンバージョンまで至らなくても、その後に広告に接触しサイトへ訪問し誘導するきっかけとなった効果を間接効果（ポストクリック効果）という

初回訪問：ディスプレイ広告 → 2回目訪問：DSP → 最終訪問：リスティング広告 → CV

間接効果（ポストクリック効果）／直接効果

最終的にコンバージョンに至るきっかけになっているため、間接効果も評価する。直接効果と間接効果を可視化した上で適切な予算配分を行う

図6-11-02　間接効果（ポストクリック効果）とは

つまり、コンバージョン獲得につながった効果のことを==間接効果（ポストクリック効果）==[1]といいます。直接効果だけでなく間接効果も可視化して評価することで、適切な広告予算の配分に応じた投資が可能です。

間接効果を含めて広告効果を最大化させる

最終接触の直接効果のみで広告の評価をしてしまうと、間接効果によって得られる広告効果を切り捨ててしまう可能性があります。また、直接効果の良い広告メニューのみに広告予算を配分してしまい、コンバージョンを産む可能性のある広告メニューが切り捨てられシュリンクされる可能性も高くなります。CPAのみの数値で判断せず間接効果を含めて最大化させていくことが大切です。

Glossary
[1] **間接効果（ポストクリック効果）**：ディスプレイ広告、DSPをはじめとするバナーやリスティング広告など様々な広告接触により、クリックを誘発してコンバージョンを獲得する効果をポストクリック効果といいます。また、Chapter6-13で解説しているビュースルーを合わせて参照してください。

6-12 広告の間接効果測定と貢献度評価

　広告の間接効果測定（間接効果・貢献度評価）を実施する前に評価項目の設定を行うことが重要です。ここでは、評価項目の設定と評価方法、貢献度（アトリビューション）による評価の仕組みを解説します。

ユーザーのタッチポイントから評価項目を設定

　広告の間接効果測定を始める前に評価項目の設定を行います。
　まず、過去の広告配信（掲載）実績を見て、ユーザーのタッチポイント[※1]から評価項目を決めていきましょう。

タッチポイント（広告接触ポイント）	評価項目の設定	評価方法
広告接触した後にすぐにコンバージョンする場合（タイムラグがない）	最終接触している広告を評価（最終訪問のみ見る）	直接効果を評価
コンバージョンまでの広告接触回数が複数の場合（タイムラグがあり、複数回広告接触）	最終接触に貢献した広告を評価（最終訪問を除いた訪問を見る）	間接効果を評価

表6-12-01　タッチポイントを把握し評価項目の設定と評価方法を決める

　表6-12-01の場合、広告接触した後にすぐにコンバージョンする場合は、タイムラグがなくそのままコンバージョンしているため直接効果を評価項目として設定します。
　一方、コンバージョンまでの広告接触回数が複数の場合（2回以上広告接触している場合）は、間接効果を評価項目として設定します。

アトリビューションの評価項目と設定方法

　例えば、ユーザーの広告への接触回数が5回あった場合は、広告メニューごとに貢献度（アトリビューション）[※2]を評価することで、コンバージョン（成果）に対してどの広告メニューがどれだけ寄与したかが分かり、間接効果を把握できます（図6-12-01）。

　また、Web施策の目的に応じて認知層を重視するのであれば、初回訪問に重み付けし評価します。潜在層を重視するのであれば、2回目から4回目の訪問に重み付けして評価します。

貢献度の評価（アトリビューション）

・間接効果の貢献度（アトリビューション）の評価を行う場合、各タッチポイントに割り振りを行っていく

コンバージョンまでのタッチポイント（広告接触）を均等に重み付けした場合：（均等配分）

タッチポイント	初回訪問	2回目訪問	3回目訪問	4回目訪問	最終訪問	CV
広告メニュー	ディスプレイ広告	DSP	アフィリエイト	DSP	リスティング広告	
貢献度	0.2	0.2	0.2	0.2	0.2	

間接効果：初回訪問〜4回目訪問
直接効果：最終訪問

広告メニュー	直接効果	間接効果
ディスプレイ広告		0.2
DSP		0.4
アフィリエイト		0.2
リスティング広告	0.2	

ひとつのコンバージョンを獲得するまでに5つの広告に接触しているので、0.2（20%）の貢献度があるためそれぞれ0.2ずつ重み付けして貢献度を割り振る

図6-12-01　タッチポイントを把握し評価項目の設定と評価方法を決める

　貢献度の重み付けを割り振る場合は、Web施策の内容とタッチポイントを考慮して評価項目を設定していくことが大切です。

効果測定は事前の評価項目の設定が大切

　繰り返しになりますが、広告の間接効果測定を実施する際には、事前に評価項目の設定を行いましょう。事前に評価項目の設定がされていない場合や後付けで評価項目を決めてしまう場合がありますが、データ分析に大変時間がかかる上に、思うような施策の成果に結びつくのが難しいことがあります。

Glossary
※1　**タッチポイント**：企業と顧客の接点を意味します。コンタクトポイントと呼ばれることもあります。広告の間接効果測定では、ユーザーと広告メニューとの接点（広告接触）という意味合いで利用します。
※2　**貢献度**：ユーザーが商品購入や資料請求などコンバージョンに至る接点（ディスプレイ広告、リスティング広告など）を計測しコンバージョンへの貢献度を正しく配分することをいいます。また、広告の評価を最終的な成果につながった直接効果と成果へのきっかけとなった間接効果を明らかにし広告の貢献度を明らかにすることをアトリビューションともいいます。

6-13 広告の間接効果測定と貢献度評価 準備計画編

広告の間接効果を測る2つの評価方法について解説します。また、広告の施策単位の貢献度を加重して評価するための配分モデルについて解説します。

間接効果を見る方法はクリックとビューの2つ

広告の間接効果を見る方法として、「クリック評価」と「ビュー評価」の2種類があります。ラストクリックによる直接効果以外にビューまで含めた間接効果を把握することでメディアコストの見直しやクリエイティブ開発を行うことが重要です(表6-13-01)。

	クリック評価	ビュー評価
計測方法	広告をクリックしたときに訪問とみなす計測方法	広告を表示(ビュー)されたことを接触とみなす計測方法
ツール	広告効果測定ツール、Web解析ツール	第三者配信アドサーバー(3PAS)
評価方法	クリックベースでの評価	クリックベースでの評価に加えてビューでの評価も併用が可能
分析の観点	クリックベースの計測のため認知と興味は確実に把握することができる	ビューの効果を把握することで、クリック評価で把握することができなかった間接効果の計測が可能
分析項目	クリックスルーコンバージョン、サイト内行動(ページ遷移、回遊、離脱)	ポストインプレッション(ビュー)、クリックスルーコンバージョン、媒体重複率、フリークエンシー、リーチ
コスト	ビュー評価での分析と比較して、コストが少額	クリック評価での分析と比較して、コストが高額
データ量	ビュー評価と比較しデータ量は少ない	クリック評価と比較しデータ量は多い

表6-13-01 間接効果を見る方法は「クリック評価」と「ビュー評価」の2つ

広告の間接効果測定を実施するためには、バナーの視認効果からコンバージョンまでのビュースルー[※1]での分析を得意とする第三者配信アドサーバー[※2]を利用する場合もあります。

例えば、クリック評価であれば、クリックした人(≒サイト来訪者)がどれだけコンバージョンしているか、クリックした人(≒サイト来訪者)の中からコンバージョンする人をいかに増やせるかという視点で評価することで、「認知」と「興味」は確実といえます(図6-13-01)。

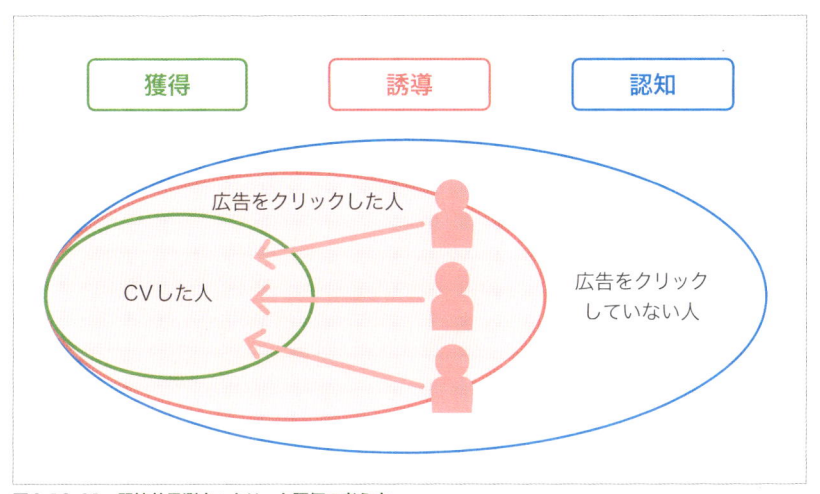

図6-13-01　間接効果測定：クリック評価の考え方

　ビュー評価であれば、クリックしていないユーザー（広告を見ただけのユーザー）へもアプローチする、ユーザーのモチベーションをいかに育てるか（認知形成 ➡ 興味喚起 ➡ 行動喚起）、広告をクリックしなかったユーザーに対してコンバージョンまで心理変容を起こさせるという視点で評価することができます（図6-13-02）。

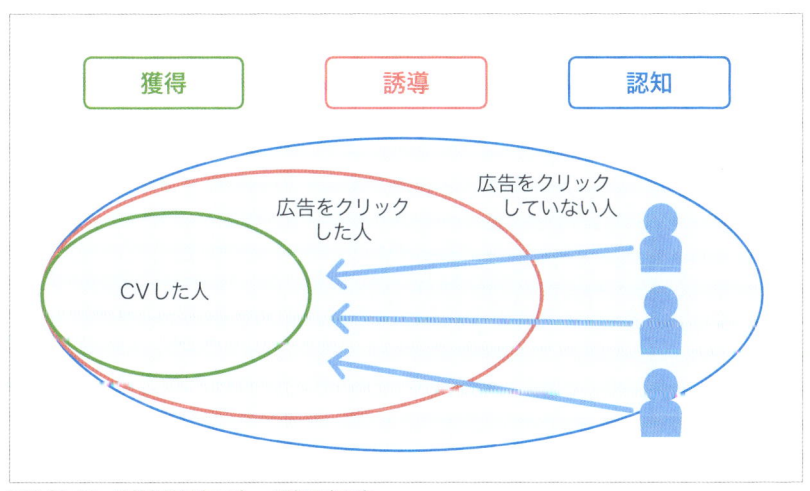

図6-13-02　間接効果測定：ビュー評価の考え方

　どちらの評価方法を採用するかは、現場のWeb担当者のマーケティングにおける課題と広告運用、マーケティング予算に応じた評価方法の選択が必要です。

貢献度の把握と配分モデル

コンバージョン（成果）に対して何がどれだけ貢献したか。施策別の貢献度を加重して評価する配分モデルという評価手法があります。ここでは、貢献度（アトリビューション）を把握するための代表的な配分モデルを解説します（図6-13-03）。

初回モデル	均等モデル	最終モデル
1	0.25 0.25 0.25 0.25	1
最初のタッチポイントだけを評価	全てのタッチポイントを均等に評価	最後のタッチポイントだけを評価
認知を重視し、初回の広告接触を重視したい場合に有効	それぞれの広告接触を均等に評価し、施策を判断したい場合に有効	顕在を重視した刈り取り向きの広告接触に有効　ラストクリックによる直接効果を評価する方法と変わらない

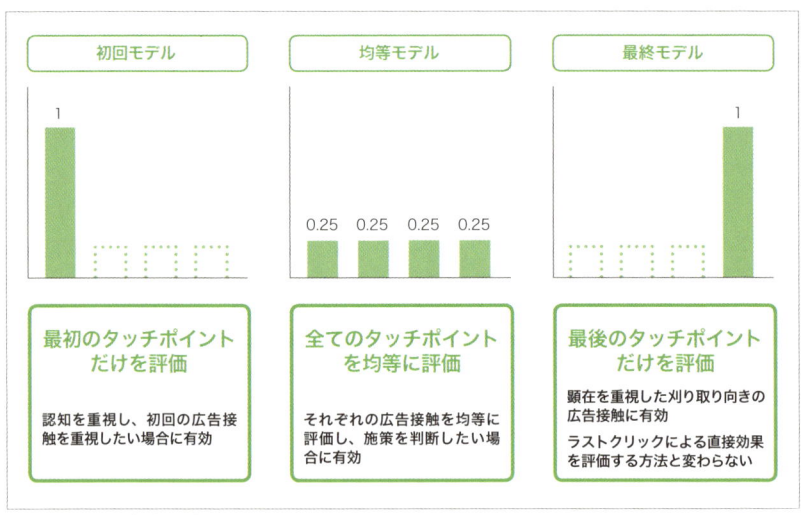

図6-13-03　貢献度を評価するための配分モデル

例えば、認知を重視し初回の広告接触を重視したい場合は、「初回モデル」が有効です。商品の販売サイクルが短い場合や顕在を重視した刈り取り向きの広告接触を重視したい場合は、「最終モデル」が有効です。はじめてアトリビューションの貢献度を実施する場合は、広告接触を均等に評価する「均等モデル」が有効です。

また、間接効果を実施する場合は、Chapter6-12-1、6-12-2の項で解説したアトリビューションの評価項目を事前に決めた上で、マーケティング課題に応じて配分モデルを活用していきましょう。

Glossary
※1　**ビュースルー**：バナーなどが見られ（視認され）、以降の検索・クリック・コンバージョンに影響する効果をビュースルー効果またはポストインプレッション効果といいます。
※2　**第三者配信アドサーバー**：第三者配信アドサーバー（3PAS:3rd Party Ad Serving)とは、広告主自ら媒体会社が持つアドサーバーの代わりに第三者アドサーバーを利用して広告配信することでインプレッションなどの広告掲載データからコンバージョンまでの分析を実施することが可能です。

6-14 広告の間接効果測定と貢献度評価 実践編

　広告の間接効果測定に必要なデータの読み取り方と改善策の導き方としてアトリビューション分析、貢献度評価と獲得シミュレーション、レポート作成上の注意点とPDCA設計について解説していきます。

広告の施策単位で直接効果と間接効果を把握

　広告の間接効果測定では、広告施策単位（広告メニュー）のタッチポイントから成果を把握し、①直接効果（コンバージョン）、②間接効果（貢献度）の順に結果の読み取りすることが大切です（図6-14-01）。

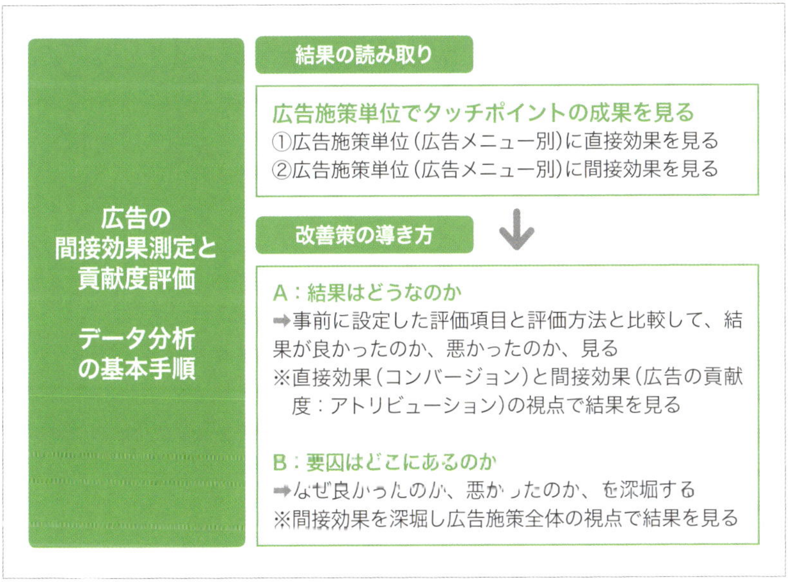

広告の間接効果測定と貢献度評価　データ分析の基本手順

結果の読み取り

広告施策単位でタッチポイントの成果を見る
①広告施策単位（広告メニュー別）に直接効果を見る
②広告施策単位（広告メニュー別）に間接効果を見る

改善策の導き方

A：結果はどうなのか
→事前に設定した評価項目と評価方法と比較して、結果が良かったのか、悪かったのか、見る
※直接効果（コンバージョン）と間接効果（広告の貢献度：アトリビューション）の視点で結果を見る

B：要因はどこにあるのか
→なぜ良かったのか、悪かったのか、を深堀する
※間接効果を深堀し広告施策全体の視点で結果を見る

図6-14-01　広告の間接効果測定と貢献度評価の進め方

　まず、直接コンバージョンを中心に把握します。次に広告の貢献度（アトリビューション）を中心に要因の特定を行い施策の改善に導くために深堀を行っていきます。

広告の貢献度評価とアトリビューション分析

広告の貢献度を把握するためにアトリビューション分析を行います。実際に改善を行うには、解析ツールを利用しコンバージョンパスから広告効果（直接効果と間接効果）を把握することが必要になります。

●コンバージョンパスからタッチポイントと広告効果の把握

図6-14-02の例は、100万円の広告予算で4つの広告施策を実施し、各ユーザーが初回訪問から獲得成果に至るまでの流れになります。直接効果と間接効果につながった広告施策を区別し、==コンバージョンパス（コンバージョンした経路）==[※1]を見ていきます。

```
広告予算（コスト）………… 100万円
広告施策（広告メニュー）… ①DSP：20万円、②ディスプレイ広告：40万円、③リスティング広告：30万円、④アフィリエイト：10万円
間接効果の評価方法 ……… 広告に接触したファーストクリックからコンバージョンまでを均等に評価（均等モデル）
```

	初回訪問	2回目訪問	3回目訪問	最終訪問	獲得成果
	ディスプレイ広告 1				CV
	ディスプレイ広告 0.5	DSP 0.5			CV
	ディスプレイ広告 0.33	DSP 0.33	アフィリエイト 0.33		CV
	ディスプレイ広告 0.25	DSP 0.25	アフィリエイト 0.25	リスティング広告 0.25	CV

従来はCPA軸にこの部分のみ対象として評価

広告に接触したファーストクリック（初回クリック）からコンバージョンまでの広告効果を把握し分析 ／ 間接効果 ／ 直接効果

図6-14-02　コンバージョンパスからタッチポイントと直接効果と間接効果を把握

広告効果測定ツールやアクセス解析ツール、第三者配信アドサーバーの管理画面からコンバージョンパスを取得し、直接効果と間接効果をそれぞれ見ていくことが必要です。

● 広告貢献度の把握とアトリビューション分析

　実際に図6-14-02のデータを活用し、Chapter6-13で解説したアトリビューション配分モデルを活用しシミュレーションした結果が図6-14-03です。

　広告メニューごとに予算、コンバージョン、CPA、タッチポイントを整理した表です。まず、直接CPAの数値から全体の直接効果を把握します。次に貢献度を把握するためにタッチポイントを見ていきます。

広告メニュー	予算(コスト)	CV	直接CPA	間接CPA	タッチポイント		
					直接効果	間接効果	トータル
DSP	¥200,000	1	¥200,000	¥185,185	1	1.1	2.1
ディスプレイ広告	¥400,000	0	¥0	¥370,370	0	1.1	1.1
リスティング広告	¥300,000	2	¥150,000	¥240,000	2	1.3	3.3
アフィリエイト	¥100,000	1	¥100,000	¥172,414	1	0.6	1.6
Total	¥1,000,000	4	¥250,000	¥250,000	4	4	8

※トータル：直接効果と間接効果の合計

タッチポイントで見るべきポイントと貢献度評価

直接効果➡コンバージョンの獲得効率を見る
※ラストにクリックしコンバージョンしたものを評価

間接効果➡広告の貢献度を相対に評価をする
※ファースト(初回)クリックからコンバージョンまでを均等に評価

トータル➡コンバージョンまでの継続的な貢献度を判断する
※直接効果と間接効果を総合的に評価

図6-14-03　図6-14-02のデータをもとに均等配分モデルを活用してシミュレーション

　また、タッチポイントでの直接効果は、コンバージョンの獲得効率を見ます。今回、広告評価の重み付けを同一の均等モデルで評価するため各広告メニューを相対的に見て間接効果も評価することが可能です。トータルでは、直接効果と間接効果を把握することで、コンバージョンまでの継続的な貢献度を総合的に判断します。

　図6-14-03の表の数値を利用し散布図やバブルチャートなどのグラフを用いて可視化することで、貢献度をふまえた各広告メニューのメディア評価を行い改善につなげていくことも可能です。

　図6-14-04の散布図は、直接CPAと間接CPAを軸にそれぞれのゾーンに各広告の役割を決めておきプロットした結果です。

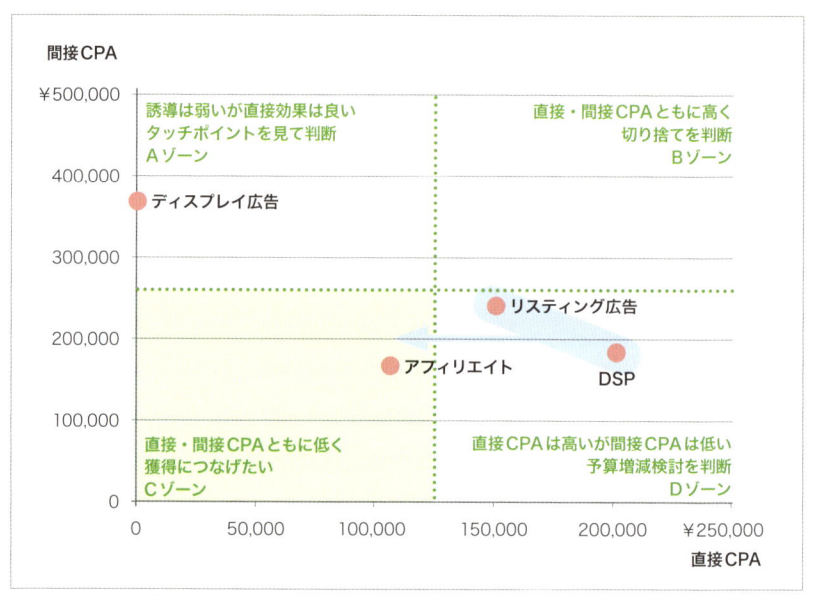

図6-14-04　貢献度をふまえた散布図を活用したメディア評価

　例えば図6-14-04では、リスティング広告やDSPが予算増減検討をしているDゾーンに位置しています。これを図中の矢印が示すように、Cゾーンをシフトさせたいとします。図6-14-03のタッチポイントを活用して、貢献度に応じた獲得シミュレーションを行うことで、リアロケーション(広告予算の再配分)※2 を実施することも可能です。

貢献度評価と獲得シミュレーションの算出

　ここでは、実際に図6-14-03の予算(コスト)とタッチポイント(トータル)の数値をもとに均等配分での貢献度に応じて獲得シミュレーションを算出していきます。タッチポイントの数値が低いディスプレイ広告の予算をリスティング広告とDSPに振り分けしていきます。

　図6-14-05では、ディスプレイ広告の予算を40万円から15万円へ変更しリスティング広告に20万円分、DSPに5万円割り振ります。
　また、コストを振り分け後に④のタッチポイントの数値を確認し獲得シミュレーションを算出していきます。広告予算をリスティング広告とDSPに振り分けすることで、広告の初回接触からコンバージョンまでの効果が全体で8ポイントから10ポイントと、2ポイント上がることになります。

6　広告効果測定

均等配分での貢献度

広告メニュー	①予算（コスト）	②タッチポイント トータル
DSP	¥200,000	2.1
ディスプレイ広告	¥400,000	1.1
リスティング広告	¥300,000	3.3
アフィリエイト	¥100,000	1.6
均等配分（アロケーション前）	¥1,000,000	8.0

均等配分での貢献度をもとに獲得シミュレーションの算出

広告メニュー	③新予算（コスト）	④タッチポイント トータル
DSP	¥250,000	2.6
ディスプレイ広告	¥150,000	0.4
リスティング広告	¥500,000	5.4
アフィリエイト	¥100,000	1.6
獲得シミュレーション（アロケーション後）	¥1,000,000	10.0

●獲得シミュレーションの実施

③：②のタッチポイントの数値をもとに新予算（コスト）を振り分けます。
④：③の数値をもとに獲得シミュレーションを算出します。

●獲得シミュレーションの算出式

④ ＝ ① × ② ÷ ③

図6-14-05　貢献度に応じた獲得シミュレーションの算出方法

均等配分結果からアロケーション前
タッチポイント（トータル）を用いた獲得シミュレーション

獲得シミュレーション（アロケーション後）：¥100,000
均等配分（アロケーション前）：¥125,000

●獲得シミュレーション

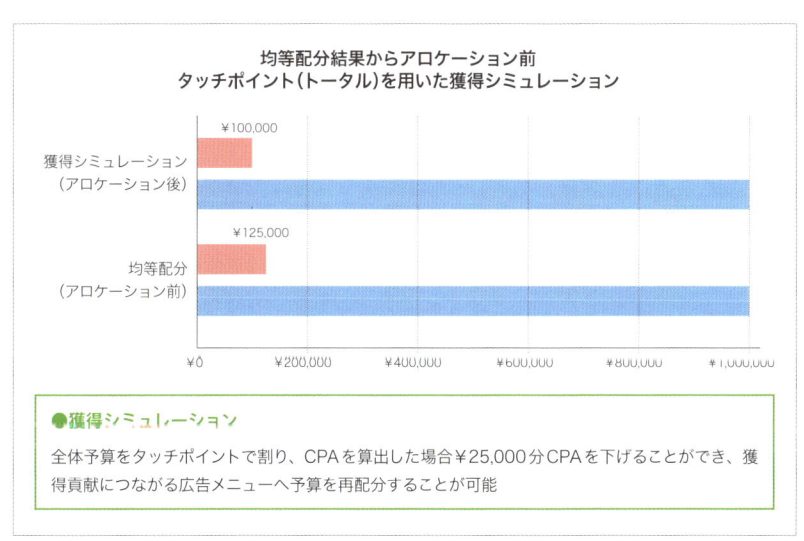

全体予算をタッチポイントで割り、CPAを算出した場合¥25,000分CPAを下げることができ、獲得貢献につながる広告メニューへ予算を再配分することが可能

図6-14-06　タッチポイント（トータル）を用いた獲得シミュレーション

　このように広告メニューの貢献度に応じて予算を再配分することで、コンバージョン（獲得）につながる意思決定が可能になります（図6-14-06）。

広告間接効果のレポート作成とPDCA設計

広告間接効果のレポートは、①結果、②要因、③施策の流れに沿って作成していきます（図6-14-07）。

```
結果  →  Step1：広告施策単位でタッチポイントの成果を見る
         広告施策単位（広告メニュー別）に直接効果・間接効果を分析し結果が良かったのか、悪かったのか、把握する

要因  →  Step2：広告の貢献度からファインディングスを導出
         タッチポイントから広告の貢献度を把握しアトリビューションをふまえたメディア評価を検討する

施策  →  Step3：貢献度をもとに広告予算の再配分（リアロケーション）や広告メニューの見直しをする
         貢献度に応じた獲得シミュレーションを算出し今後の広告予算をどう活用していくか検討する。貢献度の高い広告メニューへ予算を再配分（アロケーション）し広告メニューの見直しを行う
```

※Step1〜Step3の流れをレポート項目としてまとめレポート作成を行います。

図6-14-07　広告間接効果のレポート作成ポイント

　広告施策単位で直接効果と間接効果を把握し、タッチポイントから貢献度を把握しメディア評価を検討します。貢献度をもとに広告予算の再配分（リアロケーション）や広告メニューの見直しなど、施策の実行につながるレポートを作成していきましょう。

　また、ターゲットとなるユーザー層を意識して広告の貢献度を把握し、バランスよく広告施策を実施していくことが必要です。単純にコンバージョンとCPAのみで判断せず、貢献度に応じてバランスよく施策を実施していくことが重要となります。

Glossary
※1　**コンバージョンパス**：ユーザーがコンバージョンに至るまでの行動導線をいいます。コンバージョンパスをコンバージョン経路ということもあります。
※2　**リアロケーション**：貢献度に応じて広告メニューの見直しを行い広告予算の再配分することをいいます。リアロケーションを実施しコスト削減や広告パフォーマンスをつなげることが重要です。

Chapter 7

CRM分析

企業が利益を上げていくためには、潜在顧客 ➡ 顧客化 ➡ リピート顧客化という顧客育成・関係構築活動が必要になります。CRMは、そうした顧客との長期継続的な関係を構築し、企業と顧客の価値を最大化していくという考え方です。本章では、CRMやLTV、CRM分析、One To Oneマーケティングの基礎となるメールマーケティングについて、紹介します。

- **7-1** CRMとは
- **7-2** CRMとLTV 実施編(1)
- **7-3** CRMとLTV 実施編(2)
- **7-4** CRMとLTV 改善提案編
- **7-5** CRMとLTV ケーススタディ編
- **7-6** Eメールマーケティング 基礎編
- **7-7** Eメールマーケティング 準備編
- **7-8** Eメールマーケティング 分析実施編
- **7-9** Eメールマーケティング 改善提案編
- **7-10** Eメールマーケティング ケーススタディ編

CRMとは

CRM（Customer Relationship Management）とは、商品やサービスを提供する企業が、顧客との間に長期的・継続的で「親密な信頼関係」（リレーションシップ）を構築し、顧客のベネフィットと企業のプロフィット、両者の価値と効果を最大化することを目指す経営手法のことをいいます。

CRMの目的

CRMの目的は、顧客獲得から顧客維持という一連のマーケティング活動をマネジメントすることによって、顧客との関係を継続的に構築し、顧客一人あたりの生涯から得られる利益（LTV＝Life Time Value）を最大化することにあります。

そのために、年齢・性別などの属性情報、趣味・嗜好といったサイコグラフィック情報、購入・利用履歴などの購買情報、苦情・意見・要望といった問い合わせ履歴など、ITを効果的に活用して企業との接点におけるデータを収集します。そして、顧客層別のニーズ・ウォンツ、購買行動パターンを分析してセグメント化していくことで、より顧客に適したサービスや商品を効率よく提供し、顧客満足度を高めます。最終的に、顧客維持率やリピート率を高め、顧客一人あたりの生涯から得られる利益（LTV）の最大化、長期的な収益の向上を目指します。

なお、LTVは、広告活動としてどのくらいの予算を使うことが適切なのか、どのくらいの顧客獲得単価が適切なのかを逆算する指標の1つとしても活用できます。

CRMの手法 ── 分析

CRMそのものの考えかたは非常に幅広く、顧客との関係性の向上・維持を実践していく方法は多岐に渡り、また分析をしていくと際限なく奥深いものとなります。

本書では、顧客生涯価値の向上をはかるためのLTV分析、どのような購買行動を取っているかを把握してターゲティングをしていくためのRFM分析、定性的なアンケート、Eメールを利用したOne To Oneコミュニケーション分析について説明します。

● LTV（Life Time Value）分析

LTVとは、顧客と企業が取引を始めてから終わりまでの期間（顧客ライフサイク

ル)を通じて、その顧客が企業やブランドにもたらす損益を累計して算出した成果指標のことを指します。1人(1社)の顧客がある製品や企業に対して付き合っている間に支払う金額合計から、その顧客を獲得・維持するための費用合計を差し引いた「累積利益額」(または累積利益額を顧客数で除した金額)で求められます。

● RFM分析

RFM分析は、R(Recency：直近購買日)、F(Frequency：購買頻度)、M(Monetary：購入金額)によって顧客をグルーピングすることをいいます。つまり、ある顧客が、直近で買い物したのはいつか、どのくらいの頻度で来店しているか、これまでにどのくらいの金額を使ってくれているか、という3つの側面から顧客を分析する手法です。

一般的には、それぞれの項目を数段階で評価して、顧客別のデータを積み上げてマトリクス化し、各層・セグメンテーションごとにターゲット戦略を策定します。

● アンケート・インタビュー

定量データだけに依存した分析では、どうしてそのような行動をとったのか、どういうことが好きでどういうことが嫌いか、将来どういう行動をとろうとしているかといった定性的な情報が分からず、頭でっかちになってしまいます。そのため、アンケートやインタビューといった、顧客の声を直接聞くことも重要です。アンケートの手法としては、郵送や電話、Webアンケート、インタビューなどがありますが、WebマーケティングにおいてはWebアンケートが最も活用されています。

● EメールマーケティングによるOne To Oneコミュニケーション(分析)

Eメールは顧客や見込み客との関係構築において非常に効果的なマーケティングツールです。顧客に応じた個別(One To One)のアプローチが可能ですし、導入コストもダイレクトメールやアウトバウンドコール(企業から電話をかけてコミュニケーションをとること)と比べて安価です。また、プッシュ型のメディアなので、「いまこんなキャンペーンをやっていますよ」「こんな製品を本日発売開始です」というような情報をユーザーに届けることが可能です。名前やポイント数の差込などを行って、顧客個別に送ることも配信システム側で設定することができます。Eメールマーケティングの基本的な進め方は、計画(PLAN)、実行(DO)、評価(SEE)を繰り返すことにより、より効果的なマネジメントサイクルを回していくやりかたになります。

① PLANフェーズ

「コミュニケーション戦略立案(コミュニケーションプラン)」「クリエイティブ企

画」「システム設定」「オペレーション設計」を行います。Eメールマーケティングはただメールマガジンを送ればいいというものではなく、それではとても長続きしません。誰に、いつ、どのような内容のメールを送り、何を達成するのか(KPI)のプランニング(コミュニケーション戦略立案)が重要になります。また、データベースを活用したマーケティングを実施していくためのシステム設定やメール配信システムの選定、ターゲット別のクリエイティブ制作、社内での運用業務のためのオペレーション設計や社内調整を実施します。

②DOフェーズ

　「クリエイティブ制作(メール原稿の制作)」「システム運用」「配信オペレーション」を行います。ユーザーにとっては、送られてくるメールが企業との接点となるので、手を抜くとそれが伝わってしまいます。また、Eメールでは例えば金額を間違えて配信すると修正が効かない、データベースの差込設定や配信日時設定を間違えてはならないなど、運用業務では細心の注意を払わなければならない場面が多数存在します。多くの場合は、週次など定期的にメール配信を行う必要がありますので休むこともままなりません。DOフェーズでは、そうしたきめ細かい運用を実施していき、効果を上げていきます。

③SEEフェーズ

　メール配信結果の「効果検証」を行い、それをPLANフェーズ(戦略や企画)の再設計に反映していきます。メールマーケティングにおいてはいくつかの指標があり、配信通数を分母とし、開封数やクリック数を分子としたものを、それぞれ==開封率・クリック率==といいます。配信通数、開封率・クリック率についてはかならず継続的に基本データとして追っていき、さらにコンバージョン率などのデータを加えます。また、データ分析においては属性データや購買データとのクロス分析を行うことで、より深い効果検証を行って、次のプランニングにつなげていくことになります。

CRMの手法 ── テストマーケティング

　CRM施策においては、テストを実施しアクションにつなげていくことを多用していきます。先に述べているような分析結果を活用して、仮説を立案して短期・少数(コントロールグループ)に対して==テストマーケティング==を行い、その結果を踏まえて本施策を実施していくということが重要になります。データベースを活用したマーケティングを行っていくには、このテストマーケティングが成功の鍵といえるでしょう。

CRMとLTV 実施編（1）

LTVとは

　CRMの基本的な目的は「LTV（Life Time Value：顧客生涯価値）の最大化」にあります。LTVとは、顧客一人当たりの生涯から得られる利益のことを指します。
　LTVはどのようにして求めるのでしょうか？　一人当たりいくらの広告出稿で来訪・会員登録を行い（CPA：Cost Per Acquisition：顧客・ユーザー獲得コスト）、会員の登録維持費用は一人当たりいくらになるか、一人当たりいくらの販促費用で購入をし（CPO：Cost Per Order：注文獲得コスト）、その際の売上（購入単価×購入人数）はいくらだったのか、リピート顧客はどれくらいだったのか、今後何パーセントの割合でリピートされることで採算がとれるようになるのか、といった多数のデータを積み上げて、毎月・毎年LTVや収益シミュレーション・計算をしていきます。
　それではLTVの計算のために必要なデータとその計算方法の概要を把握しましょう。

ステップ1：LTV計算

　LTV計算は、表7-2-01のようなLTV表を作成することで算出します。
　単年度の収益を積み上げて累積し、それを1年目の新規顧客数で割ったものが一人あたりのLTVとなります。

		1年目	2年目	3年目
売上	新規顧客数	1,000名	0名	0名
	既存顧客数（既存顧客維持率50%と仮定）	0名	500名	250名
	顧客単価（新規）	1万円	1万円	1万円
	顧客単価（既存）	5万円	5万円	5万円
	売上金額	1,000万円	2,500万円	1,250万円
費用	システム費用	500万円	300万円	300万円
	広告宣伝費	1,500万円	0万円	0万円
収益	単年度収益	-1,000万円	+2,200万円	+950万円
	累積収益	-1,000万円	+1,200万円	+2,150万円
LTV	一人あたりLTV	-1万円	+12万円	+21.5万円

表7-2-01　LTV表

LTVは顧客一人当たりの生涯価値（利益）であるため、実際はもう少し複雑な計算となりますし、定義はいくつかあるため、ここでは簡便化のために新規顧客獲得は初年度のみとしています。その他、人件費などの費用も考慮に入れていないなど、非常に単純化しています。

ステップ2：LTV分析

LTVを計算・シミュレーションすることによって、目標とする利益達成のためにはどれだけの顧客数・顧客単価・顧客継続率が必要かなどを把握できます。

そして、LTVを増加させるために実行できる戦略や課題となっている数値に対する改善案を検討します。例えば、大きな施策単位でいえば、次のようなことが挙げられます。

- 新規顧客の獲得
- 既存顧客の維持率の向上
- 既存顧客の購入単価の増加

例えば、新規顧客の獲得は広告予算がかかるでしょうが、顧客維持率の高い顧客層が判別できていればその層に対しては積極的に行うことができます。また、既存顧客の維持率が低い場合は再購買を促進するためのインセンティブプランを計画する、既存顧客の購入単価を増加させるために送料無料の最低価格を引き上げる、といったことが挙げられます。

上記のようにさまざまな施策を実施することによって、収益（LTV）が変動します。こうした予算配分や施策のPDSサイクルをまわしていくところが、ダイレクトマーケティングにおける成功の鍵となります。

施策を実施していくためには、ここからさらにさまざまな分析を行い、ターゲティングにつなげていくことも必要になります。

LTV分析のポイント

　LTVにしろ、その先の分析にしろ、元々データベースを活用したマーケティングを実施する意図や設計が存在せず、そもそもデータが揃わないということも少なくないでしょう。たくさんの企業のデータを見ていても、ダイレクトマーケティングを長年実践しているような企業以外では、データがすべて揃っているということは極めてまれです。データの不整合、途中から取得データが変わってしまっていた、そもそも現担当者がデータ項目の意味が分からない、など十分あり得ます。

　最初から厳密なデータ分析をやろうとし過ぎず、現在あるデータでできるところまでやってみることや将来についてシミュレーションしてみることで、今後の大きな方向性を把握すること、これまでやってきていることがこのままで良いのかを振り返ることが重要です。

　そして、そのデータをもとにして施策をテスト実行してみて検証する、というテストサイクルを多く回すことで施策の精度が上がっていきます。

　さらに、次の戦略やシステム設計において、データベースをきちんと構築できるように反映していくことも中長期的に必要な準備になります。

CRMとLTV 実施編(2)

自社のターゲティングと施策の方向性を検討するために、いくつか追加の分析を行ってみましょう。

ステップ1：RFM分析

　CRM施策において重要なことは、ターゲティングに基づいたメリハリのある施策の実行です。休眠顧客に自社カタログを送り続けてもおそらく採算が取れないでしょう。自社にとって重要な顧客・顧客層はどのような属性をもった人たちで、どのような購買行動を取っているのか、休眠顧客をどこで線引きするのかを把握する手法として、RFM分析を使います。

　前にも書きましたが、RFMとは**R**（Recency：直近購買日）、**F**（Frequency：購買頻度）、**M**（Monetary：購入金額）によって、顧客をグルーピングすることをいいます。例えばそれぞれを5段階ずつに分類します。Rでいえば、直近3ヶ月購入者をR5、過去2年以上未購入者をR1とするなど、比率が一定程度の割合となるように、自社の商材や購買行動の特性を勘案して分類ルールを作ります。

　自社にとってより好ましい行動を5とすると、R5・F5・M5〜R1・F1・M1まで125のセルができます。最も好ましいセグメントと最も好ましくないセグメントにDMを発送してみると、かなりのレスポンスの違いが出てくるはずです。

　実際はそこまで細かく分類しなくても構いませんが、RFMによって重要顧客や顧客の内訳をデータで明確にして、DM発送の有無あるいはDM発送する際のクリエイティブやインセンティブを変更することによって無駄なコストの削減と効果向上をはかることができます。DM以外でも、コール（営業）や営業訪問のやり方などに応用できます。

　例えば、図7-3-01のようにRF分析（RFMの中でもより重要なファクターといわれている、RとFを取り出した分析）によって、その構成やグルーピングごとの特長、レスポンスなどを分析することができます。

　R5F5（直近での最終購買日も近く、購入回数も多い）は優良顧客、R5F1は試し顧客（直近で一度買ってみているだけ）ですので、F2への引き上げ施策が重要となります。

図7-3-01　RF分析

ステップ2: アンケート・インタビュー

　データを基にした分析をベースにするといっても、定量データだけに依存した分析ではミスリードされてしまうといってよいでしょう。データだけだと、どうしてそのような行動をとったのか、どういうことが好きでどういうことが嫌いか、将来どういう行動をとろうとしているか、といった定性的な情報が分からないためです。そのため、アンケートやインタビューといった、顧客の声を直接聞くということも忘れてはなりません。

　アンケートの手法としては、郵送や電話、Webアンケートなどがあります。メールを送付してそこからWebアンケートに回答してもらうということがコストや集計のしやすさなどから多く用いられています。ただし、ネットへの接触が少ない層（例えば高齢層）については、データがとりにくくなりますので、調査目的に応じて補完をすることも必要になるかもしれません。

7-4 CRMとLTV 改善提案編

LTV分析やRFM分析などから改善施策を提案し、LTVを高めていくPDCAを回していきます。

結果の読み取り方

LTV分析やRFM分析を行うと、自社における課題が見えてきます。例えば、次のようなものです。

- 顧客の継続率が約2年で大きく下がっており、原因が分からない
- M（Monetary：購入金額）の高い顧客が年々少なくなってきている

そこで、何を大きな課題として設定するかが非常に重要になってきます。売上・利益としてのインパクトや、競合他社との関係、将来必要なことなどを総合的に検討して優先度付けを行いましょう。

改善策の導き方（1）：LTVとRFMの組み合わせ

LTVの向上のために、一般的に最も効果があるのは==顧客維持率の向上==です。つまりリピート顧客を増やすためのマーケティング施策の実施になります。新規の顧客獲得には多額の費用がかかり、顧客を継続するより新規顧客の獲得のほうが5倍のマーケティングコストがかかるなどと言われています。

では、リピート顧客を増加させるために何が効果的でしょうか。当然ながら製品の品質・価格といった中核となるものの改善は必要ですが、リピートしてもらうためのインセンティブ設計や、RFMを用いて、以前購入していたが最近購入しなくなってしまった人に対して理由を聞き、追加的な施策をするようなことも効果があるでしょう。

改善策の導き方(2)：LTVとアンケートの組み合わせ

　LTVの向上のために、リピート顧客の継続率を高めるまたは顧客単価を上げていくことを検討するとしましょう。

　どうやったら継続率が高くなるのか、逆にいえば、なぜ継続しないで途中で離脱してしまうのか？ ということは、定性的なものであったり個々に事情があったりすることが多いので、アンケートなどで顧客の声を聞き、それを施策に反映していくことが重要になります。

　例えば、離脱してしまった理由は、競合他社でより評判がいい製品が出されてブランドスイッチが行われたからなのか、コールセンターのサポート対応で感情的に注文をしなくなったのか、単に家庭の事情や個人的に必要がなくなって使わなくなったのか、いろいろと考えられます。もし、離脱理由が競合比較で自社製品が品質や価格面で劣っているようになって多数の顧客が流出しているようなことがあれば一大事です。

　そのため、こうしたLTVと紐づく定性的なアンケートを定期的・定点観測的に実施することによって、施策に反映していきます。

7-5 CRMとLTV ケーススタディ編

　顧客との関係構築におけるフェーズとして、見込顧客の顧客化、顧客のリピート化という段階があります。ここでは、そうしたフェーズにおいて重要なポイントをみてみましょう。

具体的案件想定：
通販・ECを行っている企業における顧客化とリピート化

　通販・ECを行っている企業を想定します。見込顧客の顧客化においては、リスティング広告など主に広告という手段を取りサイトへ誘導します。その際に、サイト誘導後すぐに購入してもらうという狙いももちろんありますが、衝動買い的なことでなければ、生活者は他の製品と比較したり、試したりしようとしますので、企業はまず個人情報の取得をし、その後フォローしていくことがより重要になります。つまり、お試し購入や無料サンプル、エントリー商品などを用意して、なるべく購入の敷居を低くして見込客の顧客化へと導きます。

　広告にはそれなりの費用をかけているにもかかわらず、その後のフォロー設計が弱くなっていないでしょうか。LTVの増加のために最も重要なことは==リピート率の向上==です。一般的に引上率と言われる指標である、1回目購入率あるいは2回目購入率について詳細に分析し、改善施策につなげていくことが重要となります。

準備と計画：顧客化の指標である引上率とLTV分析

　まず現状の引上率を分析してみましょう。引上率が、属性によって、購入商品によって、どのような差異があるのか、フォローについてのセグメンテーションは適切だろうか、コールやメールなどのフォロー施策の部分で弱いところはないだろうか、セグメンテーションごとのメッセージは適切だろうか、などデータ収集・分析するポイントは多くあります。

　次に、引上率が自社のLTVにどれくらい寄与しているのか、どのくらい重要なことなのかを改めて分析してみましょう。1回目・2回目の購入者がどのくらいのリピート率なのか、どの商品の購入者がどのくらいのタイミングでどのくらいの頻度でリピートしやすいのか、逆にリピート率をどのくらい引き上げられればLTVがどのくらい増加するのかを分析してみましょう。

改善提案：フォロー施策のシナリオ精緻化

　分析によって、フォロー施策についての改善ポイントが分かってくると、フォロー施策のシナリオの精緻化を行っていく改善ができるでしょう。

　実際の送付物・商品、DM、コール、メールなど、顧客と接点を持つポイントはマルチチャネル化しています。異なるチャネルであっても顧客とのコンタクトが一元化されていて、履歴に応じたコミュニケーション・関係構築が行っていくことが理想的です。

　しかしながら、コールが中心施策となっていて他チャネルとの連携が取れていなかったり、メッセージが不統一だったり、システム上のデータ管理や管轄部署が異なっていて施策が打ち出しにくいということもあるでしょう。双方向のコミュニケーションが可能なコールは最も強力な施策ですが、コストもかかり、日中のコールに出てくれない・出られない生活者は年々増加しています。

　そうした中、DMとEメールのフォロー施策で、ターゲット・タイミング・コンテンツ・デザイン・インセンティブを統合した形でコミュニケーションを取っていく方法の重要性が増しています。データを一元的に管理し、どういう反応を示したかをデジタル化し、特にEメールやWebサイトの行動履歴を元にして、送るメッセージを出し分けるようなことが可能になっています。より多様・きめ細かいCRM施策・シナリオ設計を行っていくことが求められてきています。

7-6 Eメールマーケティング 基礎編

　Eコマース企業はもちろんのこと、実店舗を中心として展開する企業においても、顧客に会員登録をしていただき、個人・属性データの取得と企業からの情報発信は一般的となっています。その中で最も重要・効果的な施策は、Eメールアドレスの取得によるメールマガジンの配信になります。

Eメールマーケティングとは

　Eメールマーケティングとは、Eメールを活用したプッシュ型のマーケティング活動をいいます。Eメールによるコミュニケーションは、老若男女やPC・スマートフォン・携帯などのデバイスを問わず、たいてい誰でも活用しており、生活者自身からの配信許諾を取得すれば、どんな業種業態においても企業から生活者に直接アプローチをすることができます。さらに、属性や希望情報など、データベースによるターゲティング配信、日時・タイミング指定の配信が可能で、DMやコールと比較して非常に安価であり、プッシュ型ツールならではのメリットの多い施策としてまず取り組んでいくべきでしょう。そもそもプッシュ型でアプローチできるようなツールは、最近はソーシャルメディアの一部（LINEなど）やアプリのプッシュ通知で見られるようになっていますが、メール以外ではあまり見当たらないのが実状です。

　一方で、メールマガジン自体は当たり前になりすぎているために、開封率は少しずつ低下してきています。また受信者側も、クーポンなどの直接的な受信メリットや興味深いコンテンツ、タイミング、商品内容の点で自分により適したコンテンツを求めています。

　企業にとっても、単に自分たちの都合で企業からの一方的な情報を一斉配信するばかりでなく、CRMの概念や目的と結びつけ、データベース項目や購買情報との紐付けを行ったうえで、ターゲットの選別とターゲットに合わせた適切なコンテンツの配信、企業側が持つ顧客の行動情報とレコメンデーションエンジンを連携した情報発信など、IT基盤を有効に活用し、できるだけ顧客視点でOne To Oneマーケティングに近づけられるような施策が求められています。

Eメールマーケティングの目的/役割

　Eメールマーケティングの基本的な目的は、メール配信による直接的なレスポンス(Webサイトへの誘導、来店)やコンバージョン(商品購入、クーポンの利用など)にあるといえるでしょう。

　特にECサイトにおいては、メールからの売上が、全体の20〜30%を占めているという企業が少なくありません。メールからの売上は、広告からの売上と比較して低コストであり、規則性がある(メールマガジンは毎週配信などの定期配信を行うことが多い)ので予測が立てやすいツールです。

Eメールマーケティングのポイント

　では、Eメールは配信し続ければ、売上があがる魔法のツールでしょうか？　確かに、Eメールは配信した分だけ売上はあがっていくでしょう。しかしながら、送信のし過ぎによりオプトアウト(配信停止)が大量に発生したり、オプトアウトしなくても迷惑メールボックス行きになってしまったり、不快感を与えてしまったり、逆効果を起こしてしまうことが十分あり得ます。

　短期的な視野に囚われず、Eメール会員との長い関係作りという視点を持って、コミュニケーション設計をしていくことが重要なポイントです。

Eメールマーケティング 準備編

　Eメールマーケティングは、単に定期的にメールマガジンの配信をしていけばいいというものではありません。受信者との関係を構築し、より効果を上げていくために、「戦略設計」と「運用設計」が必要となります。

準備1：戦略設計　方針策定・プログラム作り

　Eメールによるコミュニケーションは、ターゲット、タイミング、コンテンツ、デザイン、インセンティブ（受信者にとって）を設計する必要があります。つまり、誰に、いつ、どのような内容・イメージを訴求して、直接的・間接的効果を出し、飽きられないようにするかというプログラムを事前に準備しておかなければなりません。

　Eメールマーケティングの方針を策定する際には、図7-7-01のように種類ごとにEメールマーケティングのプログラムを整理・策定するとよいでしょう。プログラムのバランスが、重要です。スポットプログラムだけに偏っていたり、フォロープログラムが不足していたりということがよく見られます。

プログラム	目的と展開
ブランディングを目的とした長期的な **ベースプログラム**	・企業やサービスに対する安心感・信頼感の醸成を目的とする。 ・商品・サービスの告知は少なめにし、読み物として役に立つ、また、面白い内容のメールを長期的・継続的に配信する。 （ブランディング：プロモーション＝8：2が目安）
単発のプロモーションを目的とした **スポットプログラム**	・商品・サービスのプロモーションを目的とする。 ・各商品・サービスに興味のあるユーザーをどのように抽出するかがポイント。 （ブランディング：プロモーション＝2：8が目安）
新規登録／購買などを起点とした **フォロープログラム**	・新規登録や購買をトリガーに商品やサービス利用のフォローを目的とする。 ・新規登録者に知ってもらいたい情報、購買した商品に関連する情報などを配信し、満足度向上、クロスセリング、アップセリングにつなげる。

図7-7-01　Eメールマーケティングプログラムの整理

準備2：運用設計　実施にあたっての稼働・体制・システムの準備

　Eメールマーケティングは、毎日・毎週・隔週・毎月など、定期的に制作業務・コンテンツの支給やシステム設定・確認業務が発生するため、稼働計算や社内の協力体制を含めた運用体制を構築する必要があります。

　Webサイトと異なり、Eメールは原稿の誤記載があると配信後であれば修正やお詫びをしなければなりません。そうした意味では、紙媒体と同様のチェック体制が必要です。また、クリエイティブ制作の視点からすると、単にバナーを羅列しただけのEメールでは、受信者に手抜きをしているように思われてしまいます。かといって、配信のたびに新コンテンツやオリジナルコンテンツを用意していくのは稼働の確保やコストといった意味でも大変です。コストとベネフィットのバランスを考えておかなければなりません。そのためには、社内の制作チーム以外に助力を仰ぐ側面も必要といえるでしょう。

　また、Eメールマーケティング実施にあたっては、データベース管理や専用のメール配信システムの準備が不可欠です。例えば、Eメールでは、お客様の名前やポイント数を差し込んで配信を行うことが比較的容易にできます。「あと○円お買い上げになればランクアップします」といった、ポイントをうまくインセンティブ活用するメールなどは高い効果をもたらします。しかし、その名前差し込みを一行間違えて配信してしまった場合は、情報漏えいのクレームとして対応に追われることになってしまうでしょう。そうしたトラブルを防止し、効果を上げていくためには、システム基盤の準備が非常に重要になります。

　メール配信システムは、専門会社が提供するASPサービス（場合によっては、SaaSやクラウドともいわれることがある）を利用するのが一般的です。現在の日本におけるメール配信環境では、ISPや携帯電話会社における配信ブロックなどによってメールが到達しないということが起こり得ます。ASPサービス会社はそういった対策を行っており、システムもきめ細かい対応をしていることから、専門会社が提供するASPサービスを利用することがベターでしょう。

Eメールマーケティング
分析実施編

　Eメールマーケティングの実施面については、戦略、制作、設定など検討事項は多岐に渡りますが、ここでは分析の実施に焦点をあてます。

ステップ1：基本指標の理解

　Eメールマーケティングでは、メール配信システム側で開封率やクリック率といったメール配信に関するデータをトラッキングすることができます。

　メール配信では、メール配信を行った通数に対して、かならず不達となるメール（いわゆるエラーメール）が存在します。受信者のメールアドレスの変更や、携帯キャリアの切り替えなどがエラーメールとなる理由です。配信成功数に対して、開封・クリックする受信者はさらに絞られていくため、図7-8-01のような指標データが段階的に取得されます。

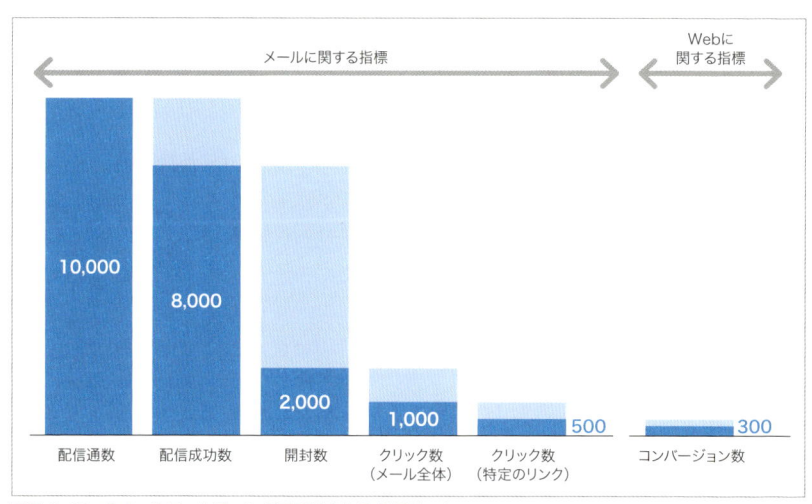

図7-8-01　Eメールマーケティングで取得される指標データ

　配信通数を分母とし、開封数やクリック数を分子としたものを、それぞれ==開封率・クリック率==といいます。配信通数、開封率・クリック率については、かならず継続的に基本データとして追っていきます。

ステップ2：基本指標と合わせて見るべき指標

　ステップ1のEメールマーケティングの基本指標は、配信単位で把握するログデータであり、比較的短期的な指標といえるでしょう。こちらは配信システム側で統一的に取得できるため、データの取得も容易です。

　それに加え、アンケートといった定性的なデータや、メール以外の顧客データや行動データなどを掛け合わせて、データ分析を行うことができます。例えば、男女別・年代別の開封率とクリック率、顧客ランク別の開封率とクリック率・コンバージョン率などです(図7-8-02)。

	メール部分		メール以外の部分
	配信ログ分析 （配信結果から分かること）	**アンケート分析** （ユーザーに直接聞くことで分かること）	
ダイレクトレスポンス （短期的な検証項目）	・配信成功数／率 ・開封数／率 ・クリック数／率 ・アンケート回答数／内容 ・配信停止数／率	・メールの長さ、読みやすさ ・配信頻度 ・コンテンツ ・デザイン	**属性データ** 年齢／性別／専門領域／居住地域／利用目的／興味のある情報／趣味　など **顧客分析データ** 顧客ランク／顧客生涯価値（LTV）　など
ブランディング （中長期的な検証項目）	・連続アクション状況 ・時系列でのログ収集、分析	・サービスの認知度 ・ブランドのイメージ変化 ・サービスへのロイヤリティ	**その他** 認知経路／アンケート結果　など

図7-8-02　Eメールマーケティングのデータ分析

　また、メール配信システムとアクセス解析を組み合わせることで、メール配信後のコンバージョンなどの行動履歴を追うことが可能となります。さらに、データベースと組み合わせることによって、どのメールから、誰がいつ何を購入したのかなどのデータを取得し、分析することができるようになります。

- メール配信システム
- アクセス解析ツール
- 顧客データベース

　このようなさまざまなデータを組み合わせてみることによって、より深みのあるデータ分析ができるようになりますが、事実上は、アクセス解析ツールや顧客データベースまで紐付けを行った分析を、日常的に行っていくことはハードルが高いので、ここではメール配信システムにおける指標とアンケート、顧客データとのクロス分析を基本として理解しておきましょう。

ポイント: KPI評価指標の考え方

　Eメールマーケティングでは、メール配信単位で売上のトラッキングが可能です。そのため、KPIとして直接的に売上だけとか、クリック率だけを求められるようなことが散見されます。

　もちろん、売上やクリック率は必要であり、重要なKPIの1つであることに間違いありません。ただし、それだけを求めては短期的な視野に陥り、最も重要である顧客・受信者との関係を構築するということが忘れ去られ、中長期的な信頼関係を構築していくことはできません。そのためには、定量的なデータだけでなく、定性的なデータや受信者の声、担当者の感覚といったものも含めてデータ分析していくことが大事になります。

7-9 Eメールマーケティング 改善提案編

　Eメールマーケティングを実施し、実際にデータを取得していきます。その結果が良いのか悪いのか、どういう観点で改善していくのか例を見ていきましょう。

結果の読み取り方：Eメールマーケティング

　Eメールマーケティングの結果データについては、単発の配信に対して良かった悪かった、どこのURLがクリックされていたなどという検証も行う必要があります。

　自分たちのメール配信結果が、競合他社や市場の平均よりいいのか悪いのかという点が気になるかもしれませんが、メールアドレスの獲得方法やターゲティング、セグメンテーションなどによって、自ずと結果は異なってきます。また、当然他社のデータは見ることはできないので、実状として他社比較などは行えず、自社での経験から結果を読み取り、改善ポイントを考えていくことになるでしょう。

　また、中期的に反応を見ていくためには、時系列的にデータを追っていくことが必要です。3ヶ月前、6ヶ月前、1年前と比べてどうなっているだろうか。一般的には、メール受信者がどんどん増加しているような状態でなければ、開封率とクリック率は、徐々に低下していくため、それをいかに食い止めていくかということを考えていきます。

改善策の導き方：開封率やクリック率向上のしかけ

　Eメールマーケティングにおいては、開封率やクリック率が重要な指標となります。それが、予想を超えてどんどん低下していっては話になりません。

　まず、ターゲットとコンテンツは適切でしょうか。例えば、受信者は中高年の男性のほうが多いのに、若年層向けのコンテンツや商品掲載が中心になっていないでしょうか。メール制作担当者の感覚と、メインの受信者層の感覚が異なっていることがよく見られますので注意が必要です。セグメンテーションを細かくしていくと、制作や運用業務が増加するのでバランスが必要になりますが、全員に一斉配信を続けていくだけでは、どうしても飽きられてしまうでしょう。受信者の立場に立てば、総花的なメールコンテンツよりも、より自分の興味にあったメールが送られてくることが、メールの継続開封につながります。

開封率は見た受信者数を表す指標ですが、開封率に最も影響を与えるファクターは、メールの「==件名==」です。プレゼントなどのインセンティブを有効に活用して、より多くの人に、何だろうとか見てみたいと思わせてメールを読んでもらう件名の付け方が重要になります。

　もう1つの重要指標である==クリック率==は、メール本文からWebサイトに飛んだ受信者数を表す指標であり、開封率からさらに一歩踏み込んだアクション数を表します。メール本文からクリックさせるためには、メールに全てを書き過ぎず、受信者がクリックしなければ分からないような表現をすることがポイントの1つになります。

　==メールのデザイン==も大事なポイントです。現在は、TEXTメールではなく、画像・写真や文字の装飾が行えるHTMLメールが主流となっていますが、デザインが1年も同じだと、受信者としては更新されたような気が起こらず、開封行動を行わなくなってしまいます。

　また、メールの受信者に対して、適切なインセンティブは用意されているでしょうか。やはりメールの中に、プレゼントなどがあると開封率が上昇します。インセンティブとは必ずしも、プレゼントだけを指すわけではありません。よりターゲットにあったコンテンツ、読者限定価格やクーポンなど、毎回でなく、時々でもいいので、読者がメールマガジンを受信しておいて良かったと感じてもらうことが重要です。

Eメールマーケティング ケーススタディ編

Eメールマーケティングを実施している企業は多いです。そのため、ここでは新しく始めるケースよりも、現状の改善をはかるという事例をケーススタディとして取り上げます。

具体的案件想定：
開封率とクリック率が低下してきており、打開策を検討したい

Eメールマーケティングをこれまで数年間にわたって実施しており、これまで一定の効果を上げてきています。メール配信日は売上やアクセス数が増加し、全体売上の中でもメールをきっかけにしたものは数十％を占めると考えられています。

しかし、徐々に開封率とクリック率が低下してきているため、なんらかの方策が必要と考えられるのですが、なかなかいい案が思い浮かばず、かといってメールからの売上を減らすわけにはいかないため大きな変更を加えにくい。このような場合はどうすればよいでしょうか。

準備と計画：定量的・定性的側面からの現状分析、仮説へ

まずは現状把握とデータ分析を行います。過去1～2年のデータがあれば、まずその時系列分析を行ってみましょう。メールの開封率・クリック率といった基本データから、コンバージョン・売上といった購買データ、可能であればLTVといったものもあればリピーターの獲得度合いも分かってよいでしょう。

また、開封率やクリック率が良かった・悪かった配信原稿やメールの件名を並べて、どのあたりに原因があったのかを検討してみましょう。アンケートを実施し、顧客の声を直接聞くことも良いフィードバックになります。

最終的に、開封率やクリック率、コンバージョンがどうして低下してきているのか、あるいはどうやったらキープできそうなのか、ターゲット、タイミング、クリエイティブ、デザイン、インセンティブといった要素ごと、また総合的に仮説を立ててみましょう。たいていは1つの要素ではなく、いろいろな要因が絡み合っていることが多いので、それほど単純にはなりません。が、結論や方向性はシンプルなもの何点かに持っていくことが仮説立案のポイントです。仮説は分析だけから来るものではなく、こうしていきたいという意志を含めてもいいでしょう。

改善提案：ターゲティング×クリエイティブ変更と、A/Bテストによるトライアル検証

　分析や意志から仮説を立案し、大きな方向性を出し、具体的にどのような改善をしていけばよいでしょうか。

　Eメールマーケティングの改善でよくあるパターンとしては、==ターゲティングの変更（細分化）とそれに合わせたメールの配信目的などの媒体定義の変更、あるいはクリエイティブのリニューアル==が挙げられます。

　媒体定義の変更では、これまで一律で配信してきたメールを男女別に分けるとか、年代層別にして配信するコンテンツの中身を変更する、男女別×年代層別といったターゲティングの変更が挙げられます。ターゲティングの要素を1つ増やすだけで、セグメンテーションは掛け算で増加していくため、配信コンテンツを用意する運用負荷がかかってしまいますが、セグメンテーションをしっかりできていかないメール媒体は、中長期的にはやはり価値の低下を避けられません。

　クリエイティブ・デザインも適切なタイミングで変更が必要です。Eメールマーケティングにおいては、まずテンプレートを作成して、それを運用で回していくということが多いのですが、そのテンプレートが長期間にわたって変更されていなければ、どうしても飽きが来てしまったり、更新されていない印象を持たれたりしてしまいます。媒体の方向性に合わせて、リニューアルを実施します。

　さて、こうした改善の実施にあたっては、効果や影響度合いを調査するために、==A/Bテスト==（スプリットランテスト）を実施して、効果を高めていくあるいはマイナスの影響を最小限にする方法がよいでしょう。

　A/Bテストとは、1つの選択をしなければならない場合に、複数のパターンをなるべく同一の条件下でテストを実施し、結果データを見てそのパターンを選ぶことをいいます。

　現状デザインとリニューアル後デザインでのA/Bテスト、ターゲティング別のA/Bテストなどを短期間小規模に行っていくことで、より確度の高い選択をしていくことができます。

　例えば、いわゆる"かっこいいデザイン"が"売れるデザイン"とは限りません。かっこいいデザインに変更したことによって、見栄えはよくなっても購買意欲が低下していたということもよくある話です。そういったケースは、A/Bテストを実施することによって、最も効果が高いだろうというものを選択できます。

Chapter 8
ソーシャルメディア分析

ソーシャルメディアには、人と人とのつながりを可視化し、コミュニケーションツールの側面もあります。スマートフォンの普及と相まって、急速に拡大し、確実に生活に溶け込みました。企業もデジタルマーケティング戦略において、ソーシャルメディアを軽視することができなくなり、様々な施策、試みが行われています。

8-1　ソーシャルメディアとは
8-2　ソーシャルメディア データ分析　Facebook編
8-3　ソーシャルメディア データ分析　Twitter編

8-1 ソーシャルメディアとは

現在の企業の組織運営において、ソーシャルメディアの運用は必要不可欠なものになってきています。ソーシャルメディアとは人と人とのつながりを促進・形成していくWebサービスのことを指し、Twitter[※1]やFacebook[※2]などが身近な例として挙げられます。

コミュニケーション手段として広く活用され、その利用率は、個人や企業も含め、大きく伸びています。

ソーシャルメディアの普及による変化

インターネットの普及は、個人が情報や自らの考え、主張を伝え、人脈を広げ、情報を発信することを可能にしました。

その結果消費者は、既存のメディアの情報よりも、ソーシャルメディア上の情報をもとに、製品などを購入するように変化してきています。ホームページも、検索よりソーシャルメディア経由でアクセスされる傾向が増加しています。

ソーシャルメディアとビジネス

特に企業におけるソーシャルメディアの運用には、経営的な観点が重要です。というのも、新しいメディアやテクノロジの活用は、ビジネスのやり方、その発展に大きく影響するからです。

ソーシャルメディアを使うことによって、今後の自社のビジネスにどう影響するのか、どう使えば顧客との関係性を強化できるのか、ソーシャルメディアの変容に合わせて、企業活動においても試行錯誤を繰り返していくべきです。つまり、そのPDCAが非常に重要となってくるのです。

ソーシャルメディアの種類

●**ソーシャルネットワーク** 例)Facebook、mixi

人と人とのつながりを重視し、コミュニケーションを円滑にする手段や場を提供する会員制のサービス。基本的な使い方はプロフィールで自己紹介をし、趣味や嗜好、特技、居住地域や出身地などで相手を探し、日記機能、メッセージ送受信、写

真/動画アルバム機能などでコミュニケーションを行います。グループ（コミュニティ）を生成し、親しい人と特定の話題を取り上げて議論したり、宣伝するなどの使い方もあります。

　基本的な利用は無料。利用者数の多さと滞在時間の長さから、企業が特に注目しているメディアの1つです。比較的新しい種類のサイトであることから、まだ未知の部分も多く、日々進化・変容を続けています。企業自身が会員登録して公式ページを所有し、顧客と交流するケースや、広告を掲載するケースも多数存在します。

●**ブログサイト**　例）アメーバブログ、はてなブログ、Blogger（Google）

　個人や企業の社員などによって運営される、インターネット上の日記の総称。内容としては時事ニュースや専門的分野に関して意見や分析結果を表明したりする形式が多く、オプション機能などを除いて利用は無料。著名人の宣伝活動としても広く活用され、ユーザーは好きなタレントの読者登録をすることもできます。最近では戦略的に活用する事例も増え、人気のあるブログは企業や広告代理店が利用するケースも多くあります。

●**動画コンテンツ共有サイト**　例）YouTube、ニコニコ動画、USTREAM

　YouTubeは動画を投稿、視聴するサイト。投稿、視聴ともに基本的には無料で利用可能。企業のプロモーション動画や、料理、各種レッスン、旅行記、音楽の演奏など、幅広い種類の動画が投稿され視聴されています。リアルタイムでのコミュニケーションが可能なニコニコ生放送（配信は有料）やUSTREAM（配信無料）では、簡単に生放送ができ、ニュース番組やバラエティ、お笑い番組、討論会などが常時放送されています。

●**写真共有サービス**　例）Flickr、Picasa、Instagram

　アップした写真を、特定の知り合いと共有したり、ブログやソーシャルメディアを通じて公開もできるサービス。最近ではスマートフォンで動画を撮影し、そのまま音や質感などを編集して公開できるサービスも登場しています。

●**簡易ブログサイト**　例）Twitter

　不特定多数、または特定の人に向けて、短いメッセージを発信できるサービス。短い文章とリアルタイム性が特徴で、チャットのようにユーザー間で会話的に使われています。多くの情報を伝えることはできないので、短いメッセージの中に企業サイトなど目的のページやコンテンツへの誘導を配置したり、メッセージ拡散の協力を依頼するなど、プロモーション的な使い方も多く存在します。

●**プレゼンテーション共有**　例）Slideshare

　セミナーなどで使用したPowerPointなどのデータをアップロードし、ユーザー間で共有できるサービス。アップロードしたファイルは、ブログの記事やサイトに埋め込むことができます。

●**ソーシャルブックマーク**　例）はてなブックマーク、Digg

　お気に入り（ブックマーク）のオンラインコンテンツを、不特定多数のユーザー同士で共有できるサービス。同一アドレスを登録している他人のブックマークを見たり、同一タグで分類している他人のブックマークを見たりすることで同じ趣向のコンテンツが見付けやすくなる。国内でははてなブックマークの影響力が非常に大きいです。

●**キュレーションサービス**　例）Naverまとめ

　インターネット上で収集した情報に、新しい価値を持たせて提供するサービスの総称で、Naverまとめが代表的です。企業がある程度恣意的に提供しているコンテンツもあるものの、構造がリンク集に近いため、ユーザーには分からなくなっています。それらは実質的には広告媒体となっています。

　各機能や特性を知り、複数のメディアを効率的かつ効果的に活用することが運用の大切なポイントです。

ソーシャルメディア分析の意義

　ソーシャルメディアを企業活動に活用する企業が増えてくる中で、ソーシャルメディアのモニタリング、あるいはリスニング（分析）が必要になってきています。

　以前はアンケートやインタビューなど、企業が顧客の声を聴く機会は限られていたのが、ソーシャルメディアの普及によって顧客の日常の声を恒常的に収集することができるようになり、注目されています。

●**ソーシャルリスニング**

　ソーシャルメディア上にあるユーザーの生の声に焦点を当て、トレンドや自社（商品）に対する評価、意見などを調査し分析を行うことです。メリットは①ユーザーが日常的に語っている内容を分析するので、質問に影響されることがないこと。②生の声が聴けること。③短期間かつ低コストで実施できること。

　また自社コンテンツ内だけで実施する狭義のものと、世の中のソーシャルメディア上で実施する広義のものが存在します。

●ソーシャルリスニングの活用方法

ソーシャルリスニングを実施する目的は、大きく分けて次の5つに整理できます。

- **言及状況の把握**
  ブランド言及数・好意の度合いなどを把握する

- **インフルエンサー・アンバサダーの抽出**
  インフルエンサーを発見し、活用するなど波及効果を高める

- **リスクマネジメント**
  風評や炎上の元を把握する
  予防対策を実施する

- **商品開発**
  消費者の声や批評から、商品開発やマーケティング活動のヒントを得る

- **カスタマーサポートの強化**
  製品やサービスのサポートに意見や不満を持つユーザーに企業側から接触し、ユーザーの問題を解決する

ソーシャルメディア分析のポイント

　ソーシャルメディア上で聴いた顧客の声を、改善や新たな施策へと活用していくことが大切です。ソーシャルリスニングに初めて取り組む際のポイントは6つあります。

●数値は完璧ではない

　判定の技術自体もまだまだ完璧ではないため、投稿分析の数値データは相対値として使い、意識し過ぎないほうがよいです。ユーザーの思考の大局をつかむほうことが重要です。

●競合と比較する

　好意的(および悪意的)な投稿比率は、業界や業態によって違うので、数値は競合他社と比較することが大切です。

● **Twitterを分析対象に入れる**

Twitterは気軽に書き込む傾向が顕著です。ピークが明確で傾向がとらえやすいという点で、ソーシャルリスニングに適したメディアといえます。

- 情報の即時性を活かした「**対話によるエンゲージメントの向上**」
- キャンペーン情報を流すことによる「**販促・プロモーション**」
- クレームにすぐに対応することによる「**カスタマーサービス**」
- 情報のオープン性を活かした「**コラボレーション**」

上記4つの指標を定量的な数値の比較と定性的な文脈の検証で分析することが重要なポイントです。

● **Facebookは分析対象として重視しなくてもよい**

Facebookは分析対象数は多いものの、他人を意識して表層的な意見を投稿している人も多いので、特定のユーザーを対象とする以外は、重視しなくてもよい場合もあります。

● **分析対象メディアは自社ブランドに合わせて検討する**

基本的にはTwitterとブログを分析対象とすればよいのですが、その他に何を分析対象とするかは、自社の特徴に合わせて検討しましょう。例えば、Q&Aサイト（Yahoo!知恵袋など）、レビューサイト（カカクコムなど）、掲示板（2ちゃんねるなど）、Facebookなど。

● **自社の全体的なバロメーターとしてとらえる**

ソーシャルメディアで話題になる内容は幅広く、自社のソーシャルメディア上の施策の反響だけではありません。新製品発表や、プレスリリースなど、自社の取り組みすべてに対しての評価として分析する意識が重要です。

Glossary

※1 **Twitter**：米ツイッターが提供する140文字までのつぶやきを投稿するコミュニケーションネットワークサービス。https://twitter.com

※2 **Facebook**：米フェイスブックが提供する実名制のソーシャルネットワーキングサービス。https://www.facebook.com

8-2 ソーシャルメディア データ分析 Facebook編

　Facebookに限らずソーシャルメディアマーケティングにおけるデータ分析は、そのプラットフォームやソーシャルメディアの特長や成長度合いによって、マーケティングの効果指標（KPI）をどこに設定すべきなのか、マーケターにとって、とても頭の痛い課題です。ただ、ソーシャルメディアに期待するものは、"口コミ、情報の伝播"、"顧客との関係値の深化"、"ブランディング"など、狙うべき定性的な方向性の理解はある程度進んだように思えます。また、設定したKPI（投稿ごとのシェア値や拡散、ファン数など）も3ヶ月ごとといった、短い期間での見直しも必要です。

　Facebookの分析アプローチは、①分析項目の策定、②分析項目のデータ収集（主にFacebookインサイト）、③投稿企画ごとの分析、④分析結果と改善施策のレポート作成の4つのプロセスに分けられます。

分析項目の策定

　Facebookのデータ分析を行うにあたって、まず、ソーシャルメディアの企画・運用に用いられる主なドキュメントを記載します。

　これらを整えていることで、KPIやKGIの把握、データ分析項目を洗い出すことができます。Facebookインサイトなどでも、分析項目が予め設定されていますが、企画・運用の方針によっては項目が不足している可能性もあり、注意が必要です。

●ソーシャルメディア運用時に使用される主なドキュメント

- **ソーシャルメディア企画・運用書**
  一年間の企画・計画・方針を明記したもの。プラットフォームや、ターゲット、コンテンツの方向性などを記載したものです

- **ソーシャルメディア企画・運用書（月次版）**
  月に一度、効果測定と次月の施策をまとめたもの。効果が良かった投稿や、コミュニティの成長度合いをまとめ、関係者と認識を一致させ、次のプランニングを決議するためのものです

- 投稿原稿

  Facebookへの投稿原稿を管理する帳票。目的によって、投稿原稿の準備や制作工程にばらつきがありますが、平日1投稿の場合、最低でも2週間先まで用意しておきましょう

- 投稿運用スケジュール

  投稿原稿によって、投稿時間を変更するなど、より効果のある時間に実施できるように、投稿スケジュールをまとめたもの

- 運用ガイドライン

  コメントの削除対象、監視基準、コメント返信時のルール、想定問答などの運用業務の規定集

- 目標管理シート

  KPIが明記されている書類

これらのドキュメントから、定性情報を把握し、定量データと組み合わせ戦略・戦術の立案に活用します。

分析項目のデータ収集・Facebookインサイト

　Facebookインサイトは、Facebookページを作成することで、Facebookから提供される分析レポート機能です。このレポート機能は、数回アップデートされており、ファンの増加数、投稿への「いいね！」数、リーチ数などの数値を見ることができ、グラフ表示されとても使いやすく設計されています。

　インサイトで分析できる項目は、①ページへのいいね！、②投稿のリーチ、③交流度の大きく3つに分かれます。

● いいね！

　Facebookマーケティングにおいてもっとも重要な指標である"いいね！"数に関してのデータを閲覧することが可能です。

① 今日までの合計いいね！数

　各日の獲得"いいね！"だけではなく、"いいね！"が取り消された日や、モバイルやページなどどこで発生したかも見ることが可能です。取り消すことも可能な"い

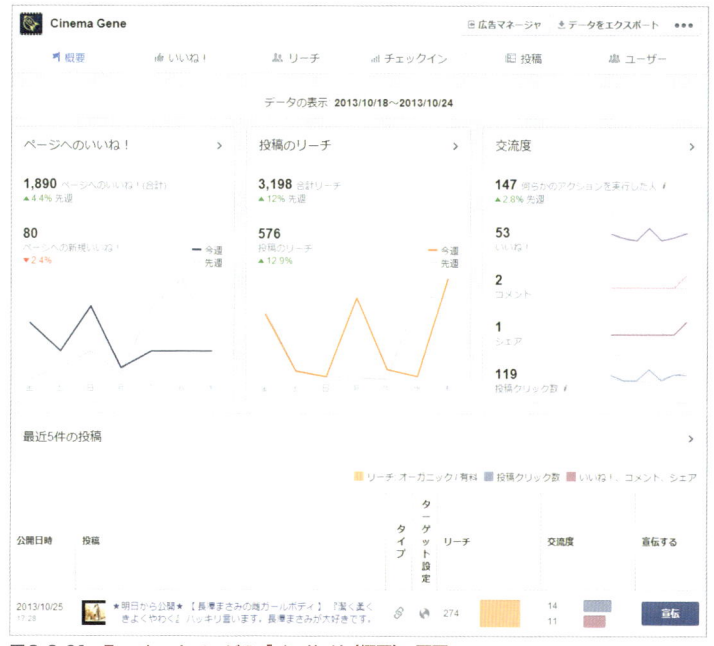

図8-2-01　Facebookページの「インサイト(概要)」画面

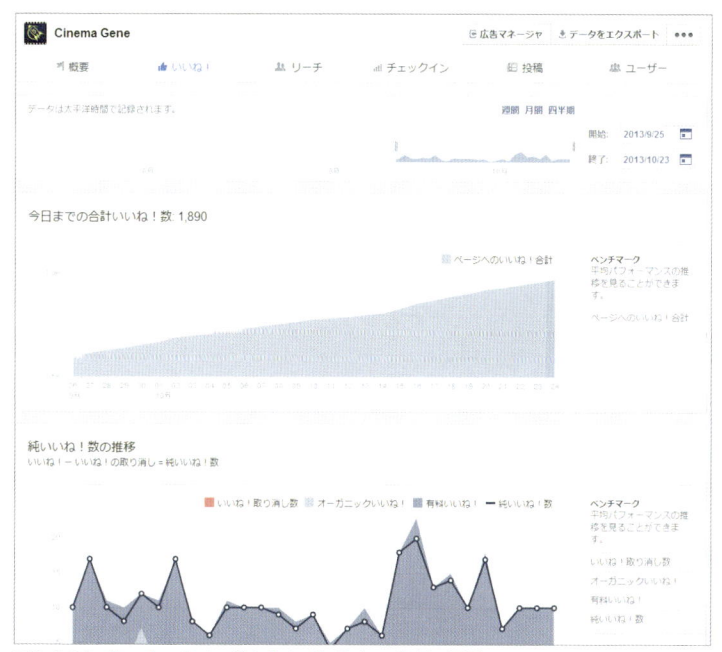

図8-2-02　Facebookページの「インサイト(いいね!)」画面

いね！"ではありますが、"いいね！"の増加推移を見ることが可能です。

②純いいね！数の推移

各日の"いいね！取り消し数"、"オーガニックいいね！"、"有料いいね！"、"純いいね！"などの数が1つのグラフにまとめて表示されます。それにより、有料広告出稿で獲得した"いいね！"がどれぐらいシェアされ、"オーガニックいいね！"につながったのかが一目瞭然です。増加した"いいね！"数と取り消された"いいね！"数を引き、純増した"いいね！"の推移を見ることができます。

③ページへの「いいね！」の出所

"いいね！"が押下された場所が表示されます。"広告とスポンサー記事"、"モバイル"、"おすすめページ"、"自分のページ"、"その他"と5つに分割されて表示されます。昨今、Facebookではモバイルからの利用者が増えていますので、モバイルから押下されている"いいね！"の数に注目しましょう。

● リーチ

Facebookへの投稿は、"いいね！"を押下したユーザーのタイムラインに表示され、その投稿内容のインパクトに応じて、シェア、拡散されていきます。その投稿が表示された数を"リーチ"数として表示、確認することができます。

①投稿のリーチ

投稿を見た人の数。オーガニックと有料と2種類が表示されます。

②いいね！、コメント、シェア

投稿に対してアクションされたそれぞれの数が表示されます。

③非表示、スパムの報告、いいね！の取り消し

上記②に対して、負のリーチとされ、リーチ数が減少します。

④合計リーチ

投稿だけでなく、チェックインや、広告なども含め対象となるFacebookページの全てのコンテンツリーチが表示されます。

● 投稿

①ファンがオンラインの時間帯

ファンがFacebook上でオンラインの状況をグラフ化します。各曜日、各時間帯

の傾向が表示されています。投稿タイミングや、滞留時間などのターゲットを定めるのに活用できます（図8-2-03）。

②投稿タイプ

　リンクや写真など、投稿原稿に付与できるコンテンツ別のパフォーマンスを見ることができます。特にリーチや、クリックやいいね！など、コンテンツ別にその効果を比較することができ、投稿コンテンツ企画にとても役立つ数値です（図8-2-04）。

③公開済の投稿

　これまでの投稿原稿ごとに、リーチや交流度などの結果数値が表示されます。この数値は、様々な視点で、投稿コンテンツを分析することができ、投稿コンテンツへの良いフィードバックになります。

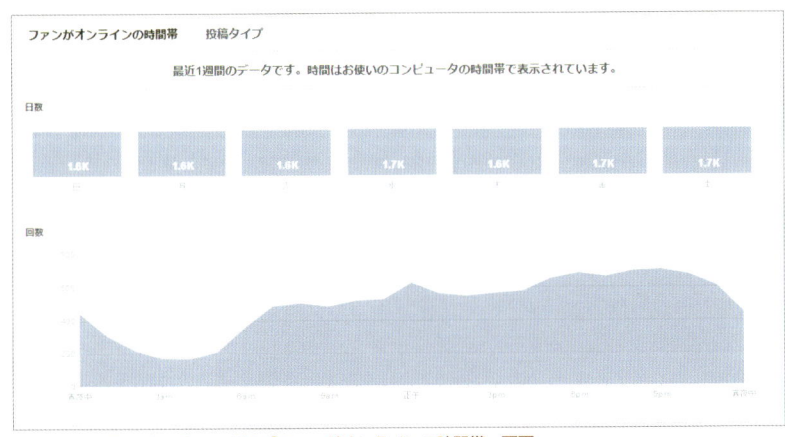

図8-2-03　Facebookページの「ファンがオンラインの時間帯」画面

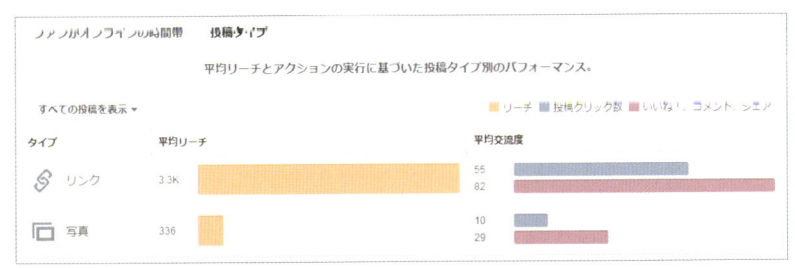

図8-2-04　Facebookページの「投稿タイプ」画面

投稿企画ごとの分析

　日々の投稿を行い、都度、インサイト数値を見ているとなかなか全体的な傾向を把握することが難しくなります。月に一度は、投稿全体の数値を洗い出して、傾向や効果を測る必要があります。

　投稿ごとの数値は、FacebookインサイトからCSV形式で出力が可能になっているため、企画段階の投稿原稿リストに張り付け、投稿企画ごとに効果を見えるようにします。

● 主なチェック項目

- 投稿タイプ：テキスト、写真、リンク、動画など
- 投稿ジャンル：告知、ニュース、コンテンツ種類など
- 投稿時間：投稿した時間帯、朝、昼、晩、○時〜など
- 投稿文体：コミュニケーション、投げかけ、固めなど、ライティングの強弱
- 投稿効果：投稿ごとの数値、いいね！数、シェア数、コメント数、反応属性など

分析結果と改善施策のレポート作成

　分析が完了するとFacebookの状態が今、どのようにあるのかをまとめ、今後の施策立案を行います。

　Facebookはユーザーとの対話の中で、関係性を構築することが大切なため、ユーザーとの距離が近くなったのか、遠くなったのか、維持できているのかといった定量データから分かる傾向を、報告する側に分かりやすい言葉（レポート）で伝える必要があります。また、そこから改善すべき仮設立てと、施策案を提示して、意思決定を促していきます。

● 主な改善施策項目

- KPIの達成度合い：ファン数
- コミュニティ形成状態：発展、良好、平常、悪化、縮小など
- ファンのコメント抜粋：ファン（顧客）のコメントを転記。コミュニティの状態の中の声

8-3 ソーシャルメディア データ分析 Twitter編

Twitterのデータ分析とは

　Twitterは、日本では2010年から本格的に普及しはじめ、2015年5月現在では全世界で3億人以上、日本だけでも2,000万人がアクティブユーザーとしてTwitterを利用しています。そのため上手に活用することができれば、強力な情報発信メディアとなります。また多くのユーザーの発言を分析することでマーケティング・リサーチやカスタマーサービスも行えます。

　基本的にTwitterのデータ分析プロセスはFacebookと同様です。ただ、Twitterは「ワンクリックでツイートを自身のフォロワーに拡散できる」という機能の特性上、自身のフォロワー以外のユーザーからもリプライやリツイートをされる機会が多いソーシャルメディアと言えます。効果検証後の改善施策における結果に反映されやすいため、恒久的な効果検証を行うと良いでしょう。本節ではソーシャルメディアの活用法について書かれた名著『グランズウェル』の著者であるシャーリーン・リー氏がCEOを務めるAltimeterが発表している『Social Marketing Analytics』の内容を参考に、以下4種類の指標別分析方法について解説します。

- 対話交流に主眼をおく「**対話によるエンゲージメントの向上**」
- 営業推進に主眼をおく「**販促・プロモーション**」
- クレーム対応などユーザーサポートに主眼をおく「**カスタマーサービス**」
- ユーザーの協力体制に主眼をおく「**コラボレーション**」

　Twitterのデータ分析においては、上記4つの指標を定量的な数値の比較と定性的な文脈の検証で分析することが重要なポイントとなります。

Twitterのデータ分析の準備

　ここからはTwitterのデータ分析において必要な準備について解説します。
　かつてTwitterはFacebookのような公式のアカウント分析ツールの提供はありませんでした。いわゆる非公式のサードパーティ製ツールを使わなければ、アカウ

ントのデータ分析を把握することが難しかったと言えます。しかし2014年8月、従来広告主向けの機能だったTwitter分析ツールが一般ユーザーにも提供開始され、現在は一般ユーザーでも公式の分析ツールを用いて分析が可能です。

　データ分析する際は、公式またはサードパーティ製の様々なツールを利用したり、目視で集計したりと目的に合わせて測定方法を選定することが重要です。

　以下Twitterデータ分析で利用するアクセス解析ツールの一部を紹介します。

● **Twitter公式分析ツール**(https://ads.twitter.com/accounts/)
　以下は、主な取得可能データです(図8-3-01)。

- フォロー数、フォロー解除数の推移
- リプライの推移
- 人気のツイート
- ツイート内リンクのクリック数
- リツイートの多いツイート
- フォロワーの興味関心、都市、性別
- フォロワーの被りの多いユーザー
- サイトに埋め込んだツイートボタンのクリック数

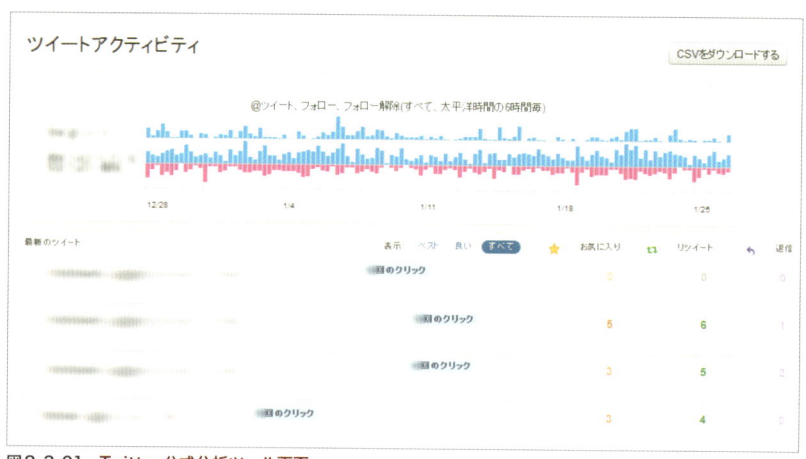

図8-3-01　Twitter公式分析ツール画面

●Social Insight（http://admin.social.userlocal.jp/social/admin/home/keywords）

特定キーワードの言及数をモニタリングするときに活用できます。その他にもファンの年齢、性別、居住地域などを知ることもできます。

●Twitter Counter（http://twittercounter.com/）

IDを入力すると、ツイッターのフォロワー数の推移をグラフでモニタリングすることができます。最長で6ヶ月まで、グラフ化することができます。

●Whotwi（http://whotwi.com/）

ツイッターの利用傾向をグラフィカルに表示できます。認証がないため、競合他社など比較対象とするアカウントのデータもチェックすることができます。以下主な取得可能なデータです（図8-3-02）。

- 開設からの日数
- 1日あたりの平均ツイート文字数
- ツイートする時間帯

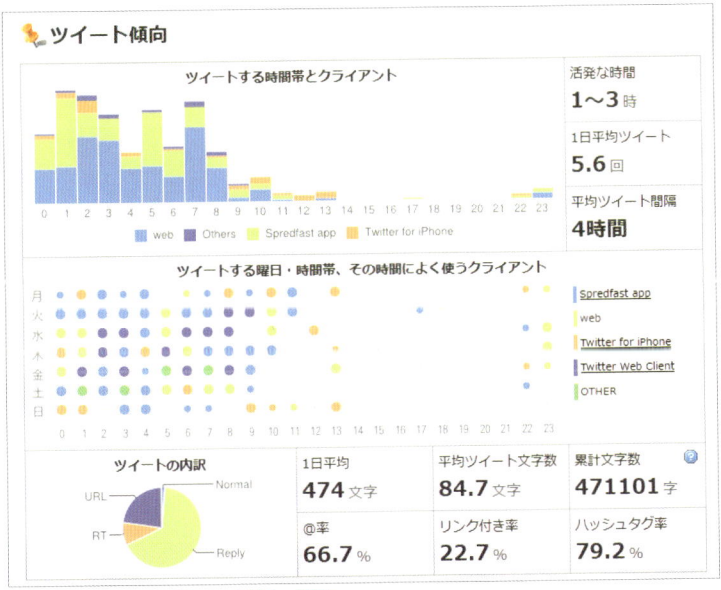

図8-3-02 Whotwi「ツイート傾向」画面

●Klout（http://klout.com/home）
各ユーザーの影響力をスコア化して表示できます（図8-3-03）。

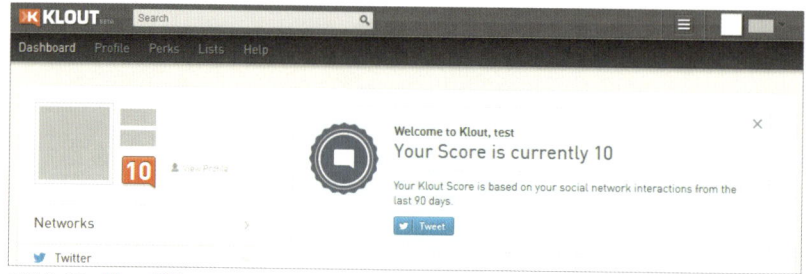

図8-3-03　Klout画面

●TweetLevel（http://tweetlevel.edelman.com/）
　Klout同様、特定ユーザーの影響力をスコア化して表示できます。影響力別で分類できます。競合他社などの他アカウントと比較することも可能です（図8-3-04）。

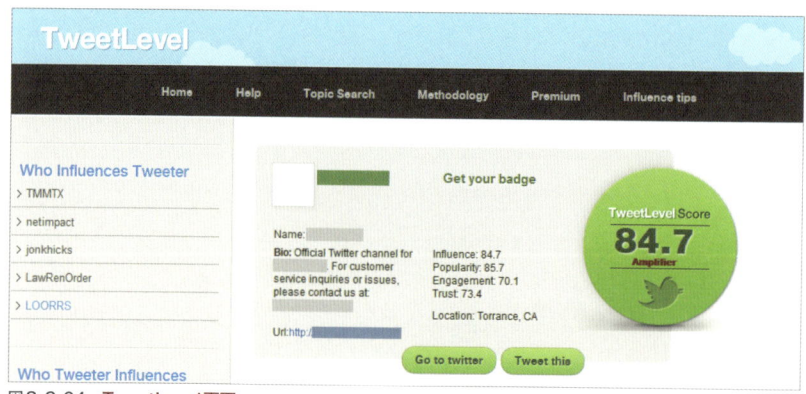

図8-3-04　TweetLevel画面

●Qrust（http://qru.st/twitter）
　Klout同様、特定ユーザーの影響力をスコア化して表示できます。競合他社などの他アカウントと比較することも可能です（図8-3-05）。

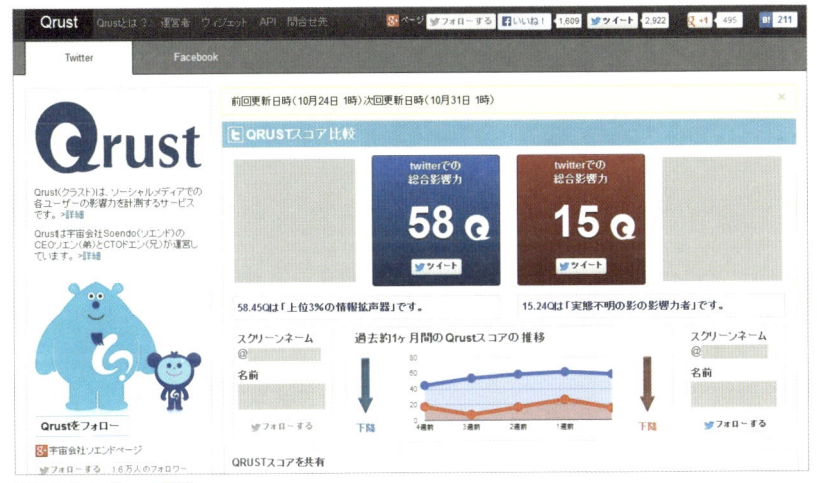

図8-3-05　Qrust画面

●TweetReach（http://tweetreach.com/）
　ツイートのリーチ数を知ることができます。アカウント名を入力すると直近50件のツイートのリーチ数が分かります（図8-3-06）。

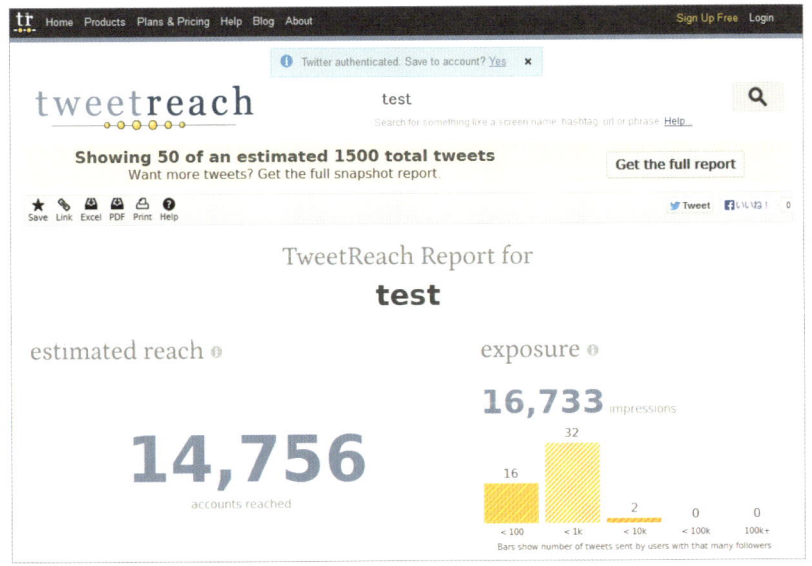

図8-3-06　TweetReach画面

Twitterのデータ分析の実施

「対話によるエンゲージメント向上」、「販促・プロモーション」、「カスタマーサービス」、「コラボレーション」の4種類の指標別分析方法について解説します。

●対話によるエンゲージメント向上に関する分析

「対話によるエンゲージメント向上」とは商品やサービスを直接的に宣伝するのではなく、まずは企業やアカウント自体のファンになってもらうことで、企業のイメージアップを狙います。ユーザーとの対話によって企業に対する==エンゲージメント（愛着心）==を高めていく活動です。このようにTwitterをブランディングツールとして活用する場合は、以下の指標を確認することが重要です。

①エンゲージメント率

フォロワーからのリプライ率が高い方が、フォロワーのエンゲージメント率は高いといえます。フォロワーがリプライしたい思える内容か、またツイートする時間や頻度は適切かなど分析します。

> ●エンゲージメント率計算式
> **リプライ数 ÷ フォロワー数**

②インフルエンス率

全体のツイート数に対するリツイート数の割合が高いほど、ツイートの==インフルエンス率（影響力）==は高いといえます。この値が下がった場合は、フォロワーにとってリツイートしたい（つまり、他のユーザーに広めたい）と思える内容でない可能性が考えられます。

> ●インフルエンス率計算式
> **リツイート数 ÷ ツイート数**

③ツイートシェア

自分の会社に関するツイート数が競合他社よりも多ければ、自分の会社がより注目されているといえます。この値が下がった場合は、ツイートの内容を考え直す

ことも大切ですが、同時に競合他社のツイートと比較し相違点を見比べることが重要になります。

> ● ツイートシェア計算式
>
> **自社ブランドに関するツイート数 ÷ 自社及び競合ブランドに関するツイート数**

④好感度スコア

自社に対するネガティブなツイートが増加すると、プロモーションはおろか営業的にもマイナスです。常にポジティブな内容をツイートしてもらえるように工夫することが必要です。この値が下がった場合は、最初に母数である「自社ブランドに関するツイート数」が増えたために好感度スコアが下がったのか、それとも「ポジティブツイート数」が減ったために下がったのかを見極めることが重要です。後者の場合は、なぜ「ポジティブツイート数」が減ったのかを十分に検証することが必要です。また、好感度スコアに関しては、競合他社のものと比較することも重要です。もし圧倒的に競合他社の好感度スコアが高い場合は、その原因を調査することが必要です。

> ● 好感度スコア計算式
>
> **自社ブランドに関するポジティブツイート数 ÷ 自社ブランドに関するツイート数**

● 販促・プロモーションの分析

「販促・プロモーション」では、商品またはサービスの紹介やセール情報を配信することで、来店、集客、商品サービスの販売を行います。この活動は、ユーザーのエンゲージメントがある程度高まった状態にならないとユーザーに嫌がられたり、情報提供を拒否される危険性があるので注意が必要です。この活用方法では、以下の指標を確認することが重要です。

①クリック率

この指標で全フォロワーの中で販促・プロモーションに反応してくれたフォロワーの割合を確認できます。

この値は販促・プロモーションの企画と伝え方によって左右されます。ユーザーにとってメリットのある企画を検討し、またその内容がすぐ伝わるような明確な文章をツイートすることが必要です。

> ●クリック率計算式
> **プロモ・ツイート内URLのクリック数 ÷ フォロワー数**

②コンバージョン率

この指標で全フォロワーの中でコンバージョンした割合を確認できます。ただし、コンバージョンがWeb上で完結しない場合、測定は容易ではありません。

> ●コンバージョン率計算式
> **コンバージョン数（購入数、DL数、問い合わせ数など）÷ URLクリック数**

③リピート・コンバージョン率

この指標で総コンバージョン数の中で再度コンバージョンした割合を確認できます。こちらもコンバージョン率同様、コンバージョンがWeb上で完結しない場合、測定は困難です。ただ、この割合が分かると、エンゲージメント向上の指標としても活用できます。

> ●リピート・コンバージョン率計算式
> **リピート・コンバージョン数 ÷ 総コンバージョン数**

●カスタマーサービスに関する分析

「カスタマーサービス」では、商品やサービスに関する問い合わせ対応や、困っているユーザーを能動的に探し出してサポートを行います。この活用方法では、次の指標を確認することが重要です。

①相談件数
「相談件数」とは「特定期間あたりの問い合わせ件数」です。この値が多いとアカウントの存在意義があると考えられますが、同一内容の問い合わせが多い場合は、その件に関して正しい解決策を周知できているかを検討する必要があります。

②解決率
解決率の向上はとても重要です。困っているユーザーに対して適切に対応する姿勢は、相談者だけでなく、相談者以外の企業に対するブランドイメージの向上にもつながり、エンゲージメントの向上にもつながります。

● 解決率計算式

解決した相談件数 ÷ 相談数の合計

---

③平均レスポンス率
平均レスポンス時間はできるだけ短くした方が好ましいです。ただし、早く返答する前に、相談を放置せず、真摯に対応することが大前提です。企業アカウントの場合は、返答に時間を要することもあるので、返答に関するフローを構築するなどの対策も検討が必要です。

● 平均レスポンス率計算式

返答に要した時間の合計 ÷ 相談数の合計

● コラボレーションに関する分析
「コラボレーション」とは、ユーザーからアイデアを募集して商品開発に協力してもらったり、試作品のテストをユーザーに依頼して商品改善につなげたりする活動です。開発プロセスに関わってもらい、その開発過程をオープンにすることで、商品に対する愛着心が生まれ熱烈なファンを獲得できたり、見込み顧客を顕在化させたりすることもできます。この活用方法では次の指標を確認することが重要です。

①フィードバック件数

フィードバック件数とは、特定期間あたりの利用者からのフィードバック件数です。フィードバック件数が少ない場合は質問内容や依頼の仕方に問題がある可能性が高いです。また、ユーザーにとってフィードバックするメリットが無い場合も当然件数は減少します。

②有効フィードバック率

企業にとって参考になったフィードバック数が少ない場合は、依頼内容や質問内容が曖昧ではないか確認してください。また、ユーザーが回答したくなるようなメリットを提示できているかも併せて確認してください。ただし、メリットを見誤ると、メリット目的のユーザーからのフィードバックが増える可能性もあるため注意が必要です。

> ● 有効フィードバック率計算式
>
> **参考になったフィードバック数 ÷ 総フィードバック数**

●Twitter基本用語集

Twitter	140文字以下の文章をインターネット上に投稿するサービス
アクティブユーザー	ある期間内に1回以上のサービス利用があったユーザーのこと
エンゲージメント	商品、ブランド、番組コンテンツなどに対する消費者の積極的な関与や行動
サードパーティ	第三者団体（企業、機関など）のこと。当事者からは独立した者
ツイート（つぶやき）	投稿した記事のこと。ツイートは投稿者のアカウントフォローしている全ユーザーに自動的に配信される
タイムライン	フォローしているユーザーのツイートが時系列で表示されるスペースのこと
フォロー	特定のユーザーのツイートを購読すること。フォローしたユーザーのツイートは自身のタイムライン上に表示される。対象のユーザーが「鍵」をかけていない限り、アカウントをフォローするのに相手の許可は必要ない
フォロワー	自分のことをフォローしているユーザーのこと
リプライ	特定のユーザーに話しかけるための機能
リツイート	第三者のツイートを自身のフォロワーに広めるための機能

表8-3-01　Twitter基本用語集

Chapter 9
ヒューリスティック評価

ユーザビリティ評価手法の1つであるヒューリスティック評価。被験者を必要とせず、低コスト・短期間で評価が可能な点がこの手法のメリットです。ヒューリスティック評価の概要や特徴、準備や実施の仕方を紹介します。

- **9-1** 情報設計とは
- **9-2** ヒューリスティック評価の基礎
- **9-3** ヒューリスティック評価の準備と実施
- **9-4** ヒューリスティック評価によるWebサイトの改善提案
- **9-5** ヒューリスティック評価 ケーススタディ

9-1 情報設計とは

情報設計(Information Architecture)は、複雑な情報を分かりやすく伝え、使い勝手のよいWebサイトにするための技術です。Webサイトに含まれる複雑な情報を理解しやすくするために組織化・文脈化を行い、どのようなユーザーに、どのような文脈で、どのような内容を伝えるのかを設計します。Webサイトにおいて、高いユーザビリティやユーザーエクスペリエンス(体験)を実現するには、ユーザー視点でのサイト設計や検証が必要です。

情報設計の役割

　Webサイトにおける情報設計には、3つの主要な役割があります。1つめの最も重要な役割は、利用者が目的の情報を見つけ出し、活用できるようにすることです。特に、規模が大きく扱う情報量の多いWebサイトほど、目的の情報を探し出すことが難しくなりがちですが、情報を適切に構造化することで、利用者にとって使いやすいWebサイトにすることができます。

　2つめは、Webサイトの運営者が提供したい情報を、適切かつ意図した通りに利用者へ届けられるようにすることです。情報が雑然と置かれただけのWebサイトでは、運営者が意図したのとは違う伝わり方をしたり、必要な情報が届かなかったりということが起こり得るため、運営者の意図を反映させたWebサイトの構造にすることが必要です。

　3つめは、Webサイトの運用に伴って情報が変化しても、適切な構造が保たれるようにすることです。Webサイトは、利用者の変化に合わせて柔軟に情報を更新することができますが、あらかじめこうした情報の増減・変化を想定してWebサイトを構築しておくことで、品質を維持しながら運用していくことが可能になります。

情報設計のプロセスと手法

　情報設計のプロセスは、大きく「分析」と「設計」の二段階に分けることができます。

　分析のプロセスでは、利用者(ユーザー)、内容(コンテンツ)、文脈(コンテキスト)の3つの要素について検討します。

利用者の分析では、ターゲットとなるユーザー像やユーザーのニーズを把握する必要があります。インタビューなどの定性調査、ログ分析やユーザビリティテストなどの定量調査をもとに、ペルソナやユーザーシナリオといった手法を用いてモデル化を行います。

　内容の分析では、既存のコンテンツや素材となる情報を洗い出してリスト化し、それぞれの情報が持つ特徴を分析して情報の組織化を行います。カードソーティングなどの方法を用いて情報を分類し、コンテンツマップとして一覧化します。

　文脈の分析では、プロジェクトの目的や制約、現状などを明らかにします。ビジネス要件を明確にするとともに、ユーザビリティ評価やログ分析、競合分析を行って現状を把握し、プロジェクトの課題や条件を明示します。

　分析のプロセスで検討した内容をもとに、==設計のプロセス==では、Webサイトの全体から詳細へと設計作業を進めていきます。Webサイト全体の情報分類や構造の設計、ナビゲーションの設計、ラベル（見出し文言）の定義、といったWebサイト全体に関わるルールを定めた上で、最終的には画面ごとの具体的な設計へと落とし込みます。

　本書では、分析のプロセスでユーザビリティ評価の手法として用いられる「ヒューリスティック評価」「ユーザビリティテスト」の2つについて、詳しく解説します。

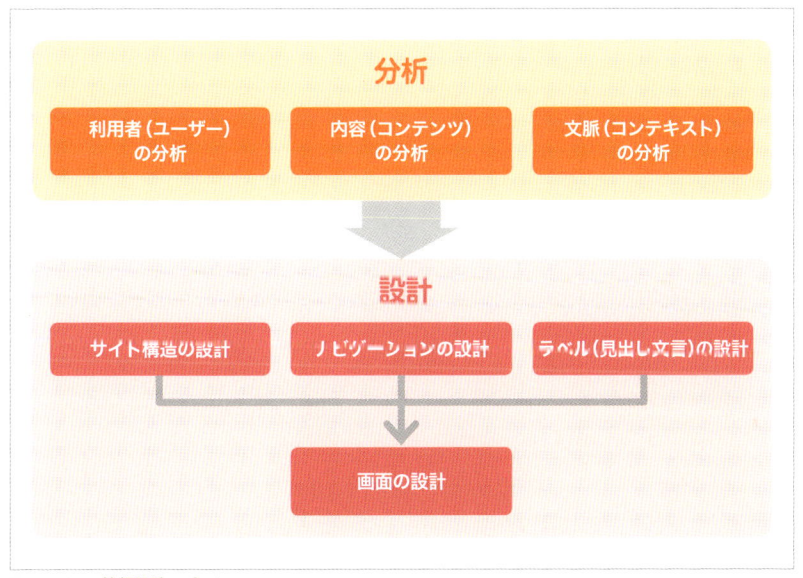

図9-1-01　**情報設計のプロセス**

9-2 ヒューリスティック評価の基礎

　ユーザビリティ調査の代表的な手法として、「ヒューリスティック評価」と「ユーザビリティテスト」があります。このうち「ヒューリスティック評価」は、Webサイトにおけるユーザーの一般的な行動原理に反した箇所がないかをチェックするものです。

ヒューリスティック評価とは、一般的なユーザビリティの評価手法

　ヒューリスティック評価では、チェック項目に基づいて、ユーザー視点でWebサイトを利用した場合にどのような問題があるか、ユーザーがストレスを感じる点を把握します。評価の観点としては、大きく次のようなものがあります。

- サイト構造の適切さ
- ナビゲーションの適切さ
- ラベルの適切さ
- 情報の視認性
- 文章の分かりやすさ
- デザインの一貫性
- システムの柔軟性
- エラーメッセージなどのユーザーサポートの適切さ

　これらの観点を、さらに詳細な評価項目に落とし、Webサイトの評価を行います。

メリットは、低コスト・短期間での評価が可能なこと

　ヒューリスティック評価は、ユーザビリティテストと異なり被験者を必要としないため、比較的低コストで調査を行うことができます。また、チェックすべき項目を網羅したリストがあれば評価者のレベルに依存せずに評価を行うことが可能で、ユーザビリティの専門家でなくても一定水準の評価を短期間で行えるというのが、ヒューリスティック評価のメリットです。

しかし、ヒューリスティック評価の結果からWebサイトの改善案を導き出し、改善の優先度を判断する際には、ユーザビリティに関する知識・経験が必要です。そのため、実際には情報設計の専門家やユーザビリティエンジニアが、自身の経験則に基づいて評価を行うことが多く、特にこれを「エキスパートレビュー」と呼ぶこともあります。その際、評価の視点に偏りがないように、複数の評価者が評価を行い、全員の意見をまとめた上で最終的な評価とするのが望ましい方法です。

　なお、ヒューリスティック評価ではあくまで一般的な観点から評価を行うため、画面設計の基本的な問題点を洗い出すことはできますが、サイト固有のサービスに関わる問題点は見つけられません。また、コンテンツ自体の魅力や訴求度、受容性を計ることはできません。

　総合的にユーザビリティを向上させるためには、ヒューリスティック評価で一般的・基本的な問題を発見・改善し、その後にユーザビリティテストを行って、実際のユーザーの閲覧行動に即した検証を行うのが効果的です。

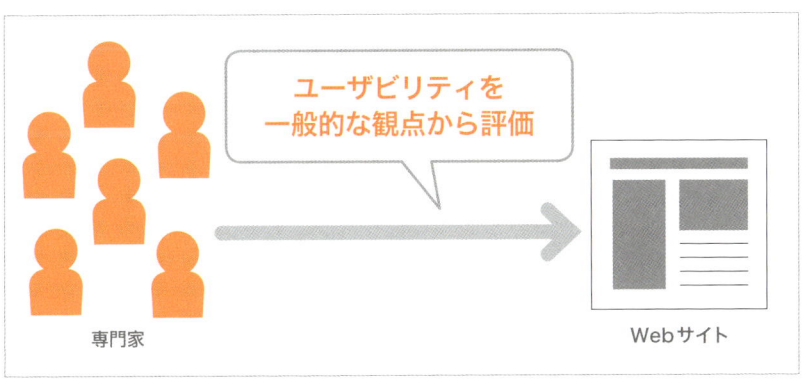

図9-2-01　ヒューリスティック評価

9-3 ヒューリスティック評価の準備と実施

　ヒューリスティック評価を行うためには、まず評価項目のチェックリストを作成します。その後、実際にWebサイトを閲覧しながら、チェックリストの各項目について評価を記録していきます。

ヒューリスティック評価の準備：チェックリストの作成

　チェックリストを作成する際は、まずユーザビリティの主要な評価軸をカテゴリとして立て、そこから具体的に1つ1つの詳細項目へと落とし込みます。項目の例としては、次のようなものが考えられます。

● カテゴリ「サイト構造の適切さ」

- 分かりやすく主要カテゴリをグループ化する
- 複数のカテゴリに同じコンテンツを置かない
- 情報の深さ・幅・量のバランスをとる

● カテゴリ「ナビゲーションの適切さ」

- ナビゲーションの規則は統一させる
- ナビゲーションのないページを設けない
- ナビゲーションは視覚的にコンテンツと区別できるようにする
- 複数のナビゲーションがある場合には、それぞれの役割を明確にする
- ナビゲーション項目の数を、ユーザーが一度に把握できる範囲におさめる

● カテゴリ「情報の視認性」

- 関連性の高い情報や機能はグループ化して視覚的にまとめる
- 情報のまとまりごとにレイアウトして明確に区分する
- 重要な情報はページ上部に目立つように配置する

- 不要な余白や要素の詰め込みすぎを避ける

●カテゴリ「ユーザーサポートの適切さ」

- ヘルプコンテンツ(FAQなど)を用意してユーザーの問題を解決する
- ユーザーからのフィードバックを受け入れられる体制を整える
- ユーザーからのコンタクトの手段を限定しない
- ユーザーの利用条件や制限を一方的に限定しない

なお、評価項目は普遍的なものではなく、ユーザー環境や技術の変化に伴って最適化していく必要があります。

Webサイト ヒューリスティック評価
対象サイト：＿＿＿＿＿＿＿＿＿＿

No.	チェック項目	評価	特記事項
A:サイト構造の適切さ			
A-1	分かりやすく主要カテゴリをグループ化する		
A-2	複数のカテゴリに同じコンテンツを置かない		
A-3	情報の深さ・幅・量のバランスをとる		
B:ナビゲーションの適切さ			
B-1	ナビゲーションの規則は統一させる		
B-2	ナビゲーションのないページを設けない		
B-3	ナビゲーションは視覚的にコンテンツと区別できるようにする		
B-4	複数のナビゲーションがある場合には、それぞれの役割を明確にする		
B-5	ナビゲーション項目の数を、ユーザーが一度に把握できる範囲におさめる		
C:情報の視認性			
C-1	関連性の高い情報や機能をグループ化して視覚的にまとめる		
C-2	情報のまとまりごとにレイアウトして明確に区分する		
C-3	重要な情報はページ上部に目立つように配置する		
C-4	不要な余白や要素の詰め込みすぎを避ける		
D:ユーザーサポートの適切さ			
D-1	ヘルプコンテンツ(FAQなど)を用意してユーザーの問題を解決する		
D-2	ユーザーからのフィードバックを受け入れられる体制を整える		
D-3	ユーザーからのコンタクトの手段を限定しない		
D-4	ユーザーの利用条件や制限を一方的に限定しない		

図9-3-01　チェックシートのサンプル

ヒューリスティック評価の実施：Webサイトの評価

　用意したチェックリストをもとに、実際にWebサイトを閲覧しながら評価の結果を記入していきます。達成されている／されていない、という〇×式の評価のほか、達成の度合いによって5段階で評価する方法をとることもあります。

　評価項目の中には、Webサイト内の特定のコンテンツを対象とするもの（ヘルプやサポート系のコンテンツに関する項目）と、Webサイト全体を対象とするもの（サイト構造やナビゲーションに関する項目）があります。Webサイト全体を対象とする項目では、一部のページだけを見て判断するのではなく、万遍なくページを閲覧して評価を行います。

　また、評価の中で特に気になった点があれば、以降の作業のために、補足としてメモをしておきます。

9-4 ヒューリスティック評価による Web サイトの改善提案

　チェックリストに記入した評価を元に、項目ごとの重要度を判断し、重点的に改善すべき項目について改善案を作成します。

ヒューリスティック評価の検証：改善優先度の判断

　チェックリストの記入が終わったら、問題があると評価した項目について、それぞれの深刻度（改善優先度）を判断します。一般的に、Webサイトの閲覧そのものに支障を来している問題（ページが正常に表示されない、主要なナビゲーションが動作しない、など）は深刻度が高く、最優先で改善すべき項目とします。

　チェックリスト上では達成されていない（問題がある）とした項目でも、何かしらの代替手段によって同様の効果を出している場合や、そのWebサイトの性質上それほど重要でない場合など、実査の段階で補足として記入しておいた内容も考慮しながら、各項目の深刻度を決定していきます。

　なお、実査を複数の評価者が行った場合は、各人の評価を擦り合わせて深刻度を判断します。

ヒューリスティック評価の活用：改善案の作成

　特に深刻度（改善優先度）が高いと判断した項目を中心に、具体的な改善案を作成します。

　項目ごとに、現在の問題がある状態に対して、理想的な、望ましい状態とはどのようなものなのか、具体的にどのような修正を行えば改善されるのか、を提示します。

　問題点を指摘するだけでなく、具体的にユーザビリティを向上させるための施策を提示するため、特にこの段階ではユーザビリティに関する専門的な知識や経験が必要となります。

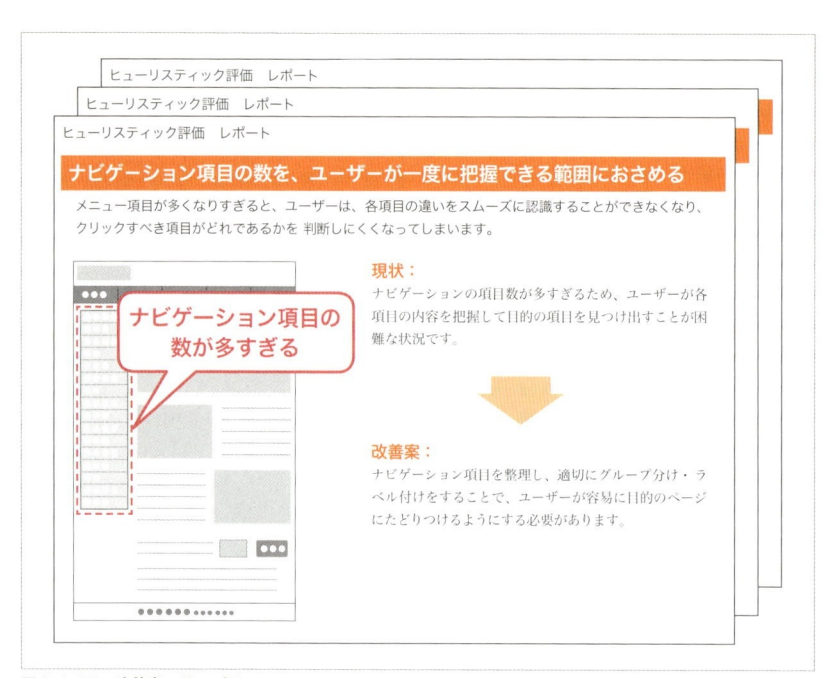

図9-4-01　改善案のサンプル

9-5 ヒューリスティック評価 ケーススタディ

ここでは、架空のWebサイトを対象として、実際にヒューリスティック評価、特に深刻度の判断と改善案の作成を行ってみます。

想定案件：ECサイトのユーザビリティ改善

衣料品を扱うECサイト。サイトのリニューアルにあたり、現行サイトのユーザビリティ上の問題点を把握し、新しく制作するWebサイトに反映させたい。

●チェックリストによる評価と課題抽出

Webサイト全体の構造設計には大きな問題はありませんが、特に商品ページでの情報の視認性に問題が認められました。

また、ヘルプコンテンツや問い合わせ先の使いにくさ、分かりにくさが顕著であったため、ECサイトとしては重要な課題となります。

●問題点の改善、具体施策

評価結果を元に、特に深刻度の高い問題点を以下の3点としました。

> 1. 商品名、文章、注釈などで、文字サイズの強弱がつけられていない
> 2. ユーザーが一般的に学習できるラベルが用いられていない
> 3. ヘルプコンテンツやお問い合わせの動線が容易に見つからない

この3つの問題点について、それぞれ具体的な改善案を作成していきます。

1つ目について、望ましい状態は「商品名の文字を大きくして目立たせる」「注釈を小さくして重要度を下げる」となります。商品名は文字色を濃くする、アイコンをつける、といった改善案も効果的です。

2つ目について、現在のラベルは「HELP」「MORE」といった英語表記になっていて一般性に欠けています。望ましい状態は「HELP→お問い合わせ」「MORE→詳

しくはこちら」となります。また専門用語や業界用語を使用することも避けることが望ましいでしょう。

　3つ目について、現在、「HELP（お問い合わせ）」「よくある質問」への動線はフッターにあるため、ユーザーは困ったときに容易に見つけられず、すぐに問題を解決できません。望ましい状態はヘッダーに目立つように配置することです。できれば、ページ最上部に配置できればとても効果的でしょう。

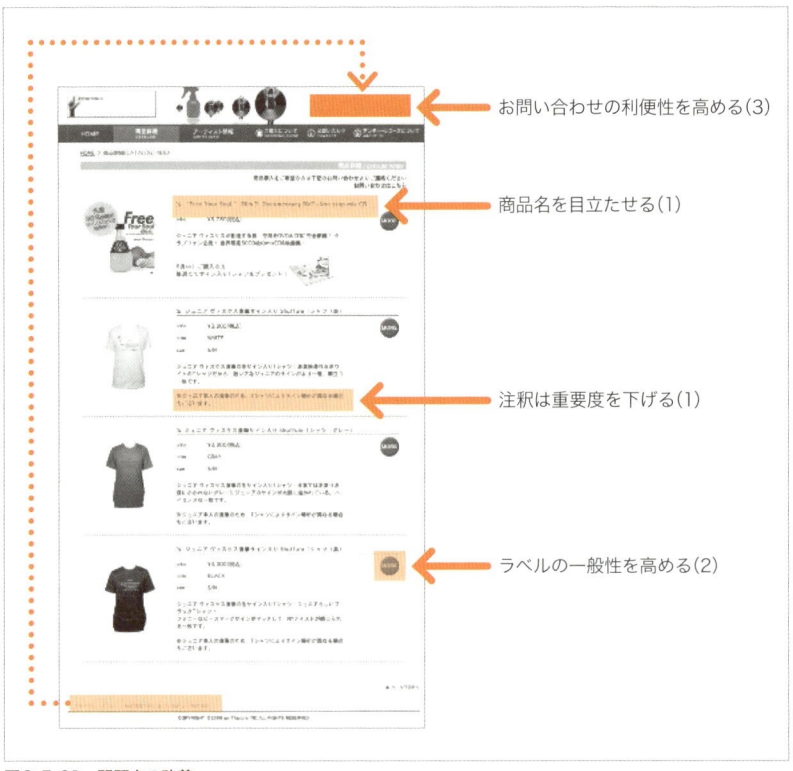

図9-5-01　問題点の改善

Chapter 10

ユーザビリティ調査

ユーザビリティ評価の代表的な手法です。被験者がWebサイトを操作する様子を観察することで、制作者や担当者では見慣れてしまって気づけない根源的問題を発見できる点が魅力です。テストの実施手順を具体的に紹介します。

10-1 ユーザビリティ調査とは
10-2 ユーザビリティテストの準備と実施
10-3 ユーザビリティテストによるWebサイトの改善提案
10-4 ユーザビリティテスト ケーススタディ

10-1 ユーザビリティ調査とは

　Chapteer9でも言いましたが、ユーザビリティ調査の代表的な手法として、「ヒューリスティック評価」と「ユーザビリティテスト」があります。このうち「ユーザビリティテスト」は、ユーザーがWebサイトを利用する様子を観察することでWebサイトの問題点を発見する手法です。

ユーザビリティテストとは、観察から問題点を発見する手法

　ユーザビリティテストとは、実際にユーザー（被験者）に参加してもらってWebサイトのユーザビリティを評価する手法の1つです。ユーザーにWebサイトを利用してもらい、その際にユーザーがとった行動を観察・記録することで、ユーザビリティを評価します。

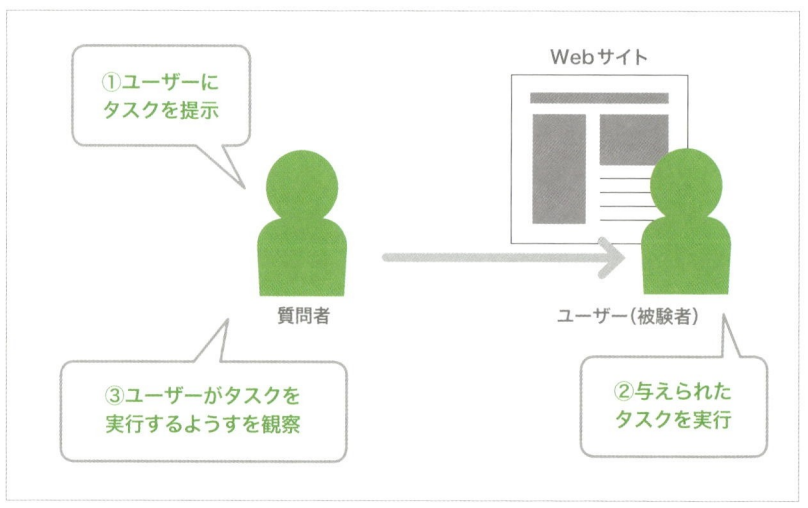

図10-1-01　ユーザビリティテスト（課題達成型）

　ユーザビリティテストには、大きく2つのタイプがあります。
　1つは課題達成型のテストです。あらかじめ検証したいタスクを具体的に設定し、それをユーザーに実行してもらいます。ユーザーがタスクを達成できたか、達成する際に障壁となったのはどのような部分だったのか、ユーザーに混乱や誤解を招く

部分はなかったか、などを観察します。

　課題達成型のテストは、ユーザビリティテストとしては一般的な方法ですが、タスクの設計が非常に重要になります。何を検証したいのかを具体的に考え、そのために必要なタスクを適切に設定することが必要です。

　なお、評価したい内容によっては、ペーパープロトタイピングやワイヤーフレームでテストを実施することも考えられます。

　2つめは、自由閲覧型のテストです。これは、ユーザーに具体的なタスクを与えず、自由にWebサイト内を閲覧してもらう方法です。

　いずれの方法でも重要なのは、ユーザーがWebサイトを操作しながら思ったことや感じたことを発言してもらうことです。こうすることで、目で見るだけでは把握できないユーザーの思考や認知の状態が明らかになり、ユーザーの行動を論理的に分析することが可能になります。これを、「思考発話法 (think aloud method)」と言います。

ポイントは、小規模なテストを繰り返すこと

　ユーザビリティテストには、専門のラボを使用する大がかりなもの、会議室などで行う簡易的なもの、周囲の人にその場で軽く試してもらうものなど、さまざまな規模のものがあります。しかし、いずれの場合でも重要なのは、大人数のテストを一度だけ行うより、少人数でもテストの実施とその結果を受けた改善とを繰り返し行うことです。

　ユーザビリティ工学の第一人者であるヤコブ・ニールセンは、自身の調査に基づき、「一度のユーザビリティテストは5人のユーザーで十分である」と提唱しています。5人のユーザーで、ユーザビリティ上の問題の約85%が発見できるため、それ以上テストユーザー数を増やすより、発見された問題点を改善して二度目のテストを行うほうが効率が良い、ということです。

　なお、ユーザビリティテストでは実際のWebサイトだけでなく、ペーパープロトタイプやデザインカンプを用いることも可能です。また最近では、インターネットを介した遠隔でのユーザビリティテストも利用されています。

10-2 ユーザビリティテストの準備と実施

ユーザビリティテストを実施するためには、まずは綿密なプランニングが必要です。ここでは、課題達成型のテストを行うと想定して、ユーザビリティテストの一連の流れについて解説します。

ユーザビリティテストの準備「ユーザビリティテストプラン」

ユーザビリティテストを実施するためには、詳細なテスト内容はもちろん、被験者の募集や会場・機器の手配など、さまざまな準備が必要です。そのため、必要事項を ==ユーザビリティテストプラン== としてまとめておきます。これは、テストの本番当日に進行を担当するスタッフの手引きにもなります。

テストプランに含める主な内容としては、次のような事項があります。

● テストの目的

テスト結果から何を得たいのかを考え、テストの目的を設定します。目的は「サイトの使いやすさを確認する」といった抽象的なものではなく、「○○について知りたいユーザーが目的の情報を見つけられるか確認する」などの具体的なものにする必要があります。

● 日時と場所

プロジェクト全体の進行を踏まえ、テストの日時を決定します。また、テストの目的や必要な測定結果などの条件から、会場を選定します。なお、テストの当日に向けて会場や機器の事前準備が必要な場合は、併せて記載しておきます。

● 被験者

どのような属性を持つ被験者が必要か、条件を設定します。その後、募集を行い、実際にテストへ参加する被験者を決定します。なお、被験者の募集には調査会社を利用するなどの方法があります。

● タスクと質問事項

実際にテストとして行うタスクの内容や、事前事後の質問事項などを設計します。被験者がどのような状況を想像しながらタスクを実施するのかが分かるように、状

況設定やタスクを達成した場合の結果などを具体的に記述します。また、タスクとは別に必ず被験者に確認しておきたい質問も、併せて盛り込みます。

成功のポイントは、事前に行うテストのシミュレーション

　ユーザビリティテストプランが作成できたら、準備に不足や見落としがないかを確認するために、試験的なテストを行うことが望ましいです。この確認を行わずに本番のテストを実施した場合、予想しなかったところでエラーやトラブルが起こり、テストを中断せざるを得なくなってしまうということも考えられます。

　そのため、社内にいるプロジェクト外のスタッフなど、テストと関係のない人に被験者の役をしてもらい、本番と同じ進行でテストを実施して、問題がないことを確認しておく必要があります。

　なお、テストプランの修正が必要になった場合を考慮して、事前のテストは、本番直前ではなく余裕のある日程で行うのが良いでしょう。

ユーザビリティテストの実施

　ユーザビリティテストの実施当日になったら、事前に作成したテストプランに沿って実査を行います。テスト前後の手続きも含めて予定の時間内で完了できるよう、各ステップをスムーズに進行します。

●ステップ1：テストの説明と事前確認事項

　被験者が到着したら、まずは改めて、テストの目的や内容など、今回のテストの概要について説明します。次に、テストの参加に当たって同意書を取り交わすことが必要であれば、内容について説明を行い、被験者に署名をしてもらいます。この同意書には、秘密保持契約（NDA：Non-Disclosure Agreement）なども含まれます。

●ステップ2：事前インタビュー

　被験者に対して、事前のインタビューを行います。ここではタスク実施前の質問事項として用意していた内容を聞くことになりますが、それだけでなく、被験者ができるだけ自然な状態でタスクを実施できるように緊張を取り除くことも目的となります。

　その後、思考発話法についての説明を行い、簡単な練習課題を実施して被験者に思考発話法へ慣れてもらいます。

　この段階で、テストの対象は被験者ではなくあくまでWebサイトの側であること

をしっかりと伝え、被験者がタスクをうまくこなそうと必要以上にプレッシャーを感じることがないようにしておくことも大切です。

● ステップ3：実査

　思考発話法の練習ができたら、本番のテストを開始します。事前に準備したシナリオに沿って、想定する状況やタスクの内容を被験者に伝え、被験者がタスクを実行する様子を観察・記録します。

　思考発話法に慣れていない被験者は、タスクを実行することに集中すると思考発話を忘れてしまうことがあるため、発言が止まっている場合は、質問者のほうから「今どのようなことを考えていますか？」などと声を掛け、思考発話を促します。

　なお、被験者がタスク達成の道筋から逸れた行動を取った場合には、すぐに間違いを指摘するのではなく、自力で間違いを修正できるかどうかも観察します。被験者が間違いに気づかず、そのままではタスクを続けられない場合は、間違えた場面を教え、再度やりなおしてもらうようにします。ただしこの場合でも、質問者は被験者に最低限の情報しか与えず、直接正しい操作を教えることはないようにします。

　ユーザビリティテストでは、被験者が操作を誤った部分から重要な示唆を得られるため、質問者の発言や行動によって被験者を正しい操作に誘導してしまうことは避けなくてはなりません。また、タスクの実行中に被験者から質問を受けた場合でも、すぐに答えを教えるのではなく、被験者の考えていることを引き出したり、行動を促したりすることが必要です。

● ステップ4：事後インタビュー

　準備していたタスクをすべて完了したら、事後インタビューに移ります。予め用意していた質問のほか、タスク全体を通して気になったことを被験者に話してもらったり、質問者がタスク実行の様子を観察する中で気になった点などを振り返って被験者の考えていたことを確認したりします。

　インタビューが終わったら、被験者にお礼を述べて送り出し、テストを終了します。

10-3 ユーザビリティテストによるWebサイトの改善提案

　すべての被験者のテストが終わったら、発見された問題点を整理してレポートを作成します。テスト実施時の記録は、そのままだとバラバラなデータの集合でしかないため、分類して重要度を判定することが必要になります。

テスト結果の分析は、2種類のデータの掛け合わせ

　ユーザビリティテストから得られるデータには、大きく2種類のデータがあります。操作にかかった時間、エラーの数などといった定量的なデータと、エラーの内容、被験者の発言などといった定性的なデータです。

　被験者の発言については、テストの際に録音した音声から書き起こすことになります。この発言記録から被験者の思考を読み取り、エラーの個所や内容などと突き合わせていくことで、ユーザビリティ上の問題点を拾い出していきます。

深刻度と影響範囲により対応を検討する

　ひととおり問題点を洗い出したら、改善に取り組む順序を決定する必要があります。その際に考慮しなければいけないのが、それぞれの問題点が持つ深刻度と、改善をする場合に影響が及ぶ範囲です。

　被験者がタスクを達成することを直接的に妨げていた問題点は、深刻度が高いため、改善に取り組む優先順位も高くなります。逆に、改善したほうがより良くはなるものの、そのままでもタスクの達成に大きな影響がないような問題点については、優先順位を低く設定します。

　影響が及ぶ範囲としては、例えばビジュアルデザインの改善のみで解決できる問題点と、システムの仕様を変更しなければ対応できない問題点などといった違いがあります。一般的に、影響範囲が広くなるほど、改善対応に要する時間は長くなります。

　こうした2つの視点からそれぞれの問題点を検討し、改善対応の範囲と取り組みの順序を決めていきます。なお、問題を引き起こしている原因や改善の施策について見当を付けられる場合は、そうした考察を盛り込んでも良いでしょう。

レポートを作成し、迅速な改善サイクルへ

このようにして整理した問題点を、事前に設定していたテスト目的と紐づけて、レポートを作成します。数字や文章だけでなく、画面キャプチャを用いるなどして、読みやすく理解しやすいレポートにまとめましょう。

正式なドキュメントとして残す必要がある場合には、詳細なデータなども含めたテスト報告書を作成することになりますが、実際の改善作業に活用することが主目的であれば、ドキュメント化することに時間を費やすよりも、制作スタッフへ迅速にフィードバックして改善作業に取りかかるほうが効果的です。

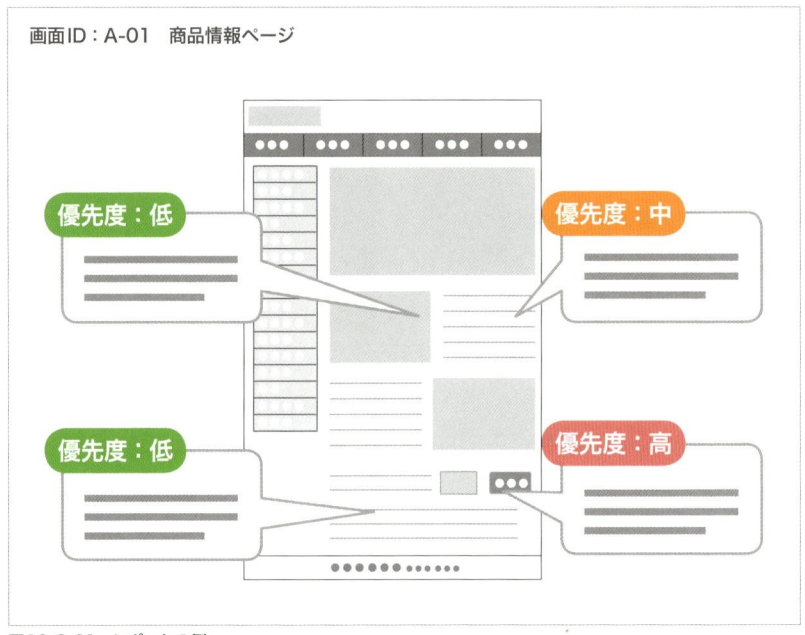

図10-3-01　レポートの例

10-4 ユーザビリティテスト ケーススタディ

ここでは、ECサイトの評価を想定して、ユーザビリティテストのタスク設計とレポート作成を行ってみます。

想定案件：ECサイトの購入フロー評価

フラワーギフトを取り扱う、スマートフォン向けのECサイト。商品数が多く、花の種類や形態によってカテゴリ分けして掲載しています。また、ギフトの多くなる季節イベントのある時期は、特集コーナーを設けています。

●テストの目的とタスク設計「一連の購入操作を確認する」

季節イベントの時期を控え、一連の購入操作の中でユーザビリティ上の問題があるか確認することを目的とします。ギフトを探してサイトに来訪したユーザーが、ニーズにあった商品を探し出してスムーズに購入することができるか確認するため、次のようなタスクを設定しました。

> **タスク1**：トップページから「母の日特集」ページへ移動する
> **タスク2**：3,000円台で購入できる「カーネーションの鉢植え」を探してカートに入れる
> **タスク3**：カート内の商品を購入する

また、タスク終了後の事後アンケートとして、

> ●商品の比較検討がしやすかったか
> ●注文フォームの操作がしやすかったか

を聞くことにしました。

● **テスト結果「商品の絞り込み機能に改善が必要」**

　テストの結果、タスクを最後まで完了できなかった被験者はおらず、ユーザビリティ上の致命的な問題点は見つかりませんでした。しかし、タスク2において、商品を条件によって絞り込む際に、絞り込みの機能を見つけられなかったり、利用の仕方が分からなかったりする被験者が多く見られました。このような被験者は、一覧に掲載された商品情報を1つ1つ目視で確認しており、条件に当てはまる商品を探し出すまでに時間を要する傾向がありました。

　今後、商品の品揃えを拡大していくにあたっては、ユーザーが絞り込み機能を利用できない場合、ニーズに合った商品を探し出せずにサイトを離脱する可能性が高まるため、絞り込み機能を認識しやすい・分かりやすいものに改善することが必要と考えます。

Chapter 11

インタビュー調査

消費者はどのように認知〜購入にいたる消費行動をとっているのか？　データ分析では、文脈（コンテクスト）を明確にすることは難しいのが実情です。マーケティング・リサーチを活用し、真に訴求力のあるコミュニケーションを実現してください。

- **11-1** マーケティング・リサーチとは
- **11-2** デプスインタビュー調査の基礎
- **11-3** デプスインタビューの準備と計画
- **11-4** デプスインタビューの実施
- **11-5** デプスインタビューの調査報告書作成
- **11-6** デプスインタビュー　ケーススタディ

11-1

　マーケティング・リサーチとは、企業や組織が顧客の声を直接収集することを指します。誰に何を聞くかを事前に設計したうえで、相手から必要な情報を直接聞き出す行為のため、企業や組織が知りたいことを効率的に知ることができます。

マーケティング・リサーチの役割

　データ分析の場合、分析の対象となるデータは既に受動的に蓄積されたものが対象となります。このため、素早く知る利点はありますが、知りたい内容によっては、根拠が集まらず使い物にならなかったり、推測に頼るために慎重な判断が導けない場合もあります。情報設計は、そもそもの役割がサイトやページの設計を行うことのため、顧客の声を分析するプロセスはあるものの、どちらかというと解決策の導出に比重が置かれがちです。

　マーケティング・リサーチは「企業のマーケティング課題に対し、顧客の声を収集・分析することで解を見つける技法」です。データ分析のような素早さ、情報設計のようにサイトへ直結するものではありませんが、サイトを通じて行うビジネスやコミュニケーションにおいて、根源的な問題に迫り、あるべき方向性を導き出す手法です。ビジネスをスタートする段階でビジネスそのものを見極めたり、成長の踊り場から脱するヒントを探したりといった、大局的な方向性の見極めが必要な際に「マーケティング・リサーチを用いることで、自らを消費者の見た目で客観視する」といった使い方が良いでしょう。

マーケティング・リサーチの手法

　マーケティング・リサーチを行うことの目的、結果をどのように活用するかによって、手法は大きく「定性調査」と「定量調査」に分かれます(図11-1-01)。

　定性調査では、ターゲットへのインタビューにより、ターゲット自身が行う消費行動における心理変化や購買理由を具体的に掘り下げることで、消費行動そのものを構造的に把握します。

　例えば、リスティング広告に表示されるいくつかの広告文のうち、なぜそのうちの1つの広告文を選択したのか？ いくつかのWebサイトで商品を検討していた際に、最終的になぜそのWebサイトで購入したのか？ ユーザーがその行為をとっ

た理由を慎重に聴くことで、ユーザーが判断した際に重視したことや心理変化が促された流れを知ることができます。コミュニケーションの受容や購買行動を可視化することにより、問題発見やより適切なアプローチの発見につなげられます。

定性調査の手法には、グループインタビューやデプスインタビューが挙げられます。

定量調査では、ターゲットへのアンケートを通じて、アイデアやデザインのテストや検証、消費行動パターンを数量的に把握します。

例えば、コミュニケーションの訴求案について、良いと感じられる複数のアイデアから最も効果的なアイデアを選ぶ場合、また、ターゲットの価値観や行動特性に基づいてセグメンテーションしたい場合など。アンケートを用いてターゲットへ直接聴取し、結果を集計し分析することで、市場を数量的に把握することができます。

定量調査で一般的な手法には、Webアンケート調査が挙げられます。

定性調査	定量調査
ターゲットへのインタビューにより、消費行動そのものを構造的に把握する。ユーザーが判断した際に重視したこと、心理変化が促された流れを知ることができる	ターゲットへのアンケートを通じて、アイデアやデザインのテストや検証、消費行動パターンを数量的に把握する
<代表的な手法> ・グループインタビュー(座談会) ・デプスインタビュー	<代表的な手法> ・Webアンケート調査 ・ホームユーステスト

図11-1-01 マーケティング・リサーチの手法　目的や結果の使い方により大きく2つに分かれる

マーケティング・リサーチ実施の流れ

マーケティング・リサーチを進めていく流れは、定性調査も定量調査も基本的には同じです。大きなステップは①「調査の企画と設計」、②「調査内容の決定(調査票やインタビューフローの作成)」、③「実査(実際の調査)」、④「集計や分析」、⑤「調査結果の報告」です。

①調査の企画と設計

調査目的、調査手法、調査対象、調査項目、スケジュール、費用を決定します。

②**調査内容の決定（調査票やインタビューフローの作成）**
調査項目で取り決めた内容を、詳細に具体化していきます。定量調査であれば調査票へ、定性調査であればインタビューフローとなります。

③**実査（実際の調査）**
実査は対象者の謝礼や、調査会場の確保など、費用の大部分がかかるので、基本的にやり直しはありません。また実査の良し悪しにより結果が変わってしまうこともあるため、実査は経験豊富な専門家に依頼するようにしてください。

④**集計や分析**
定量調査ではクロス集計が集計・分析の基本です。セグメント間の違いが生まれると考えられる属性や回答結果を基に集計することで、セグメント間の傾向や反応を具体的に把握します。差や構造を明らかにするために統計解析を用いることもあります。定性調査では、分かったことや明らかになった構造を調査テーマに基づいてまとめていきます。

⑤**調査結果の報告**
報告書は、実施概要（仕様内容）、結論（仮説の検証結果）、詳細（個別質問の結果、チャートやグラフ）、調査素材（調査票や呈示素材）に分けられます。結論は分かりやすく、次のステップの行動へつながるよう意識して書くことを心がけてください。

調査の企画と設計	調査の目的、手法、調査対象者、調査項目、スケジュール、費用を決めましょう。
調査内容の決定	調査項目を具体化し、調査票（アンケート）やインタビューフローへ落とし込みます。
実査	調査対象者に対し実際の調査を行います。経験豊富なプロに任せるのが良いでしょう。
集計や分析	定量調査の場合、クロス集計を行い、セグメント間の違いや傾向を把握します。定性調査で明らかになったことをテーマに基づいてまとめます。
調査結果の報告	特に結論となる部分は、分かりやすく、次のステップの行動へつながるよう意識して書くことが重要です。

図11-1-03　マーケティング・リサーチの実施の流れ

11-2 デプスインタビュー調査の基礎

マーケティング・リサーチにおける定性調査の代表格であるデプスインタビューは、ユーザーのインサイトを掘り下げるのが得意な調査手法です。

デプスインタビューとは、インサイトを発見する調査手法

一般的に多くの人は、自らが何を求めているのか？　本当は何が欲しいのか？を自覚して行動している訳ではありません。社会心理学によると、人間の行動はすべて意識されて行われるわけではなく、自らでは意識できない過程が多く存在すると言われています(非意識的過程)。人間の意思決定プロセスは複雑で、すべてが解明されている訳ではありません。

定性調査の1つである デプスインタビュー は、言葉のとおり「Depth (深さ)」を重視する調査手法です。対象者とインタビュアーが向き合い、1対1で1時間以上の時間をかけて対話をしていきます。対象者の感情や本人が自覚をしていない意識までを汲み取り、行動の動機付けや相手そのものを理解していくことを目的としています。インタビュー内容は単なる行動における現象面のみではなく、その行動に至った理由を「なぜそうしたのか？」と掘り下げていくことで、相手の考えや気持ちにインタビュアーが入り込み根底の価値観に迫っていきます。人の行動や態度の奥底にある、ときには本人も意識していない本音の部分のことを「インサイト」と言いますが、デプスインタビューはこの「インサイト」を発見する1つの手段と言えます。

デプスインタビューの目的と役割は、インサイトとベネフィットを構造的に明らかにすること

デプスインタビューを通じて消費者のインサイトに迫っていくことにより、商品やサービスが消費者に対し一体どのようなベネフィット(便益)となっているのか、具体的にイメージすることができます。この構造がイメージできることにより、消費者に向けたコミュニケーションにおいて、何を重点的に訴求すればユーザーの興味を惹かせられるか、また、Webサービスやコンテンツで何を補完すればユーザーの満足度をさらに高められるのか、といった点にヒントを見出すことができます。

用いる場面は、消費行動把握、行動観察、受容性評価

　Webサイトの改善にデプスインタビューが用いられる場面には、大きく3つあります。

　1つは、該当の商品やサービスのカテゴリー全般におけるユーザーの消費行動を把握するもの。現使用者／未使用者／中止者に対し、認知のきっかけや購入動機（未購入理由・中止理由）、使用満足度や今後の使用意向を聴取します。コミュニケーション設計を見直す際に、あるべき姿を探りあてるための方法に適しています。

　2つ目は、行動観察調査を含めた調査で、ユーザーにWebサイト画面と操作指示を提示してその場で実際に行っていただく。ユーザーが操作する様子を観察して、制作時に想像していた仮説どおりに実行されるのかを検証し、仮説と異なる操作をした場合に、なぜそのような操作をしたのかを聞き出すもの。Webサイトのユーザビリティや機能において、IAやデザイナーでは気づかないような画面上の問題発見につながります。

　3つ目は、デザイン案やコピー案を提示して、良否の判断と改良方向性を探るもの。好き嫌いの程度や購入意向の程度、そのように感じられた理由を聴取することで、調整方針を具体化することができます。

消費行動把握	現使用者／未使用者／中止者に対して、認知のきっかけ、動機、使用満足を聴取し消費行動を把握する。
行動観察	Webサイトのユーザビリティ調査に用いられる。ユーザーが操作する様子を観察して、仮説通りに実行しているかを検証する。
受容性評価	デザイン案やコピー案、モックアップを提示して、良否の判断や改良方向性を探る。評価のみではなく、評価理由も合わせてヒアリングすることがポイント。

図11-2-01　Webサイト改善時にデプスインタビューが用いられる3つの場面

11-3 デプスインタビューの準備と計画

　デプスインタビューをいきなり行うことはできず、事前に必要な準備や計画があります。具体的には、調査仕様の取り決めとインタビューフローの作成です。実査が始まると後戻りできないため、事前にクライアントと入念な取り決めを行います。

調査仕様の取り決め

　調査仕様は、調査を行う目的と調査により明らかにしたいこと、また、調査を実施するために必要な手配や方法、スケジュール、予算をクライアントと取り決めるものです。調査を実施することになるとさまざまな準備や手配が必要になりますので、何をどのように行っていくのか、事前に書面で確定する必要があります。一般的なインタビュー調査の場合、次のような項目が仕様に含まれます。

- 調査目的と課題
- 調査実施方法、一人当たりのインタビュー時間
- 調査対象者の条件とサンプル数
- 調査対象物（Webサイト、CM、商品パッケージ、試食や試飲）
- 実査に必要な設備（パソコン、モバイル、TV、記録用ビデオカメラ）
- インタビューの記録方法（速記録、動画）
- 調査会場
- 調査項目
- スケジュール（調査フロー確定日、提示物受領日、実査日、報告日）
- 見積り

　「調査目的と課題」では、調査を通じて何を知るのか、それにより次にどのような行動をとるのかを言語化します。例えば、ECサイトのユーザビリティ調査であれば次のような記述となります。「ECサイトのデザインリニューアル以後、商品詳細ページの閲覧量は変わらないが、カートへの侵入が減少し、ページ離脱が顕著となっている。商品詳細ページのユーザビリティに何かしらの問題が起きていると想像している。ユーザー調査を通じて、商品詳細ページのユーザビリティ上の問題点を明

らかにし、改善の方向性を明らかにしたい」。

「調査実施方法」では、デプスインタビューとした上で、インタビュー時間は明記します。インタビュー時間により実査のスケジュールや謝礼に影響しますので、大事な取り決めです。

「調査対象者の条件」は、まず誰からどういった情報を聞き出すかを念頭に置いて条件を設計してください。社会属性や消費行動内容など、なるべく事実として落とし込める内容にしていきます。対象者を選び出す際に条件が曖昧だと、条件の確認をした後から実査までの間に、意図せず条件違いになってしまう可能性があります。

「サンプル数」は、同属性区分において5名程度を目安としてください。

「調査対象物」「設備」は調査実施内容によって変わりますので、事前に明らかになっている場合は記述します。

「調査項目」は、調査目的や課題から導き出される具体的な調査内容を項目に列記したものです。全体の調査課題を明らかにするためには、何が分かっていると判断できるかを考えて、思いつくものを書き出します。次に書き出された項目を、グルーピングやカテゴライズ、順序や序列、消費行動の流れから整理して、項目間に重複や漏れがないか確認してください。最後にもう一度、調査課題を明らかにする内容になっているか読み返して決定してください。なお、項目は詳細すぎると、後にインタビューフローに落とす際に、あれもこれもとなり所要時間に終わらない場合も出てきます。概要レベルに留めるのがいいでしょう。これらの情報を端的に書面で示し、まずは仕様を確定させましょう。

インタビューフローの作成

所定時間の中で、何をどういった順番で聞いていくかをインタビューフローにまとめていきます。主な流れは、導入→実態の聴取→テーマ（導入・深掘り）といった順です。

導入では、調査趣旨の説明と自己紹介を行います。今回のインタビューで何を聞きたいのかを冒頭で伝えることにより対象者に対しても発言のまとまりや方向性を求めます。自己紹介では、自らの興味関心や趣味を話してもらいます。話しやすい話題を冒頭に入れることで、インタビュアーとの心の距離を縮め、対象者が話しやすいように気持ちをリラックスさせてあげる狙いがあります。また、人物像を知るような背景情報の収集にも役立てます。

次に実態の聴取です。テーマ周辺における行動や意識について、事実をベースに聞いていきます。商品の認知や購入の経緯、そのときの自分の意識をを徐々に思い起してもらうことが狙いです。

テーマ(導入・深掘り)では、まずは大きく広く投げかけてから、徐々に細部へ深掘り追及していきます。例えば消費行動を確認する内容であれば、最初に知ったきっかけから購入に至るまでの全体像を対象者自身に話してもらい、その後に1つ1つのステップについて、行為の理由や感じたことを順に細かく聞いていきます。テーマ部分の流れは、認知から購入へと実際の消費行動の流れに沿って聞いていきます。

インタビューフロー作成の注意点

インタビューフローを作成する上での注意点には、主に以下のポイントがあります。

- 消費行動の順番を意識し、回答しやすいようにする
- テストはなるべく先に行ってしまう
- 内容の浅いもの、深いものを意識して、効果的に織り交ぜる
- 人間同士の対話をイメージして組み立てる

対象者の認知・消費行動をイメージして、物事の始まりから終わりに流れていくように、認知から購入へと流します。ユーザーのイメージのしやすさ、回答のしやすさを配慮してください。テストは普段の消費行動を詳しく聞く前に、テストの評価を行います。先に自らの行動を具体的に思い起こしてしまうと、テストに対する評価が普段の感覚ではなく、正しいユーザー像をイメージして論理的に考えて評価してしまう恐れがあるためです。

インタビューと言っても、実際は人と人との対話です。どのような順番で話していくと、相手の核心に迫れるのか、対話をイメージしながら流れを組み立てていくと自然な流れとなっていきます。なお、テーマの節目や深く考えた後には簡単な質問にすることで、リラックス効果が生まれて対話しやすくなります。内容の浅いもの、深いものを選り分けて、効果的に織り交ぜて進めてください。

■調査課題
・新しく販売する健康食品について訴求コンセプト案の受容性を検証する
・健康食品の購入・消費行動について把握する

1to1デプスインタビュー　インタビューフロー

10分　1. 美容健康意識について
(1)「美容や健康に興味・関心がある」ということですが、最近、どのようなコトに興味・関心をお持ちか？
(2) 具体的に商品やサービスを購入したものはあるか？

＜以降は、直近で購入したことのある美容健康関連商材について＞
(3) 商品の商品名、メーカー名、購入価格、購入場所を教えてください。
(4) (商品ではなく)対象のコトについて、いつ頃から興味を持ち始めた？初めは何かで見聞きした？
　　→ そのコトに自分が興味を持ったのは、なぜ？
　　→ 興味を持ってから、買うまでの間に、どこかで調べたり、見聞きした？買うまでの期間は？
(5) その商品を購入すると決める頃、他の商品と比べた？
　　→ どこで、何を比べた？
　　→ なぜその商品が良いと思ったか、逆に不安に思ったことは？
(6) 無料サンプルは試した？
　　→ 普段、無料サンプルは積極的に試す方？例えば服用系のもので効果を実感したことある？

30分　2. コンセプト評価
＜これから、健康食品の新商品についてご案内します。広告でご覧になったとイメージしてお聞きください。＞
(1)（買う/買わないに関係なく）この商品を試してみたいと思ったか？5段階
(2) 実際に購入したいと思うか？5段階
(3) 試用、購入意向の評価理由は？
　　→ どういった点が良さそう・魅力と感じたか？逆に、不安か魅力でないと思ったことは？
(4) 項目別の反応を確認
　　1. 従来の青汁とは違いそう　3. 記憶に残りやすい　5. 効果がありそう　7. 品質が良さそう
　　2. 自分たち向けと感じる　4. おいしそう　6. コストパフォーマンスが良さそう
(5) コンセプトのポイントと思ったところに下線を

　　コンセプト案14案について、上記(1)〜(5)を個別に実施。個別の絶対評価後に、相対評価(6)

＜今までご覧になったコンセプトについて、今度は総合的にお伺いします。＞
(6)「試してみたい/やや試してみたい/あまり試したいと思わない/試したいと思わない」にグループ分けを
　　→ 各グループには、傾向があるか？どのようなものがPOSIなのか？

20分　3. PKG・中味呈示後、コンセプト評価
＜パッケージ、中味の順にご覧になり、順にお伺いします。＞
(1) PKGの印象はどうか？好意度・5段階
(2) 中味の印象はどうか？好意度・5段階
(3) 先ほどのコンセプトを再度ご覧になり、試してみたい、購入したいの評価が大きく変わるものはあるか？
　　→ パッケージや中身をみて、コンセプト時に思っていたものから違和感を感じるものはあるか？
(4) 最後に、他に新しい切り口はあるか？他の人にこの商品を勧めるとしたら、どのように言うか？

インタビューフロー作成ポイント
● 時間配分を明記する
● 話しやすい話題を先にする
● 本人から行動を聞き、その後に行動の原因や理由を聞く流れにする
● インタビューの内容は細かくしすぎない。確認したいことを押さえる程度に
● A4で1枚に収まる程度とする
● ランスルーを行い、矛盾や重複は事前に調整を行う
● 作成過程でクライアントと密に共有し漏れがないか入念にチェックする

図11-3-01　インタビューフロー例

11-4 デプスインタビューの実施

仕様が確定したらいよいよ実査です。実査とは調査を行うことを指します。デプスインタビューを行う準備と、実際に行う際の注意点を挙げます。

ステップ1：実査準備

インタビュー調査の準備には以下のものがあります。

- 会場の手配
- 対象者のリクルート
- 対象者名簿の作成
- 調査スタッフの手配（受付、書記）
- 提示物や謝礼

インタビュー会場は主要都市であれば、たいてい貸会場があります。一般的なインタビュー会場は、インタビューを行う部屋と、インタビューの様子を観察する部屋がマジックミラーで区切られており、ミラー越しにインタビューの様子が見えるようになっています。インタビュー会場を使用しない場合は、ビデオカメラとモニターを用いて、普通の会議室で行うことも可能です。

対象者のリクルートは、調査会社やリクルートの専門会社に依頼するのが一般的です。保有する調査モニターに対して対象条件を確認するためのスクリーニング・アンケートを行い、条件に合う対象者を抽出します。対象者の都合による急な時間調整や、会場までの行き方を説明するなど、対象者の管理や誘導は大変になることが多いので、外部の会社に協力を依頼するのが良いです。

対象者名簿には、対象者名（個人情報に注意し苗字のみ）やスクリーニング結果を簡単に記載し、実施順にリスト化します。調査スタッフは、調査現場でスタッフ業務を経験した方を選んでおくといいです。実査の失敗は大変な損失となるために、現場で臨機応変に対応できることが重要です。

ステップ2: インタビュー実施の注意点

　デプスインタビューはインタビュアーの経験値やスキルにより結果が大きく変わります。実査においては、信頼できるインタビュアーへ依頼することをお勧めします。インタビュー調査の注意点を以下に挙げます。

●インタビューで得られた情報を使って質問する
　調査対象者の考え方や価値観など主観的な要素を知るためには、対象者とインタビュアーの心理的距離は近いほうが対象者は話しやすいです。対象者が話した内容をベースに話を展開していくことで、会話にテンポや信頼関係が生まれ、対象者は自身のことについて話すようになっていきます。

●質問が端的な選択ではなく自由度がある
　「はい」「いいえ」といった選択式でないほうが、回答にゆとりが生まれます。結果的に遠回りになることもありますが、対象者の考え方や話し方のクセ、伝えようとする内容の構造を知るきっかけにもなります。

●インタビューフローに固執しない
　事前にフローは決めておくものの、実際にインタビューをし始めると、予期しないところで話が盛り上がったり、思い出した順に話が展開して、流れを行ったり来たりする場合があります。無理にフローどおりの話の順番を固定せず、対象者の話の流れに合わせて聞き、もれがないかのみ注意するようにしてください。

ステップ3: 実査管理の注意点

　インタビュー調査の実査において、実査を管理する視点での注意点を以下に挙げます。

●対象者が予定時間に来なくて実査を始められない(大幅に遅刻)
　対象者が予定時間に来ない場合はそのまま欠席とするか、空き時間への調整が必要となります。予定の調査が行えなくなるし、費用面での損失にもなるため、なるべく起きないよう入念に対策をします。事前の配慮として、開始15分前には来場してもらう、携帯番号を聞いておく、緊急時の当方への連絡先を伝えておく、リストに空き時間を作っておくことが対策となります。

●天災や事故により実査を延期しなければならない

　台風をはじめとする天災により、対象者が実査会場へ来られなくなり、やむなく実査を延期する場合もあります。会場のキャンセル費、スタッフ人件費の補償、対象者リクルートのし直しなど、予定していないコストがかかってしまいます。こういった場合、最終的に誰が負担するのかを決められない場合もあるため、見積りを提出する際の協議が必要となります。

●インタビュー実施中だが、予定していなかった質問を追加したい

　基本的にはNGですが、場合により対応することもあります。インタビュー中は、対象者とインタビュアーの間でラポール（自由に意見を言い合える状態）が形成されることで、対象者の本音を引き出すことができます。また、インタビュアーは調査目的を完遂するために、質問順や目的をあらかじめ頭に入れてインタビューに臨んでいます。そのため、インタビュー自体に混乱を招いてしまうと調査そのものが台なしになりかねません。一方で、クライアントや調査を観察する側からすると、「その先を聞きたい」といった際に歯がゆい思いをすることもあります。やむをえない場合には、要点を記したメモ紙をそっとインタビュアーに渡すのが対応となります。また事前にインタビュアーにそういった場合の対処を打合せておくといいでしょう。

ミラールーム

クライアントや案件関係者が、インタビューの様子を見るための部屋。インタビュールームとはマジックミラーにより仕切られており、会場内の様子をリアルタイムに見ることができる。音声はインタビュールーム内のマイクを通じてミラールームへ流されている。

ミラールームは暗室になっており、明かりをともすとインタビュールームからミラー越しに透けて見えてしまう。

インタビュールーム

インタビュールームはなるべくシンプルなデザインになっており、対象者の意識がインタビューそのものに集中するよう仕向けられている。座談会のときは写真のように円卓を囲むようなスタイルで、インタビューのときは一対一となり、ミラーの方にインタビュアーが座り対面に対象者が座り、ミラールームから対象者の表情が見えるよう配慮する。

ミラーの存在の不自然さはあるが、実際にインタビューが始まると自然と気にならなくなる。

図11-4-01　インタビュー会場の例

11-5 デプスインタビューの調査報告書作成

　インタビュー調査の報告書を基に、チームは次の施策や改善方向性を決めていくことになります。そのため、報告書はプロジェクトを正しく前に進めていく重要な書類になります。また、報告会に参加できないメンバーや、クライアントの社内をはじめ上位者に対しては、書類のみで伝えることとなるため、モレや不明瞭さがあると、調査を活かせない事態となります。報告書の作成手順、注意点を念頭に置いて作成してください。

デプスインタビュー調査報告書の作成手順

　デプスインタビューの分析では、発言記録を基にインタビュー結果のまとめを作ります。対象者全員を横串にさすような全体的なまとめにいきなりは入らず、まずは個人個人の行動や意識の構造を整理することに努めます。明らかにすべき調査課題を念頭に置き「この発言をしたのはどんな人だったか」「この発言の前後に何を言っていたか」「この発言に至った理由は」というように、発言の裏に潜む背景や価値観を推察しながら発言記録を読み込みます。このとき、対象者の本音と建て前を見分けていくことがとても重要です。インタビューで導いた対象者のインサイトがどのような構造になっているのか、図形描画を交えて分かりやすく説明します。なお、対象者全体のまとめではなく、個人の考え方にフォーカスをあてて考え方を探ることがデプスインタビューの調査手法です。全体を最大公約数のように要約したり、対象者間での評価の違いを相対的に示すようなまとめが本流ではなく、あくまで個人の考え方の構造やプロセス、その方の検討要素を網羅し、個人にフォーカスすることを特に留意してください。まとめ方は個人ごとに、調査課題の順にまとめていくのがいいでしょう。まとめ方のフォーマットは特にありませんが、一人につき1〜2枚を目途にインタビューフローに沿ってまとめます。

　個人のまとめが完了したら、全体的なまとめを行います。最大公約数のように多くの人に対しての共通性をとらえる視点と、個々人の違いや特徴を拡がりとしてとらえる視点とを区別しながらまとめます。

　インタビュー全体の総括では、「結果のまとめ」と「今後の方向性」の2つで内容をまとめます。「結果のまとめ」では、同一セグメントの代表意見としてまとめられるポイントと、個別対象者ごとに特徴的な意見として挙げるべきポイントとを区別して表現してください。「今後の方向性」では、調査で得た結果から今後どうし

ていくべきかをなるべく具体的に記述します。ただし、注意点があります。結果からの考察となりますので、断定や選択肢を1つの答えに誘導するような表現、進言はしないようにしてください。インタビュー調査はすべてを網羅的に捉える調査ではなく、対象者の思考や感覚をあぶりだすことが目的ですので、言い切ってしまうような表現は判断ミスにつながりかねません。クライアントや制作責任者へ事象を正確に伝えることと、調査担当者としての所感を伝えることを明確に区別し、なおかつ所感は自らの参考意見であることをきちんと相手に伝えてください。

デプスインタビュー調査報告書の注意点

調査報告書作成の注意点として、次の3点が挙げられます。初稿を書き終えた時点で振り返り、問題が無いかチェックすることを心がけてください。

- 調査内容／調査結果／今後の方向性が明確に書かれている
- 調査結果／今後の方向性が論理的に正しく導かれている
- 調査で得た事象と、分析者の所感が区別して書かれている

なお、デプスインタビューによって得られることはアイデアの検証や評価ならば結果が明快ですが、通常はコミュニケーションの今後の方向性や現案の再考すべきポイントのあぶり出しがメインとなります。調査結果を踏まえた確実な次ステップへとつなげられるよう、プロジェクトへ継続的にコミットしていくことも重要となります。プロジェクトメンバー間での認識共有、また、調査結果を踏まえた展開となっているか、調査後もチェックする姿勢を忘れないでください。

個人ごとのまとめ	発言の裏に潜む背景や価値観を推察しながら記録を読み、対象者のインサイト(考え方、プロセス、検討要素)をまとめる。
全体的なまとめ	記録全体で共通性が見受けられる視点と、個々人の違いや特徴が挙げられる視点を、それぞれでまとめる。
調査報告の総括	同一セグメントの代表意見と個別に特徴的な意見を「結果のまとめ」に、調査結果から導き出された行動方針を「今後の方向性」として、所感は参考意見であることと共に記述する。

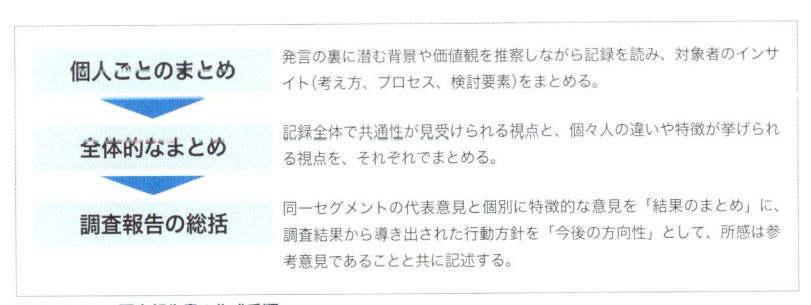

図11-5-01　調査報告書の作成手順

11-6 デプスインタビュー ケーススタディ

デプスインタビューを行う事前の段階と調査設計についてケーススタディをします。

想定案件：ECサイトの訴求軸の検討

単品の健康食品を販売しているECサイト。商品の魅力が多岐にわたるためターゲットに対し何を軸に訴求するべきか判断できずにいました。潤沢に予算を使える状況でもなかったため、売上貢献が期待できる数案を選択し、コミュニケーションにおける選択と集中を行いたい。ターゲットにとって訴求コンセプトは、トライアル購入を促す期待感や目新しさ、実際に商品を試したときに感じられる満足感や納得感がなければならない。

●事前準備1：訴求コンセプト案の検討

調査全体の設計は、(1) ブレインストーミングによるアイデア出しと訴求コンセプト案の作成、(2) デプスインタビューによるターゲットの価値観把握とアイデアの絞り込み、(3) Webアンケートを通じて得られる評価に対する統計的検証という流れでした。

デプスインタビューに入る前に、まずブレインストーミングにより訴求軸となるアイデアをなるべく広げ、訴求コンセプト案への落とし込みを行いました。ブレインストーミングに集めたメンバーは、クライアントの商品担当者とマーケティング担当者、制作メンバーからプロデューサーとディレクター、一般消費者でした。特に一般消費者の選定においては、ブレインストーミングにおいて受け身にならず、積極的に参加していただくことが必要と考え、本人の特性として「創造力が高い」「新製品は積極的に試す」「トレンドを意識している」「専門職やフリーとしての独立志向がある」を条件とし、また事前に商品を自宅で試していただいたうえで会議に参加いただきました。

結果は大きく異なる5つの方向性と、各方向性の含まれる合計14案の訴求コンセプトが導かれました。またブレインストーミングを通じて得られた気づきもあり、それらを反映して訴求コンセプト文を作成しました。

●事前準備2：デプスインタビューの調査設計

デプスインタビューの調査設計は次の通りでした。

● **調査目的と仕様**
- 訴求コンセプトの5案前後への絞り込み、ブラッシュアップを行う
- 条件に合致する一般消費者　5名（謝礼1万円・交通費込み）
- 1名あたり60分実施
- 一般的な会議室で実施（インタビュアー・書記・対象者のみ）
  ※ ビデオカメラを設置し対象者の表情や手元を撮影

● **対象者条件**
- 35～44才 有職女性
- 新商品に気づいたら積極的に試す傾向にある方
- インターネット通販を利用した経験がある方
- 健康への関心が高く、健康食品を自購入・食用経験のある方
- 当該カテゴリー商品の経験有る方／無い方を按分

● **インタビューフロー**
(1) 健康を意識した取り組みや行動
(2) 最近自購入した健康食品の初回購入に至るきっかけ／使用満足度／リピート状況
(3) 訴求コンセプト案を提示し絶対評価（試用意向、購入意向、印象、新規性、良いと感じられたこと）
(4) 訴求コンセプト案の相対評価（試用意向順にグループ分け）
(5) パッケージ評価、中味評価（好意度・5段階）
(6) パッケージと中味を踏まえての訴求コンセプト案再評価（購入意向、納得度、満足度）

●デプスインタビューの調査結果

　訴求コンセプト案の絶対評価で把握した試用意向と購入意向評価から加重平均をとり、他の聴取結果と合わせて7案を選択しました。また、インタビュー結果から訴求コンセプト全体にかかる修正方針として「おいしさや味に関する表現の調整」「機能や効能説明に関するロジックの調整」「既存路線に対するアンチとしての打ち出し感の調整」が挙げられ反映しました。また健康食品を購入するきっかけから、特定の情報チャネルを活用している傾向が複数から見られ、定量調査時の検証事項としました。

　この7案を用いて、Webアンケートを通じて訴求コンセプト案の絶対評価を行ったところ、購入意向評価において統計的有意差のある訴求コンセプト案を見出すことができました。なお同時に調べた訴求コンセプト案のイメージの近接性から、中心に訴求すべきメイン・コンセプトと、同時に訴求することでメインを際立たせるサブ・コンセプトが明らかとなり、それらを複合した訴求軸をもって最終決定することができました。

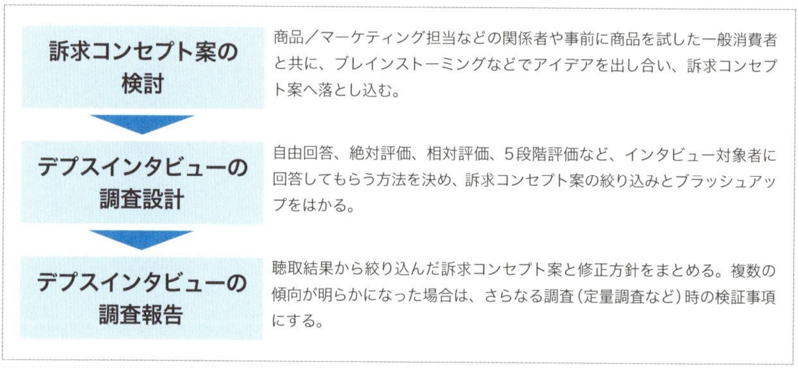

訴求コンセプト案の検討	商品／マーケティング担当などの関係者や事前に商品を試した一般消費者と共に、ブレインストーミングなどでアイデアを出し合い、訴求コンセプト案へ落とし込む。
デプスインタビューの調査設計	自由回答、絶対評価、相対評価、5段階評価など、インタビュー対象者に回答してもらう方法を決め、訴求コンセプト案の絞り込みとブラッシュアップをはかる。
デプスインタビューの調査報告	聴取結果から絞り込んだ訴求コンセプト案と修正方針をまとめる。複数の傾向が明らかになった場合は、さらなる調査（定量調査など）時の検証事項にする。

図11-6-01　デプスインタビューケーススタディ

Chapter 12
Webアンケート調査

Web上で執り行われるA/Bテストや多変量テストの結果は、どのように解釈を行いますか？ 評価理由や改善ポイントの把握はPDCAを進める上で大切なステップです。定量調査を行うことで結果をきちんと把握し、的確な成長につなげていきましょう。

- **12-1** Webアンケート調査とは
- **12-2** Webアンケートの準備と計画
- **12-3** Webアンケートの実施
- **12-4** Webアンケートの集計と分析、調査報告書作成
- **12-5** Webアンケート ケーススタディ

12-1 Webアンケート調査とは

　定量調査は数量的な検証を目的とした調査手法であり、マーケティングの意思決定においてとても重宝されている調査手法です。なかでも、インターネットを利用した<mark>Webアンケート調査</mark>は、スピーディに低コストで大量の情報が入手できる手法です。比較的少ないながらも費用のかかることであり、手順に不備があるとせっかく行った調査も意味をなさない場合もあるため、調査の企画・実施に慣れていないうちは、調査会社かマーケティング・リサーチャーとともに行っていくことをお勧めします。

Webアンケート調査の利点

　データ分析や情報設計と異なり、設定したターゲットに質問を投げかけ、定量的に回答を得られるため、直接的に検証することができる点が最たる利点となります。また量的だからこそ、質問に対する回答結果を集計し、調査対象者の意向や傾向を量的に把握することもできますし、単純集計ではなく質問同士でのクロス集計を行えば、セグメント間の違いや質問と質問の関連性を見出すことができます。統計解析を用いることで、単純集計では気づけないような発見につなげられる点も魅力です。

Webアンケート調査の仕組み

　Webアンケートは一般的には、インターネット調査会社があらかじめ保有するモニターを対象に実施されます。モニター情報は事前に調査会社に登録されており、居住地・性別・年齢・職業といった社会属性情報に加え、本人の年収や趣味・嗜好、興味のあることなど、調査会社によって特色をもってモニター個別の情報を保有しています。調査が開始されると、社会属性に該当するモニターに対し、調査会社から調査の案内がメールで届き、対象者自らが、メールや画面の指示に従って回答していきます。調査は通常２段階で構成され、最初は対象者条件や必要サンプル数を自動的にチェックするためのスクリーニング調査、そしてスクリーニングを通過した人のみが回答する本調査という流れです。対象者には調査が終わると調査の謝礼を現金に還元できるポイントなどが調査会社から支給されます。

図12-1-01　Webアンケート調査の仕組み

数量的な判断や傾向の把握を導く

　WebアンケートはAかBかといった選択において数量的に判断が求められる場合や、ターゲットの全体傾向を数量的に把握したい場合に用いられます。

　数量的な判断では、デザインやメッセージについて複数案の中から最も効果的なものを選ぶという受容性評価が挙げられます。Web上でテストを行うことにより、最適解を選び出すようなテスト方式もありますが、Webアンケートで評価を探ることの魅力は、「良い」または「悪い」と評価された際の理由や、ブラッシュアップしていくための改善の方向性を探ることができる点です。アンケートの設計は、各案に対する絶対評価を順に追っていく流れです。注意点としては、評価の順番を固定してしまうと評価順による影響が出てしまうため、評価順はランダマイズすること、また1つの絶対評価にあれこれ盛りすぎないことです。絶対評価で聴取する項目で挙げられるのは、「購入意向評価（7段階）・理由（FA）」「デザイン好意度評価（7段階）・理由（FA）」「新規性評価（7段階）」「印象評価（MA）」です。購入意向評価や好意度評価は重要な評価指標になるため、スケール評価に加えて、なぜそう思ったのか？　評価理由を併せて聴取することで、何が良かったのか、悪かったのかの、ポイントを知ることになります。すべての案について上記のように同じフォーマットでアンケートを得ることにより、各案の評価の特徴を横並びに見ることができ、何を選択するのがベストなのかを判断していくきっかけになります。

　ターゲットの傾向を把握するような質問には、日常の消費行動や情報取得プロセスについて該当するものを聴取していくような質問が挙げられます。例えば、自社ECサイトの利用実態を把握する質問であれば、「自社ECサイトの認知」「今までの利用経験」「利用の頻度」「初回利用のきっかけ」「利用満足度」「今後の利用意向」が挙げられます。まずはこういった利用実態をベースにし、次に示すような各テーマを掘り下げていきます。「広告の認知」「サイトの使用感・ユーザビリティ」「デザインの好意度」「取扱商品に関する満足度」などです。

12-2 Webアンケートの準備と計画

　Webアンケートをいきなり行うことはできず、事前に必要な準備や計画があります。具体的には、調査仕様の取り決めと調査票の作成です。実査が始まると後戻りできないため、事前にクライアントと入念な取り決めを行います。

調査仕様の取り決め

　調査仕様は、調査を行う目的と調査により明らかにしたいこと、また、調査を実施するために必要な手配や方法、スケジュール、予算をクライアントと取り決めるものです。調査を実施することになるとさまざまな準備や手配が必要になりますので、何をどのように行っていくのかを、事前に書面で確定する必要があります。一般的なWebアンケート調査の場合、以下のような項目が仕様に含まれます。

- 調査目的と課題
- 調査実施方法
- 調査対象者の条件とサンプル数
- 調査対象物（Webサイト、CM）
- 実査委託先（Web調査会社名）
- 調査項目
- スケジュール（調査票確定日、実査日、報告日）
- 見積り

　「調査目的と課題」では、調査を通じて何を知るのか、それにより次にどのような行動をとるのかを言語化します。例えば、ブランドのコミュニケーションに関して今後の方向性を検討するために、現状の問題を把握したい場合は次のような記述になります。「当該商品のアクセスログから新規訪問者の減少傾向が見られる。広告は継続的に出稿しており露出量は大きく変化していないが、競合ブランドの新たな打ち出しにより、当ブランドが相対的に古く感じられているようにもとれる。現競合間における自社のブランドイメージ、また消費者からみた当ブランドの強みと弱みを把握することで、次期コミュニケーション戦略の検討に資したい」。

「調査実施方法」は、Webアンケート調査とします。

「調査対象者の条件」は、まず誰からどういった情報を聞き出すかを念頭に置いて条件設計をしてください。社会属性や消費行動内容など、なるべく事実として落とし込める内容にしていきます。一般的にWebアンケート調査では、対象者に対しての条件確認を「スクリーニング・アンケート」にて行い、条件に合致すれば画面上でそのまま「本調査」へ遷移していきます。インタビューの際の対象者抽出のように、実査までタイムラグはほとんどないので、意図せず条件違いになることはありません。

「サンプル数」は、集計区分単位で調査の設計・分析者とともに判断してください。回答誤差はサンプル数が少ないほど大きくなっていきますし、一方で全数調査をしない限り誤差がなくなるものではありません。また、妥当なサンプル数については、分析者の経験則や商材特性から諸説あるためです。ちなみに私自身の経験則を基にすると、最低60名を目安とすることをお勧めしています。

「調査対象物」は調査実施内容によって変わりますので、事前に明らかになっている場合は記述します。「実査委託先」は協力いただくWeb調査会社名のみを記述します。「調査項目」は、調査目的や課題から導き出される具体的な調査内容を項目に列記したものです。全体の調査課題を明らかにするためには、何が分かっていると判断できるかを考えて、思いつくものを書き出します。次に書き出された項目を、グルーピングやカテゴライズ、順序や序列、消費行動の流れから整理して、項目間に重複やもれがないか確認してください。最後にもう一度、調査課題を明らかにする内容になっているかを読み返して決定してください。なお、項目は詳細すぎると、後で調査票に落とす際に、膨大な質問量になる場合もあります。

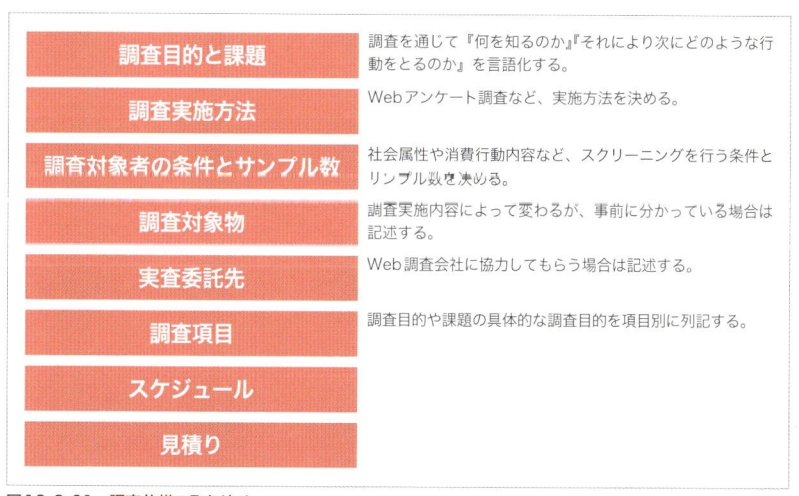

調査目的と課題	調査を通じて『何を知るのか』『それにより次にどのような行動をとるのか』を言語化する。
調査実施方法	Webアンケート調査など、実施方法を決める。
調査対象者の条件とサンプル数	社会属性や消費行動内容など、スクリーニングを行う条件とサンプル数を決める。
調査対象物	調査実施内容によって変わるが、事前に分かっている場合は記述する。
実査委託先	Web調査会社に協力してもらう場合は記述する。
調査項目	調査目的や課題の具体的な調査目的を項目別に列記する。
スケジュール	
見積り	

図12-2-01　調査仕様の取り決め

この時点では概要レベルに留めるのがいいでしょう。これらの情報を端的に書面で示し、まずは仕様を確定させてください。

調査票の作成

調査仕様に取り決めた調査項目を、どういった順番で聞いていくかをまとめていくのが調査票の作成です。調査票を作成していく順序は、次の流れが一般的です。「質問項目／順序／回答形式の決定」→「質問文／選択肢の決定」。調査企画段階で、質問項目までは練られていることが多いのですが、実際の調査票に落とす段階で、不足やもれが無いかを含めて見直すことから始まります。

●質問の項目／順序／回答方法の決定

調査企画時に挙げられた質問項目をすべて列記し、類似や重複があれば統合して整理していきます。またその一方で、調査目的に立ち返り、不足する質問やさらに目的追求に適した質問があれば追加していきます。Webアンケート調査では対象者自身が画面を見て自ら調査を進めていきますので、あまり質問が多いと集中力が途切れたり、疲労から回答意欲が低下していきます。調査票をイメージしながら、20分程度ですべて回答し終わることを目安とし、質問量が多い場合には質問を絞り込んでください。

次に質問順序を検討します。複雑な流れを避けて消費行動や意思決定プロセスに従うよう対象者が考えやすい順に並べます。また、答えやすい質問はなるべく先に、少しでも考えるような質問や悩みやすい質問は後に持っていきます。例えば、カテゴリー全般と個別商品の使用頻度を各々聴取する場合には、最初にカテゴリー全般について聞き、次に個別商品について聞きます。切り口を大から小へとすることで、質問を通じて対象者自身に普段の状況を整理していただく流れとなります。

回答方法は、自由回答と選択回答に大きく分けられ、また選択回答は「二項目分類」「多項目分類」「順位づけ」「尺度評価」の4種類に分けられます。「二項目分類」は「はい」「いいえ」のように二択で選択するもの。「多項目分類」は三択以上の選択肢があり、「1つの選択肢を選ぶ(SA：Single Answer)」「あてはまるすべての選択肢を選ぶ(MA：Multiple Answer)」「指定数の選択肢を選ぶ(LA：Limited Answer)」。「多項目分類」では選択肢が多くなるほど回答が難しくなります。筆者の経験から、13項目程度を目安にするといいでしょう。「順位づけ」は「1位、2位、3位、」と選ぶもの。「評価尺度」は評価の程度を一定のスケールの中で選ぶもの(7段階、5段階など)。質問の意図と、得たい回答イメージによって回答方法を選択します。

●質問文と選択肢の決定

質問文を作成する際に最も重要なことは、分かりやすい平易な文章にすることと、必要な情報がすべて入っていることです。さまざまな解釈ができるような言い回しや言葉、専門用語や横文字はなるべく避けるように配慮します。また、質問の対象を明確にし何について聞かれているのかを、対象者が混乱しないように明確にしてください。

例えば、自宅でのインターネット利用時間についての質問文は次のようになります。「あなたは普段ご自宅で、インターネットを何時間程度ご利用になりますか。以下に挙げる選択肢から最もあてはまるものを1つお選びください。なお、メールやメッセージの送信・閲覧にかける時間は除いてお考えください」。

ポイントは「状況」「質問」「回答」を明確に指示することです。

選択肢は多くの対象者が選択できるように網羅して作る必要があります。代表性の高い選択肢は必ず入るよう、事前によく検討してください。評価尺度の場合には、3段階、5段階、7段階と、中央に「どちらともいえない」といった中立評価を入れる奇数での評価尺度が主流です。評価尺度は単一の軸における程度を回答してもらうものである点に注意してください。例えば「新しさ」の程度を聞くのであれば、「とても新しい」〜「とても古い」ではなく、「とても新しい」〜「全く新しくない」とするべきです。「とても○○」〜「全く○○でない」を基本としてください。

Webアンケートの実施

　Webアンケート調査の場合、実査はインターネット調査会社が行うこととなるため、発注者は適切に実査が行われているかをチェックする視点が大切になります。

実査の進行について

　実査に使用されるアンケート画面の最終チェックを行えば、後は数日待って実査が終了します。実査開始後、取得した票のいくつかを入手し、実際の回答内容が調査票の意図と違っていないかをチェックすることが大事です。思わぬミスがあった場合に、発見するのが実査終了後になると、実査のやり直しとなりかねません。また、実査開始後の取得状況も日々チェックし、実査期間の変更は必要ないかなどを検討してください。

調査会社の実査クオリティをチェックするポイント

　調査会社によって実査には特色がありますので、調査会社を初めて選ぶ際には、事前にいくつかの確認をとることをお勧めします。

●対象者への調査依頼頻度

　「月に1回程度」～「制限していない」と会社によってさまざまです。対象者の方の過去の調査参加経験により、調査結果に影響が出ると懸念する場合には留意しなくてはなりません。

●事前調査の実施

　スクリーニングや本調査に入る前に、企画設計時の条件やサンプル数の参考として、事前調査を無料で行ってくれる会社もあります。質問数やサンプル数は限られますが、条件に適う対象者の規模を事前に想定できるため重宝します。

●アンケート画面のデザイン

　文字サイズや画面の見やすさ、マトリクス状に表組みされた質問の形状など、各社の工夫もさまざまです。事前に参考画面を見せてもらうと良いでしょう。

●アンケート回収のコントロール

事前に回答もれや不誠実回答を予想し、取り決めのサンプル数に加えて予備回収をしていただける場合があります。ボリュームは110パーセント〜200パーセントと会社によりけりです。また、回収のコントロール方法として、アンケート開始後、早期の回答者はあえて除外し、さらに実査を2回に分けて行う会社もあります。いずれも調査結果の品質を高めるための各社の工夫です。

●データチェック

取得したアンケートデータには不誠実な回答や論理矛盾する回答が含まれますが、調査会社の事前チェックを経て納品されます。チェックの対象範囲や方法論、チェック回数は会社により異なります。チェックの精度によって調査結果が変わる場合もあるため、データチェックの仕様を事前に確認することをお勧めします。

	チェック項目	説明
✓	対象者への調査依頼頻度	対象者の調査参加経験の影響が懸念される場合は留意する。
✓	事前調査について	対象者条件やサンプル数の参考として、事前調査を無料で行ってくれる会社もある。
✓	アンケート画面のデザイン	文字サイズや画面の見やすさなど、参考画面を見せてもらうと良い。
✓	アンケート回収のコントロール	回答漏れや不誠実回答への対策はどのようにしているかを確認する。
✓	データチェック	チェックの精度によって調査結果が変わることもあるので、データチェックの仕様を確認する。

図12-3-01　**調査会社の実査クオリティをチェックするポイント**

12-4 Webアンケートの集計と分析、調査報告書作成

　Webアンケートの実査が終了すると、インターネット調査会社からRawデータと呼ばれる回答者の回答データがCSVで送付されてきます。データの形式はたいてい、行ごとに対象者が並び、列ごとに質問の選択肢が並びます。対象者の回答した選択肢には該当のセルに「1」または値が入っている状態です。この状態から集計を行い、必要なグラフを描き、意味合いを抽出する作業が==集計分析==です。そして最終的に調査報告書としてまとめていきます。

集計分析の手順

　集計は2変量間のクロス集計を基本に作成します。
　表の左側を表側、表の上側を表頭と呼び、表側にはTOTALと属性（性別や年齢）を、表頭には選択肢をそれぞれ並べます。各マス目には度数と反応割合を入れていきます。反応割合はヨコ計で100パーセントとなるようにします。この表を見ることで、選択肢間における反応傾向や属性間での反応の違いを、回答比率や平均値、構成比を見ることで観察していきます。
　例えば、TOTALで見えていたデータの偏りが属性で分割してみると性別や年代、居住地により傾向が見えてきたりします。表側のアレンジは自由で、社会属性のほかに対象者条件に設定したセルが入るようにしてもいいですし、ほかの質問との掛け合わせにも使用できます。クロス集計はエクセルのデータベース関数にある「DCOUNT」を用いると簡単で便利です。
　集計の基本はクロス集計であり、回答結果を構造的に分析するために、いくつものクロス集計を見ていくことになりますが、現実的には煩雑で非常に理解しづらいのが実情です。そこで分析には、多量の変数を同時に扱うことのできる==多変量解析==が重宝されます。代表的なものには、「主成分分析」「クラスター分析」が挙げられます。
　主成分分析は変数に重みづけをし、変数を合成することで変数そのものの数を減らし、新たな総合指標を作り出すための分析です。クラスター分析は特定の変数において類似の回答傾向を示す対象者同士で統計的にグループ分けし、新たな集団として見出す分析になります。
　分析を具体的に進める上で核となる考え方は「==比較==」です。比較のパターンには、「共通軸の上で複数の値を見比べる比較（項目同士や絶対評価のスコア）」「全体と対

象部分の構成を比較（全体で100％となる際の構成割合）」「時系列で起きる変化を比較（前回と今回）」があります。グラフ処理を通じてデータを見比べ、差・変化・パターンに着目してデータの意味合いを抽出してください。

Excelを用いたクロス集計の手順

ExcelのDCOUNTを用いた集計方法を詳述します。以下のステップで簡単にクロス集計が作れますので、実践してみてください。

●ステップ1：Excel上のデータベースを作る

Web調査会社からアンケートのRawデータがExcelかCSV形式で納品されます。Rawデータは通常、表頭に質問番号、表側に対象者のIDが振られ、対象者の質問に対する回答が行ごとに収められています。Excelの「数式＞名前の定義」をクリックするとコメントボックスが表示されますので、名前と参照範囲を決めます。名前は英数字で任意に、参照範囲はRawデータ全体を範囲指定してください。OKを押せばデータベースの設定は完了です。

●ステップ2：クロス集計表を作る

データベースとは別のワークシート上にクロス集計表を作成します。表側にTOTALと属性を、表頭に合計と項目を作成してください。なお、表側と表頭がクロスする個所はセルを上下2つ用意します。後に、上のセルへはヨコ％、下に度数を入れます。

●ステップ3：DCOUNTを用いて度数を集計する

ステップ2で作成したクロス集計表の右側のほうに、集計の条件（クライテリア）を設定します。1つの条件に上下2セルを用います。上のセルには項目名、下のセルにRawデータに記載されている回答内容（0,1,などの数字）を入れてください。複数の条件を掛け合わせる場合は、同様の設定を順に右に追加していきます。次に、クロス集計表の中の度数のセルに、「=DCOUNT(データベース名,,X)」と入れます。データベース名はステップ1で作成したデータベースの任意名称を、Xには先ほど表の右に作成した条件を範囲指定（例えばH2:I3となるように）すれば度数のクロス集計は完了です。

●ステップ4：クロス集計表の作成作業を完了する

ステップ3で作成した度数について、項目ごとの集計が完了したら合計欄にオートサムを用いて度数の合計を算出します。度数のセルの上のセルに計算式を用いて

合計の割合（ヨコ%）を算出します。クロス集計表内のすべてのセルに度数と割合が入ればクロス集計表の作成作業は完了です。なおクライテリアの参照先や集計に間違いがないか忘れずに、チェックをしてください。

工夫次第ですが、クロス集計の結果を効率よく解釈するために、評価尺度のクロス集計の場合には、「ポジティブ評価の割合」や「加重平均値」を加えてもいいです。

● ステップ5：値を固定する

現状のクロス集計表はすべて数式になっているため、グラフ作成をしていく上で計算式がおかしくならないために数値を固定しておくと便利です。まずは、先ほど作成したクロス集計表が入ったExcelブックをそのまま複製してバックアップとして保存してください。クロス集計表を開いたらすべてのセルを選択したまま全部をコピーし、そのまま貼り付けオプションから「値」を選択して貼り付けてください。先ほど入っていた数式はすべて値に置き換わっています。表の右側に残る不要となったクライテリアと、ステップ1で作成したデータベース名をブックから削除して、表と値のみとなったクロス集計表ができあがります。

報告書作成の手順

データの集計、分析によって得られた新たな推論や判断については複数のデータを用いて、整合性や一貫性を確認してください。重要な発見である場合、たいてい別の回答にも傾向が表れているはずです。いくつかの発見や傾向が見つかったら、個別にまとめ、全体のストーリーとなるように文脈を整理します。

報告書は、「調査概要」「テーマ別の調査結果」「総括」で構成されます。

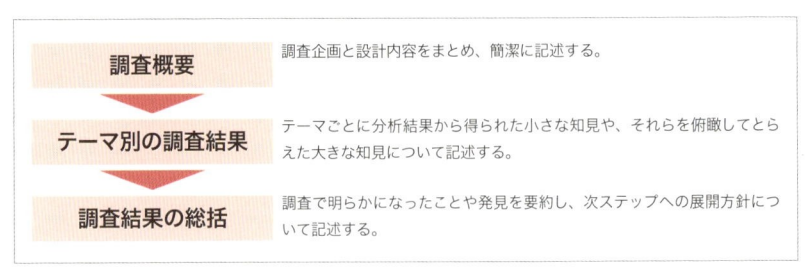

調査概要	調査企画と設計内容をまとめ、簡潔に記述する。
テーマ別の調査結果	テーマごとに分析結果から得られた小さな知見や、それらを俯瞰してとらえた大きな知見について記述する。
調査結果の総括	調査で明らかになったことや発見を要約し、次ステップへの展開方針について記述する。

図12-4-01　報告書作成の手順

調査概要には、調査企画と設計の内容を簡潔にまとめます。

テーマ別の調査結果では、テーマごとにまとめや分析結果を入れます。調査結果に含まれる1つ1つの小さな知見と、それらを俯瞰し全体観としてとらえた際の大きな知見の、両方が調査結果のレポーティングには重要です。

小さな知見は、1シート1メッセージを心がけて簡潔に説明してください。大きな知見は、小さな知見に基づいて集約的に導かれることをテーマごとに示してください。

　総括では、今回の調査で分かったことや発見を要約し、次ステップへ向けた展開方針をメインに記します。事実として分かったこと、推論として言えることを混同せず、明快に分けて表現してください。

12-5 Webアンケート ケーススタディ

　Webアンケートは様々な場面で用いられ、調査目的によって実施の方法も様々あります。ここでは、Webサイトのユーザー像を明らかにし、ロイヤルティの高いユーザーを抽出するために行ったWebアンケート調査の事例を紹介します。

想定案件: 高級消費財ブランドにおける1to1コミュニケーションの実践を目指した会員向けWebアンケート調査

　ある女性向け高級消費財ブランドでは、それまでブランドイメージの伝達と商品情報やキャンペーン情報の提供を主な目的にWebサイトを運営してきました。

　しかし今後、ブランド愛用者からの更なるロイヤルティ向上と、個人の価値観や消費行動に即した的確なコミュニケーションの実践を目指して、会員向けWebサイトを構築することになりました。会員ごとに現段階でのブランド・ロイヤルティを把握し、価値観や消費行動の傾向を知るために、会員登録時にWebアンケートを実施することとなりました。

●Webアンケートの調査設計

　Webアンケートの調査設計は次の通りでした。

●調査目的と仕様

・当該ブランドのユーザー像として価値観や消費行動の傾向、またブランドへのロイヤルティを明らかにし、今後のコミュニケーション施策に活かす
・実施方法は、新規会員登録キャンペーンを呼び水に登録へ誘導。情報登録時にアンケートを実施する(回答は15分程度となるよう調整)
・調査は2ヶ月間実施する
・300ｓ回収後に仮集計を行い、回答傾向や拒否のチェックを行う
・回収目標は1万件

● 主な質問項目
・自分のライフスタイルや商材に対する考え方（SA）
・当該カテゴリに関する月間の使用金額（FA）
・購入時重視点（MA）
・最新情報への関心度（5段階）
・自分が他人に情報を伝播する傾向（SA）
・ツールやデバイスの利用状況（SA）
・当該ブランドの使用歴（SA）、今後の購入意向（5段階）
　※SA：シングルアンサー、MA：マルチアンサー、FA：フリーアンサー

● 分析仕様
・クラスター分析（ウォード法）によるユーザーセグメンテーション
・コレスポンデンス分析によるクラスターポジショニングマップ
・クラスターをベースとした全質問のクロス集計

● Webアンケートの調査結果
　「自分のライフスタイルや商材に対する考え方（SA）」の回答結果をもとにクラスター分析を実施し、5つのクラスターを導出しました。
　この設問はターゲットの心理的側面や実際の購買行動に関係する質問のため、属性間で違いが出れば非常に意味のあるセグメンテーションを行える利点があります。しかし、社会属性（年齢・職業・居住地）で見比べても明確な違いが表れづらいため、統計手法を用いて回答傾向をベースに回答者をグループ分けしてしまいます。グループごとに反応した項目に着目し、特性や違いを見ていくことでグループの性質を推測したり、ボリュームを比較することで、グループを理解し把握していきます。ウォード法クラスター分析は、回答者の回答傾向が近いものを順にまとめていき樹状に系統化していきます。通常、3～7クラスターと複数のグループ分けを行い、グループ間の性質的な違いやボリュームの偏り具合により、任意にクラスター数を決定します。
　コレスポンデンス分析を用いることで、クラスターをマップ上で視覚的に比較することができます。質問項目に対する回答傾向から新たな座標軸が複数算出されます。説明力の高い二種の軸を用いて平面座標を作り、そこへクラスターや質問項目をプロットし、全体の関係性の中から解釈していきます。

各クラスターの価値観や消費行動の特徴が分かったら、他の質問に対してもクラスターをベースにクロス集計を行います。ブランド好意度や使用継続年数を比較すれば、どのクラスターがロイヤルティが高いのか判断の根拠となります。月間使用金額や購入チャネル、購入頻度を比較すれば、売上貢献度の違いも把握することができます。

　今回は5クラスターに分類しクラスターの特徴を把握したことで、会員の一人ひとりがどういったタイプに属し、全体でどの程度のボリュームで構成されているのか知ることができ、One to Oneコミュニケーションを効果的に実施するベースとすることができました。

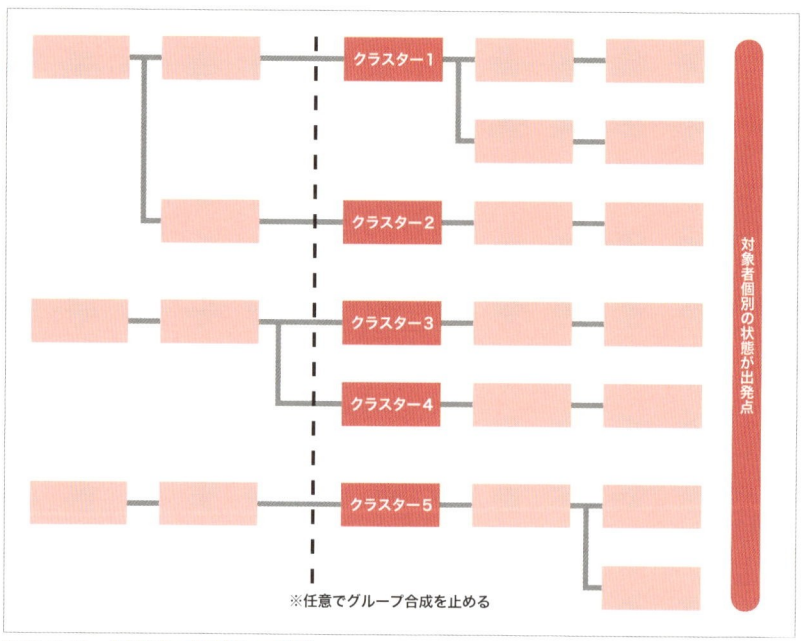

図12-5-01　クラスター分析（ウォード法）

個々の対象者から得られた回答から、似た回答傾向を持つ者を類似性が高い者同士と整理し、次々と樹状的に対象者をまとめていく。最終的に1つのグループに合成されるが、樹状的にまとめていく際にグループ間での傾向や、樹状の系統、グループ間の距離によって、任意にグループを分ける

INDEX

数字

3C分析 …………………………………… 022
3PAS ……………………………………… 045
4P分析 …………………………………… 023

A

A/Bテスト ……………………… 096, 135, 214
AIDMA …………………………………… 028
AISAS …………………………………… 029

C

CPA ……………………………… 136, 195
CPM課金 ………………………………… 140
CPO ……………………………… 137, 195
CRM ……………………………………… 192
CSF ……………………………… 033, 037
CTA（Call To Action）ボタン …………… 109
CTR ……………………………………… 148
CTVR …………………………………… 177
CVR ……………………………… 136, 148

D

DMP（Data Management Platform）
……………………………………… 119, 123

E

EFO ……………………………………… 112
Eメールマーケティング ………… 193, 204

F

Facebook ……………………… 220, 221
Facebookインサイト …………………… 222
Flickr …………………………………… 217

G

Google AdWords キーワードプランナー 084
Google Search Console ……………… 086
Google アナリティクス
………………………… 068, 090, 098, 106, 113

H

HTMLメール …………………………… 212

K

KGI ……………………………… 005, 033, 036
KPI ……………………………… 006, 033, 039

L

LPO ……………………………………… 093
LTV（Life Time Value）分析 …… 192, 195, 196

O

One To Oneコミュニケーション ……… 193

P

PDCA …………………………………… 063
PPC（Pay Per Click）広告 ……………… 140
PULL型 ………………………… 140, 158
PUSH型 ………………………………… 158
PV数 ……………………………………… 070

R

RFM分析 ………………………… 193, 198
ROAS …………………………………… 137
ROI ……………………………………… 137

S

SEM ……………………………………… 139
SEO ……………………………………… 084
STP ……………………………………… 024
SWOT分析 ……………………………… 022

T

Twitter ·· 220

U

user experience ······································· 025
UX ··· 025

W

Webアンケート ··· 193
Webアンケート調査 ······················· 012, 278
Web解析 ·· 011
Web解析ツール ··· 042

あ行

アカウント ··· 143
アカウント構成 ··· 143
アクイジション ··· 113
アクセス解析 ··· 011
アクセス解析ツール ································· 042
アクセスログ ··· 006
アトリビューション ································· 180
アトリビューション分析 ··············· 046, 186
アンケート ······································· 193, 199
アンバサダー ··· 219
いいね！ ·· 222
イベントトラッキング ····························· 102
入口ページ ······································· 074, 090
インサイト ··· 168
インターネットCM ··································· 157
インタビュー ··································· 193, 199
インタビュー調査 ····································· 012
インタビューフロー ································· 266
インフルエンサー ····································· 219
インフルエンス率 ····································· 232
インプレッション ····································· 134
インプレッション課金 ····························· 140
インプレッション効果 ····················· 130, 133
インプレッションシェア ························· 149
インプレッション数 ································· 149
インプレッション単価 ····························· 134
ウォード法クラスター分析 ····················· 291

エキスパートレビュー ····························· 241
閲覧開始数 ··· 074
エンゲージメント率 ································· 232
エントリーフォーム ································· 111
エントリーフォーム最適化 ····················· 112
オーガニック ··· 081
オーダー獲得単価 ····································· 137
オムニチャネル ··· 030

か行

カート放棄率 ··· 111
解決策実施後のレビュー ························· 007
解決策の検討・実施 ································· 007
解決率 ··· 235
改善施策ごとの目標 ································· 006
開封率 ··· 194, 208
回遊 ··· 069
獲得（コンバージョン） ························· 069
獲得効率 ·· 147
カスタマージャーニーマップ ················· 030
カスタム分析レポート ····························· 059
課題達成型のテスト ································· 250
課題の抽出 ··· 007
簡易ブログサイト ····································· 217
間接効果 ·· 179
キーワード調査ツール ····························· 084
キーワード分析 ··· 147
キャンペーン ··· 143
キュレーションサービス ························· 218
競合分析 ·· 011
均等モデル ··· 184
クラスター分析 ··· 291
クリエイティブ分析 ······················· 148, 164
クリック数 ··· 135
クリック単価 ··· 135
クリック評価 ··· 182
クリックマップ分析 ································· 011
クリック率 ··························· 135, 194, 208, 233
クロール ·· 088
計測ツール ··· 144
経路の数 ·· 116
検索エンジン最適化 ································· 084
検索フレーズ ···································· 073, 081
検索連動型広告 ··· 139

検索ワード	073, 081
好感度スコア	233
貢献度	180
広告グループ	143
広告効果測定	011, 042
広告費用対効果	137
広告文	148
顧客維持率	200
顧客獲得単価	136, 138
顧客生涯価値	195
顧客接点	032
コミュニケーション戦略立案	194
コメント	055
コラボレーション	235
コンタクトポイント	032
コンテンツ	020
コンテンツ型広告	139
コンバージョン	077, 106, 130, 138
コンバージョン数	136
コンバージョンパス	186
コンバージョン率	136, 234

さ行

最終モデル	184
サイトの目的	005
サイトリンク	154
再訪問間隔	077
再訪問時間	077
参照元	073, 080
思考発話法	251
自然検索	081
実査	254, 262, 269, 284
写真共有サービス	217
自由閲覧型のテスト	251
集計分析	286
重要業績評価指標	033
重要目標達成指標	033
情報設計	066, 238
初回モデル	184
新規顧客	200
診断ツール	144
心理変容	032
スポットプログラム	206
スモールワード	085

セキュリティポリシー	042
セッション数	070
相談件数	235
ソーシャルネットワーク	216
ソーシャルブックマーク	218
ソーシャルメディア	216
ソーシャルメディア分析	011
ソーシャルリスニング	218

た行

ターゲット	020, 025
ターゲティング	130, 138
第三者配信アドサーバー	045, 182
ダイレクトマーケティング	197
タグマネージャー	104
タッチポイント	032, 180
多変量解析	286
多変量テスト	096
注文獲得コスト	195
調査票	282
直帰数	074
直帰率	074
ツイートシェア	232
ディスプレイ広告	155
定性調査	260
定点観測レポート	058
定量調査	260
テキスト広告	156
テストマーケティング	194
デプスインタビュー	263
デモグラフィック配信	133
動画	157, 164
動画広告	157
動画コンテンツ共有サイト	217
投資利益率	137
ドメイン	048
トラフィック	073
トラフィック効果	130, 133

は行

配信通数	208
配信レポート	172, 173
配分モデル	184

バナー広告	155
パブリックDMP	121
ヒアリング	014
ヒートマップツール	110
ビジネスゴール	042
ビッグワード	085
ビュースルー	182
ビュー評価	182
ヒューリスティック評価	011, 240
評価項目のチェックリスト	242
フィードバック件数	236
フェーズ	032
フォーム分析	011
フォロープログラム	206
プライベートDMP	120
フリークエンシー	134, 164, 168
フリークエンシーコントロール	164, 168
ブレインストーミング	061
プレゼンテーション共有	218
ブロードリーチ	133
ブログサイト	217
プロトタイピング	062
分析レポート	054
平均サイト滞在時間	076
平均レスポンス率	235
ページ遷移	074
ページビュー数	070
ベースプログラム	206
ペルソナ	026, 031
報告レポート	172, 175
訪問数	070
ポストクリック効果	179
ボトルネック	006, 013, 069, 124
ボトルネック分析	006

ま行

マーケティング・リサーチ	066, 260
ミドルワード	085
メール配信	208
メディア	020
メディアプラン	159
目標	005
目標の設定	006, 008
問題の抽出	006

や行

有効フィードバック率	236
ユーザーエクスペリエンス	025
ユーザー獲得コスト	195
ユーザー数	070
ユーザビリティ調査	011
ユーザビリティテスト	250
ユーザビリティテストプラン	252
有料検索	081
ユニークユーザー数	071
要件定義書	014

ら行

ラポール	271
ランディングページ	074, 090
ランニングコスト	042
リアロケーション	188
リーチ	130, 134, 138, 164, 168
リードタイム	115
リスティング広告	081, 139
リダイレクト	080
離脱数	075
離脱率	075
リッチメディア広告	156
リテンション	069, 113
リピート顧客	200
リピート・コンバージョン率	234
リファラー	073, 080
流入	069, 073, 079
流入経路	080
レスポンス効果	130, 133
レスポンデンス分析	291

編著者プロフィール

一般社団法人 日本Web協会 ＜JWA＞

日本Web協会はWeb新世代のコミュニケーションを創造することで、日本の産業と文化の発展に貢献するとともにWebを活用した地域活性を目指し、また「使いやすいWeb」をテーマに日本語のWebの質の向上を図っております。

http://www.jwa-org.jp/

■活動項目
1. 委員会活動：Webディレクション委員会、Webアナリスト委員会、Webデザイン委員会
2. 顕彰事業
3. 検定事業：Webアナリスト検定R、Webディレクション検定R、Webデザイン検定R
4. チャレンジドのウェブスキル習得支援など：社会福祉法人プロップ・ステーション様にJWA事務局業務の一部を実務演習として提供、セミナーの講師派遣に協力。Webアクセシビリティーの推進をテーマとした活動。

■おしらせ
日本Web協会では、新卒向けの研修会やスキルアップを図る委員会活動を通じて、会員同士のネットワーク作りを支援しております。Webアナリスト検定の主催事業社を募集しておりますので、ご興味がありましたら協会事務局までお問い合わせください。お問い合わせは、日本Web協会公式ページのお問合せフォームをご利用ください。

執筆者、監修者プロフィール

奥野 辰広（おくの たつひろ）
トランスコスモス株式会社
ITソリューション企業にWebディレクターとして入社し、中堅・中小企業を中心に約2500社のSEMコンサルティングを経験。2011年より、トランスコスモス株式会社にて大手企業を中心にDSP・DMP・3PAS・Web解析ツールなどアドテクノロジーを活用した統合マーケティング支援や人材育成支援、ビジネス開発業務に従事。講演セミナー：宣伝会議、専修大学ほか社内外セミナー講師など。メディア連載：Web担当者Forum（インプレス）など。

中川 雅史（なかがわ まさし）
株式会社アンティー・ファクトリー　コンサルタント／マーケティングリサーチャー＋データアナリスト
前職の市場調査会社では、大手消費財メーカーの担当として新製品開発の消費者調査に従事。従来からの調査手法である定性・定量調査を数多く実施。2006年に株式会社アンティー・ファクトリーへ入社。大手広告代理店への出向を経て、Webサイトの立ち上げやリニューアル時の調査分析、戦略策定、企画設計、効果測定に従事。Webサイト制作の現場からコンサルティングを提供している。

小寺沢 裕子（こてらざわ ゆうこ）
ウズ株式会社　代表取締役
美容関連のハウスエージェンシーで広告のディレクションを担当後、2000年よりWeb制作会社で大手企業を中心にサイトの企画、制作ディレクションに従事。2010年ウズ株式会社を設立し、「正当なコストで、プラスαの結果を残す」「インターネットをわかりやすく」を基本理念に、企業の立場に立ったWebコンサルティング、制作を行っている。また、企業、専門学校などでWebマーケティング、Web制作関連の講義を行う。

石田 知志（いしだ さとし）
アテイン株式会社　ディレクター
1997年より大手ITスクールで指導を始め、2000年からは衛星放送の講師として全国300校の教室へと生放送で各種講義を行う。現在はアテイン株式会社にて、ソフトウェアドキュメントの翻訳やビデオのローカライズ、原稿の執筆、各種のデジタル教育コンテンツのディレクションを行なっており、Webデザイン、画像編集、DTP、映像編集、プログラミング、サーバー、データベース、DTM、Officeソフト、語学教材など、多様なジャンルのシナリオを作成。

阿形 達志（あがた さとし）
エクスペリアンジャパン株式会社　統括部長
アクセンチュアを経て、2000年に株式会社アルトビジョンの設立に参画。メールマーケティングのシステム導入、コンサルティング、制作、メール配信ASP（システム）の機能設計など数多くのプロジェクトを推進。2012年にアルトビジョンがエクスペリアンジャパン株式会社に統合され、国内最大手のメールマーケティング支援企業となり、現職。

福永 充利（ふくなが みつとし）
株式会社kazeniwa　代表取締役社長
2001年よりモバイルビジネスに従事し、現在は、モバイル、ソーシャルマーケティング事業を手がける。ソーシャルメディア、オウンドメディア、スマートフォンアプリなど、最新のWebマーケティングの企画を提供する。
デジタルハリウッド大学／大学院　客員教授。

STAFF

- ●企画・編著　　一般社団法人 日本Web協会
- ●監修　　　　　奥野 辰広、中川 雅史、小寺沢 裕子、石田 知志
- ●執筆
  - 奥野 辰広　　　　　Chapter 1、3、5、6
  - 中川 雅史　　　　　Chapter 4、5、9、10、11、12
  - 小寺沢 裕子　　　　Chapter 1、2、3、4
  - 石田 知志　　　　　Chapter 1、2、3、4
  - 阿形 達志　　　　　Chapter 7
  - 福永 充利、森 英博、立石 みき　Chapter 8
- ●ブックデザイン　　三宮 暁子（Highcolor）
- ●DTP・図版作成　　AP_Planning
- ●編集担当　　　　　角竹 輝紀

サイトの改善と目標達成のための
Web分析の教科書

2015年6月22日　初版第1刷発行

著者　　　日本Web協会
発行者　　中川 信行
発行所　　株式会社マイナビ
　　　　　〒100-0003　東京都千代田区一ツ橋1-1-1　パレスサイドビル
　　　　　TEL：0480-38-6872（注文専用ダイヤル）
　　　　　TEL：03-6267-4477（販売）
　　　　　TEL：03-6267-4431（編集）
　　　　　E-Mail：pc-books@mynavi.jp
　　　　　URL：http://book.mynavi.jp
印刷・製本　株式会社ルナテック

©2015 Japan Web Association , Printed in Japan
ISBN978-4-8399-5492-5

- 定価はカバーに記載してあります。
- 乱丁・落丁についてのお問い合わせは、TEL：0480-38-6872（注文専用ダイヤル）、
  電子メール：sas@mynavi.jpまでお願いいたします。
- 本書は著作権法上の保護を受けています。本書の一部あるいは全部について、
  著者、発行者の許諾を得ずに、無断で複写、複製することは禁じられています。